古代歷史文化<sup>研究</sup>

古代歷史文化 研究輯刊

二十編

王明蓀 主編

第3冊

狄宛第二期闕爟與營窟考見星曆進益
——狄宛聖賢功業祖述之二（第三冊）

周興生 著

國家圖書館出版品預行編目資料

狄宛第二期闕爟與營窟考見星曆進益——狄宛聖賢功業祖述
之二（第三冊）／周興生 著 — 初版 — 新北市：花木蘭文化
事業有限公司，2018〔民107〕

目 16+238 面；19×26 公分
（古代歷史文化研究輯刊 二十編：第 3 冊）
ISBN 978-986-485-535-3（精裝）

1. 天文學 2. 中國

618                                        107011984

ISBN- 978-986-485-535-3

9 789864 855353

古代歷史文化研究輯刊
二十編 第三冊                ISBN：978-986-485-535-3

## 狄宛第二期闕爟與營窟考見星曆進益
### ——狄宛聖賢功業祖述之二（第三冊）

作　　者　周興生
主　　編　王明蓀
總 編 輯　杜潔祥
副總編輯　楊嘉樂
編　　輯　許郁翎、王筑　美術編輯　陳逸婷
出　　版　花木蘭文化事業有限公司
發 行 人　高小娟
聯絡地址　235 新北市中和區中安街七二號十三樓
　　　　　電話：02-2923-1455 ／傳真：02-2923-1452
網　　址　http://www.huamulan.tw 信箱 hml 810518@gmail.com
印　　刷　普羅文化出版廣告事業
初　　版　2018 年 9 月
全書字數　514018 字
定　　價　二十編 25 冊（精裝）台幣 66,000 元

# 狄宛第二期闕爟與營窟考見星曆進益
## ——狄宛聖賢功業祖述之二（第三冊）

周興生　著

目次

# 第四卷　營窟星曆與底方源考

## 一、營窟結構曆義

### （一）營窟檢討旨的要略

#### 1. 第一期營窟向第二期營窟結構演變之疑

##### 1）第一期第二期似房遺跡須名營窟

###### （1）第一期觀象臺名類之疑

考古界有人依唐宋以降建築圖樣考察遠古土木結構，命諸遺跡爲「房址」。檢建築考古者取用結構名稱出自李誡依《群書修德總釋》所舉，譬如「牆」、「柱」、「材」、「拱」、「椽」、「檐」等名〔註1〕。此檢討基礎不牢，故在皇尊時代建築去三代建築已遠，三代建築去新石器時代建築更遠。如此，建築蘊藏古義愈來愈寡。

前著曾考，狄宛第一期被考古界命曰「房址」遺跡有四：F342、F371、F372、F378。此四者俱係觀象臺，前著已考。前考器功不誤，但含系統煩難。「觀象」之觀起源前已考究。事涉祝巫曆爲時段（夏至），又涉曆爲附屬造器（夾砂罐），又涉源頭烏藿往還查看。後世言觀象源於烏藿往還季節義認知，而爟事本乎仿效烏藿熱季孵卵用火，造器次之。曆闕見卵石，其本也在此事。如此，用「觀象臺」將使人疑慮舊事不清。準乎此名以察似房遺跡，檢討者未顧第一期、第二期構築細部多寡之別。此類遺跡檢討屬最大爲一事，若無

〔註1〕李誡：《營造法式》，商務印書館，1920年，第12頁。

不循塙當舊名以檢，將使言者念頭回環，思向不清。而辯者無以糾彈謬誤。而似房遺跡須別於爟闕、體爟闕、體爟闕之與體遺跡。如此，捨棄觀象臺之「觀」事在難免。覓得孤名，以命似房遺跡，將便於檢論，又不致擠佔其他遺跡內涵。如此，須考「觀象臺」舊名替代，照顧經籍記述。

（2）似房遺跡俱須命曰營窟

《禮記‧禮運》云：「昔者先王未有宮室，冬則居營窟，夏則居橧巢。」《說文解字》卷七：「營，帀居也。从宮，熒省聲」（第 152 頁）。《唐韻》讀「余傾切。」段玉裁依葉抄宋本及《韻會》改作「帀居」〔註2〕。其證不見於遺跡刻畫，也難被營造遺跡佐證。考狄宛第一期、第二期營造遺跡，穴壁不周，俱有豁口。但半地穴垣無戶道口外豁口。段氏營謂帀說或許堪被引申而指此。

許慎訓「帀，買賣所之也。帀有垣。從冂，……」（第 110 頁）。「帀」依《唐韻》讀「時止切。」《說卦》：「巽，為利市三倍。」《繫辭》：「日中為市。」言買賣者處於某地，各換得自欲物。後世門市、集市、棧市俱言買者或買賣者行往某所而成交易。「為利市三倍」之律遲於「日中為市」之令。前者乃市貨謀利律，後者係帝令。帝令致集市，而有交易。

許慎訓冂曰：「邑外謂之郊，郊外謂之野，野外謂之林，林外謂之冂。象遠界也。」推炎帝氏作「市」，謀求諸邑人往某地，各得其便，非利於一邑。但《繫辭》言「日中」，此於一日乃午時，是否含星象指示，不清。檢神農氏非早期聖賢，故「市貨」之「市」於此聖人有新增某義。依此斷此字讀音後起，而其字源乃帀。「時止切」韻落於亦、而帀韻落於烏。烏藿之烏乃古韻，亦韻似乎能為古韻。

檢字書，《甲骨文編》四畫字部無市，五畫字部無帀字。但市字見於古器，而且用字者非君即祝史。《說文》：「市，韠也，上古衣蔽前而已，市以象之。天子朱市，諸侯亦赤市，士大夫蔥衡。從巾，象連帶之形（第 160 頁）」檢甲骨文無市字。《古文字詁林》錄《金文編》字作巿。徐鉉、吳大澂，迄商承祚、馬敘倫、陳夢家、史樹青、戴家祥俱未饋給西周前字形或用例，也未澄清字源〔註3〕。

〔註2〕 段玉裁：《說文解字注》，上海古籍出版社，1988 年，第 342 頁。
〔註3〕 《古文字詁林》，第 7 冊，上海教育出版社，1999 年，第 207 頁～第 209 頁。

　　檢周康王初大盂鼎句含🔲：「易女鬯一卣冂衣市舄〔註4〕」。此記王賜物，而且受之者非隸臣，乃諸侯、士大夫。此字模樣頗似橫帶縛腰下掛。考古發掘見貴族禮服有胸前垂飾如帶。冂衣非衣，乃依王心念顯等差諸織物。如此，冂謂界別，或君令臣等從界別而毋犯。如此，冂本義涉界別。而市韻讀從烏。於早期狄宛祝巫，烏即烏蘿，類日。時別須恃察日、察烏蘿往還。依此，知康王時代市謂界別。王、諸侯等名源無不涉及時義。如此得知，服飾界別本乎時別。時別乃曆算細節。如此，「觀象臺」替代名之尋覓歸諸一問：時別與建造居所有何聯繫？

　　檢營冂下有🔲或🔲或🔲，古字研究者多未識此字源，唯李孝定訓金文🔲讀雍爲是（《古文字詁林》第 6 冊，第 880 頁）。此韻乃營讀音之源。方曆關曆算雍援，故韻讀從雍。曆關相雍，以木加蓋於上，人入而久居或暫居。此等遺跡可在同平面，可剖別平面，此建築同樣爲營。

　　若同平面而察，則見市爲第一字局部。開口未封，摹寫平面三邊壁，或在地上，或在地下。一面開口，便於進出。「十」字狀非摹寫斗柄週旋，或日過黃道度數。日直南北，或東西，告寒暑春秋節令，夏至冬至、春分秋分是也。此乃時別。市有時別之義而用如臣事，證在《周語》祭公謀父言「昔我先王世后稷，以服事虞、夏」。韋昭不注「服」〔註5〕，晚近學人仍不注此字〔註6〕。唯見學人紛繁注釋德義。檢「服」字讀若市，謂市，此義係古義，證在姜寨刻文市。《姜寨》圖一〇八第 39 文如後：

圖三一：姜寨營窟曆爲市字致服事

　　此字係市字字源，此字韻在烏，乃狄宛烏蘿信期查看之證。字南北軸線毋穿當間，此部即丨。此字塙含狄宛第二期營造遺跡南面戶向結構。而且市「時」義出自市含時節之義。此時節即夏至或冬至。其證在西安半坡遺址述丨三字。此三字俱能讀皁。

〔註4〕　中國社會科學院考古研究所：《殷周金文集成》（5），中華書局影印，1985 年，器編碼 2837，第 242 頁。
〔註5〕　韋昭注：《國語》，商務印書館，1935 年，第 1 頁。
〔註6〕　仇利萍校注：《國語通釋》，四川大學出版社，2015 年，第 4 頁。

半坡時代，此字有多狀，每狀自有含義，不同它狀。而向程時差之義明顯。此向程即丨部。此部背後，乃祝巫視見星宿正時。摘取三例如後：

圖三二：半坡阜減省巿字门曆爲三證

前字義既清，而此三字告半地穴構築「窟」。證在縱向丨告日射北回歸線或南回歸線，而日所黃經 90°、270°。丨乃關鍵向程，爲營造者設置南向戶道線之繩墨。

第一字自右下有短線，諸短線粗細不一，此差告日盛弱參差，其走向似同，但盡統於丨部。此謂丨爲其極。自下而察，線初細、後粗、次粗，再細。首線告日所黃經在 270°線東，後見日所黃經度數增大，但最高處仍見黃經不及 360°，故時在大寒後、及立春後，但仍未及春分。以丨爲戶道線，日所黃經度變之義清白。而後兩字黃經度變俱本第一字。第二字丨義未變，而日在黃經度變始於春分後，第一線東邊上揚，末短線上揚更多，日所黃經度增。此字短線上三劃似平行。參照丨，三橫各交平行線約 24 度許。此告日射北緯 24°許折算時在夏至，當日所黃經 90°。故此字有「居三歲」之義。第三字謂「居二歲多至」。

如前述，此三字之樞在丨部，此部乃門道直南之狀。祝巫居三年或二年，俱在窟內。如此，察時別之所曰巿，即察時別曰巿。推測申戎氏（神農氏）「日中爲巿」之令自日中察時變之事導出。依此能斷，狄宛第一期以來察時別之所係營窟。涉戶道曆義，詳後狄宛營窟星曆圖考。

### 2）設擬第一期營窟傳承於第二期諸難

#### （1）第二期營窟舊述

《發掘報告》述，狄宛第二期揭露房址 156 座。59 座「保存較差，或半殘，或大部分殘，或僅有竈坑及少量居住面，除一座可以看出是圓形外，其餘均無法確定其形狀與大小尺寸。」餘者即「圓形 2 座、長方形 28 座、方形 67 座。」

「房址均為半地穴式建築，居住面與部分房址穴壁以草拌泥塗抹，居住面上多塗抹一層褐紅色顏料，這可能與當時人們的信仰或愛好有關，偏晚階段這種現象較少見。建築形式有無牆柱和有牆柱兩種。前段多無牆柱，而後兩段則較多見。其他結構大同小異，變化不大，如房屋建築有大中小型之區別，竈坑有瓢形、方形、圓形之別，還有在竈前設泥圈土坎者。有的房址門道內設有門欄，個別房址建有套穴，有的室內設有窖穴，但建築結構基本相近，唯其發展特點為穴室由較深逐漸變較淺，圓形竈坑的變化也由深變淺（《發掘報告》第 77 頁～第 82 頁）」。

發掘者未討論第一期營窟結構與第二期第 I 段營窟結構相似部。由此可斷，發掘者未見第一期營窟向第二期營窟演變蹤跡。迄今考古研究也未討論此題。

### （2）前後期營窟結構承襲之跡不清

考古界學人見第一期營窟圓底面在第二期第 I 段變為方底面。前曲「門道」今變為直「門道」。前營窟無爟闕，今營窟「門道」直對爟闕。前營窟居住面無長方土臺，而今見長方土臺。

諸多變動如何發生，考古界不知。不知而致疑營窟結構突變。又兼第二期若干營窟俱被殘損。或被同期段遺跡殘損，或被後期段遺跡殘損。此致疑惑祝巫不曾貴重既建營窟。如此殘損曾被王仁湘先生定義為史前房屋「捐棄」。他以為，此等房屋初用於居住，後故棄或故毀，此處置關聯死者安葬之俗，此乃居室葬之證〔註7〕。

倘使枚檢較大遺址營窟結構細節，罕見營窟頻納骨殖。於遺址內營窟研究，誰從王氏說者，誰將難應詰。晚近狄宛「房屋遺存相關問題」檢討仍未檢討結構關聯。而且，營窟結構細節起源之題未受重視〔註8〕。

面對如上狀況，欲使學界否認第一期文明係第二期第 I 段文明之源，承認此地祝巫傳教斷絕，動議者不得附和。讀者同時察知，前舉諸疑使斷言傳承不絕者內心不安。

---

〔註7〕 王仁湘：《史前捐棄房屋風俗再研究》，《中國史前考古論集》，科學出版社，2003 年，第 233 頁～第 240 頁。

〔註8〕 張睿祥、歐秀花等：《7.8～4.8kaBP 秦安大地灣遺址房屋遺存相關問題研究》，《天水師範學院學報》2015 年第 5 期。

## 2. 第二期營窟檢討題端

### 1）營窟檢的閾界

#### （1）營窟結構細節為檢的

此處講檢的即俗云檢討對象。檢的、檢欲得係二題。檢的顯明，便於檢討。檢欲得依題能為多樣：有檢而欲決疑者、有檢而欲駁敵者、有檢而述新見者。人類迄今檢討以檢而述新見為要。而檢的乃檢欲得之基。檢的謂思考力攻疑。非見疑不足以見新。思考力攻疑或為一疑，或為二疑。涉狄宛第二期營窟諸多疑問，此處別二等檢的：第一，營窟結構細節辨識。第二，營窟結構細節星曆圖辨識。能得新見將為顏料，便我給營窟星曆畫像，也將便我給營造起源畫界。此二檢的之前者為此書要題，後者於營造史學為要，於我僅為駢枝。

依此清辨，將得檢的細節。面對檢的細節而鋪開疑問，將致狄宛第一期文明向第二期第 I 段文明流變蹤跡。顯舊跡而陳新見，此乃今番戮力之旨。

#### （2）檢的限於營窟星曆細節與星曆進益

今將檢的限於營窟星曆細節與星曆進益。營窟星曆細節即營窟結構能含星曆義。營窟星曆進益即第二期第 I 段迄第 III 段營窟星曆較之第一期營窟星曆新增。新增星曆義凸顯祝巫在星曆（天文）認知之途益近天文實況。

欲究問此二檢的，須面對營窟結構細節。詢問曆義前，至少須給出結構解析、也須給出結構細節名類。前者涉及結構細節辨識，後者涉及名類依據。結構細節辨識不得妨礙星曆義求索，名類檢討不得以當代營造學人趣味為圭臬。此二事須照顧曆日算術。某結構細節堪為曆算，某處結構細節不得為曆算，須事先甄別。曆日算術不獨納度當日算術，而且納逆算術，即程長度當日或程深度當日曆算能得日數須能訓釋為某星行迄度數。而某線段為向程折算某物行度也須照顧。

唯如此，將能照顧營窟底面有無星所與星所之合，有無星所之協。黃道度與地平度數能否涉及星象。諸細節無不基於辨識與賦值。結構細部認知夠細，決疑有望。

### 2）營窟結構細節檢討題端

#### （1）眾營窟曆義與基

檢討營窟結構細節前，須先澄清眾營窟結構細節曆義有無與基。與基謂

眾營窟曆義與有曆義基礎。換言之，此一營窟曆義根基、彼一營窟曆義基礎等同。若非如此，此考不得信賴，系統絕非自在而渾然。

此題檢討異於孤營窟結構細節曆義檢討。若某一孤營窟結構細節曆義僅係此營窟獨有星曆細節，此曆義不得通用於解釋另一營窟類同細節。而眾營窟結構細節曆義與基謂狄宛眾營窟俱有曆義根基。此題端乃廣域查看狄宛眾營窟前場難題，須求索而得。知眾營窟與基，即能溯跡祝巫在斷崖內施加土功之初念，知悉祝巫思向特點。

此外，第二期營窟結構前已存某物狀貌須得重視，譬如斷崖走向。遠在第二期營造頻繁之前，已有斷崖。而斷崖走向有向程義。獲得此義將便於饋給眾營窟與基，指引查看孤營窟結構細節。

（2）孤營窟研究設疑與討答題端

設疑喻研究者須以物異而設疑，謀求解惑，得解即喻答疑。得解前須檢，謀答即檢欲解，或檢欲得。題端即以言設疑須有線段一般端點，見始顯終，一事圓滿。研究者理出此線，堪告解答。任一有訓學科，其說須始於端，終於解。在此，我設疑圍繞祝巫星曆認知，而非土木營造。題端以言舉，故題端即某問言端。非言端無以為始，思無題終歸於罔。

在此，先舉題端，後舉疑問。以題端總思向，以諸問顯營窟結構細節致惑。諸惑迄今不被天文史考、營造源考者照顧。

其一，築戶曆算與星曆。此題端涉及戶道長寬程度、戶向角。戶道別二程。以戶為界，自戶道端及戶坎為第一程，自戶坎及坎下結構為第二程。戶向角逐營窟而別。此結構細節曆義考究之果堪答後問：戶向角有何義？戶道長程、寬程有何曆義？戶道階數有何曆義？諸疑解答便於認知營窟結構樞紐星曆義。

其二，爟闕曆算與星曆。前已考得爟闕曆算參數與算術。狄宛第二期營窟內爟闕（窟爟闕）直對窟戶而掘，其故何在？發掘者揭露窟爟闕底有洞，埋夾砂罐納灰，此非孤例。為何如此？窟爟闕底埋藏夾砂罐方向參差，窟爟闕口外，頻見半泥圈。倘使祝巫成器於窟爟闕，無半泥圈無礙爟事，也不礙瓦器成於窟爟闕。祝巫築半圓泥坎，其故何在？

其三，營窟底面下深等差與星曆。營窟底下深有何曆義？窟內長方草泥臺高於居住面，諸程度與窟爟闕曆算有無關聯？如 F246 土臺，發掘者命此臺

「室內土床」，曆算者可否安於此名？祝巫以赤顏料塗抹居住面乃至窟垣，其故何在？靠窟爟闕，月牙狀構築有何含義，譬如 F138？

其四，營窟木柱能述星曆，前著考見狄宛第一期營窟斜柱爲證。須問：營窟垣上面見柱洞散佈不勻諸營窟，述星象否？某營窟一柱洞改造爲曆闕，其曆義孤在，抑或與有曆義？

其五，營窟垣下有曆闕，或居住面見曆闕。二等曆闕曆志之力同窟外曆闕。須問，營窟曆闕何以屬營窟曆算？

其六，一營窟雍它營窟底面局部、兩邊局部。譬如 F310 似爲 F311 雍，F311 無戶道。須問，祝巫思忖節用某地乎？倘使不謀節用地面，二營窟恃何而雍？

其七，祝巫營築，並顧星曆，須顯赤經面。須問，祝巫以何營窟何處結構細節示赤經面，或黃道面？

其八，狄宛第二期營窟底面多呈方、近方或長方。橢圓底 F238 被發掘者認屬此期第 II 段遺跡。橢圓底 F207 被認屬此期第 III 段遺跡。今問，祝巫在第二期開地爲方造營窟之念如何產生？

其九，狄宛二期星曆、曆算發達。祝巫須有算術器。起出遺物須依何效類別，以見祝巫爲曆用心？

如上題端有九，諸題端藏疑俱須考答。諸題不獨納營窟結構細節曆義及星曆義，也涉及兩營窟雍體話題。此外，日照與黃道關係檢討涉及祝巫視見黃道附近星宿或行星。營窟長方底之源也屬檢的。於一營窟曆算，其結構細節曆算多樣。如何定義諸曆算關係，也係營窟曆義檢的。不解答上疑，不能盡顯狄宛第二期祝巫曆認知細節，也無以辨識第二期星曆進益。

## （二）層別營窟結構檢討

### 1. 層下孤營窟

#### 1）底平面結構

##### （1）窟垣高程係曆義樞紐

此處言底平面結構係發掘者揭露營窟居住面地平面結構。欲論狄宛二期營窟細節，不得免檢垣結構細節。日每見垣，無非城牆、屋牆、露牆三等，狄宛二期造垣異於後世造垣，故前言三等唯屋牆稍涉此處話題。狄宛二期營

造非居住營造，而屬觀象營造。祝巫構築首功於觀象，次功於寒日存身。照顧祝巫功業偏向，須揭露祝巫星曆功業局部。

若略〔註9〕營窟結構，如後細部須深究：地平各處模樣、窟底模樣。地平結構細部有戶道、營窟口旁（邊）柱洞。窟底結構細部有戶道口、戶道口直對窟爟闕、爟闕聯通風坑、窟內土臺、居住面、居住面上立柱、窟壁（即窟垣）、垣下或見曆闕、或見某面傾斜或狀似殘月構造。

欲依度當日算術澄清營窟曆算，垣高程係關鍵參數。此時，須顧此參數與其他有曆義參數對耦。不顧此對耦，將輕忽祝巫某種爲曆念頭。理出此等念頭，即告澄清祝巫爲曆思向。考之者須在前場澄清諸多曆術細節，譬如，窟底有曆闕。此曆闕深程述曆。曆闕曆義依何念頭關聯營窟垣高程曆義。檢討者睹戶道斜坡落入窟底，須察戶道方向角曆義關聯戶道降低程度、直垣何方、有無昇降之閾。

如上題解俱須仰仗垣高程細節認知與細節算術。倘若某營窟曆義有體，其貌能告星曆、星象——如狄宛第一期營窟——而戶道朝向涉及星曆或星象，則窟垣含曆算更豐富、更有某種體統。以營窟垣上面爲界，窟垣之內係祝巫曆術合同〔註10〕之域。知窟垣關聯結構細節曆義，而後能檢謀營窟曆義細節之體。唯知此者能見祝巫用心，別邑眾與祝巫，見受教與施教。

（2）營窟垣高程之清與不清

檢《發掘報告》第四章第二節，不見發掘者述營窟高程細節。此缺不難省諒：若干營窟底面以後世變更或擾亂難理，盡心仍不能得塙狀或塙程。同時，罕見營窟垣高程爲定數。《發掘報告》（下冊）附表五述，第 I 段迄第 III 段營窟頻見垣殘損，營窟高程有 2 數，即最小高程與最大高程，此係高程之閾。此外，無垣高程營窟也非罕見：

第 I 段 7 座營窟垣高程不清，底面狀呈方者 3 座：F209、F251、F311，底面狀不清者 4 座：F318、F327、F382、F387。

---

〔註9〕　《墨子・小取》「辯者」「摹略萬物之然」。「略」係思考方式之一，非喻壓縮或減少。

〔註10〕　《墨子・小取》：「同，合同、類同。」合同者，地開爲域，合眾曆爲之所而協，度同而數不異。今日大陸民法系統之「合同法」係約法。約法基於諾約。諾約係西方近代以來諸國國事與民事特點。今用「合同」之合可指合券之合。合券時，多人與睹左右券茬口合而顯體。無論怎樣，俱不涉及同。

　　第 II 段 13 座營窟垣高程不清，底面模樣不清者更多：F208、F212、F250，此 3 座營窟底面呈方或長方，後 10 座營窟底面狀不清：F214、F231、F240、F333、F335、F335、F345、F346、F374、F379。

　　第 III 段 20 座營窟無垣高程，5 座底面狀清白，方底面者 4 座：F8、F362、F100、F102，橢圓底面者 1 座即 F207。後營窟底面狀不清：F105、F106、F107、F202、F221、F236、F239、F253、F302、F339、F608、F700、F706、F707、F701。

　　以上見 40 座營窟垣高程不清。對照之下，已知垣高程曆算之曆算史價值非低。

（3）垣指與垣高程端曆義辨

　　《發掘報告》未述「房址」牆高，但述配圖營窟時並述「穴壁」高。穴壁係被呼「半地穴」「房址」之「地穴」底面與地穴上地面兩高程差之間如牆立面。2017 年 12 月 25 日，我曾詢問狄宛遺址發掘者之一趙建龍先生，狄宛二期「房址牆殘高係區間數，當初如何得到這組數據」。同日 11 時 10 分，獲趙建龍先生解答。他講：「二期房屋牆高並不是眞正的房屋牆高，而只是半地穴坑的深度。穴坑越來越淺，而穴坑外的牆壁應該是越高才是。」「許多房屋穴坑的牆壁上有草泥塗抹，到原穴坑部是將草泥向外平抹出的，所以知道其原來的高度。」

　　依此，知垣高出自測算，測算高程即窟底面與窟上地平面高程。窟垣（壁）面塗赤褐色顏料，此顏料面延伸迄垣頂地面，及窟口沿。垣高程之閾含最小高程與最大高程。此二數係端值，兩端值間其餘高程數不俱。即使依營窟配平、剖面圖，檢討者仍不能盡得諸參數。垣深閾值如前仍能述關聯節氣日差。考古門學者於此須有清白認知。

2）地平面下結構

（1）戶道與營窟底面星體置向

　　戶道有方向角、長程、寬程、階數，甚或每階長程、寬程、深程。戶道方向角出自戶道中線走向。祝巫何向開戶，事涉祝巫辨向憑依。今日，凡言平面幾何學，線段無向程。但祝巫造爲營窟星曆圖非如中學生繪平面圖樣。他們摹記線段俱有方向。而辨摹記線段初端與末端乃澄清戶向等線段向程根基。而戶道線端在營窟外。

　　依述時節與星象之須，在營窟底開前，祝巫已定時義，而且規劃開掘營造細節。此事基礎在於，祝巫視見星體於某時。而摹記此事在此事後數日。如此，即時作圖係營造時段。於地平面測度朝向係開戶前提。此時，子午線與黃道線乃擇向基礎。摹記星象盡恃此二線段走向。使星宿與晝見日當戶或錯戶匹配，俱關聯以線段置向。置向能關聯協所系佈置，以及與摹地球於營窟底面。協所系舊名坐標系，詳術語考釋。

　　摹記星象涉及星體動止認知。其動止認知出自星體視見。此處存在天體運行認知。此處表述俱依考證。此述於我為再現，於讀者為未知。今欲便利讀者知曉祝巫察知地為球體，行於天際，須依旁證，而非逡援後考。

　　人或發問，狄宛祝巫如何知曉地球運轉，甚或繞日運轉。今舉二證以告。第一，前著已考，狄宛祝巫以知月全食而得月曆術。狄宛初一為望月。月全食發生於望月。細查月所變動，關聯察昏刻月所，即知月非孤在星體。以月全食天象而知其旋轉。以其模樣定日變動而知其繞地旋轉。狄宛祝巫不須有衛星之名，但能知月近地、月遠地。

　　第二，地自運轉。立於山壁旁或懸崖下，於天佈亂雲或無雲時刻，連續察顧頂蒼穹，多不過 10 秒，即覺天地耦轉。當年遊學德國，我曾在基爾大學（Christian Albrechts-Universitaet zu Kiel）最高建築 Hochhaus 東面視見藍天無雲，久視顧頂數秒，立覺天地耦動。往歲在太白縣翠磯山崖旁視天，仍覺如此。在樓頂視天，又覺如此。

　　在現代，任一視覺、聽覺正常者俱能察知此狀，而不須乘飛機在高緯度地區目睹降落前機翼傾斜而知地表為球體。人類視神經神經系統自何時起穩定如斯，我不知曉。舊石器時代考古研究並未饋給 2 萬年以來人腦容量突變證據。2018 年 3 月，廣西省文物保護與考古研究所謝光茂等人完成在隆安婭懷洞遺址發掘，他們起出距今 1.6 萬年墓葬、人顱骨。我察鐘欣拍照顱骨，不異於現代人顱骨（中新網，2018 年 3 月 13 日）。由此得知，狄宛祝巫也能行遊山巔察知天地耦轉。

　　既知地為球體，須能知其環轉。日如此，地亦如此。狄宛初期祝巫察鳥鸛往還而知熱往還。而後頻造瓦丸，以察瓦丸運轉，此乃最早星體運動模擬。而大體圜底器乃瓦丸行走之域。地──天──日──月──星與蒼穹關聯在狄宛第一期構建。祝巫略知地球自轉，絕非偶然。

此時，祝巫塙知南北辨向，而北極星與地北延長線端相近。北極星去地球路程遠大於地球繞日旋轉半徑。夜視天空，北極星幾乎不動，恒在頭頂偏北方。祝巫大可以爲，四季目睹天空北極星位置在北方不動。四季地球繞日旋轉，而祝巫立所地面傾斜。今人以爲地軸傾斜把握此事。但祝巫對照晝夜見日所變動，依模擬球體運動而知地面傾斜，繼而推知黃道面變動。狄宛斷崖走向出自祝巫加工。以地面爲日行照射之面，即黃道面，日所變動即日過黃道點變動。此二者相交於太空。而祝巫恃立足地面察日所而溯跡變動。此力乃空間球體運動之設想力。祝巫有此力，故能在繪圖時給某星所置向。

如此，祝巫能依戶道線置向爲樞紐，兼顧子午線與黃道線給須告星體置向。此點恰係第二期營窟訓釋甚難之源。考古界多年戮力揭露營窟，此乃必要之舉。有學人嘗試以仰韶時期房址密佈，圍溝似城防佈置而試證東方城建文明。此嘗試乃向本證末之舉。

（2）柱洞

柱洞印記力柱，柱洞疏密印記用力柱疏密。但柱洞未必盡告營窟支撐力之源，諸殘跡能告星曆義。文獻記後漢迄魏營造兼顧星宿。何晏《景福殿賦》：「唯工匠之多端，固萬變之不窮，譬天地以開基，並列宿而作制。制無細而不協於規景，作無微而違於水臬。」張銑曰：「儷，比；協，合也。言比天地上圓下方，並列宿紫微星也……。水臬，水平也。言屋南北上下之正，以木度日影，以水平觀之〔註11〕。」多端者，向程眾而開端眾。開端眾則重力散佈均勻，下構穩定。欲使開端眾，須增開向程，故謂之多端。張銑注切合文義。

對照此文，知營窟建造類似宮殿建造。下取平，上顧星宿。狄宛第一期圓底營窟底面偏西處柱洞關聯周圍柱洞能告星宿，即使有力柱時，如此關聯也存在。依此推斷，第二期營窟結構保守第一期營窟結構特點，星宿義能被保留。《景福殿賦》僅告營造照顧星宿，此乃傳統結構特點之一。

題具柱洞首指營窟底面柱洞，次指垣上面柱洞。柱洞口小大、底貌、多少俱記曾用立柱數與著作粗細。居住面柱洞口大即喻用木粗壯，洞底尖銳即喻立柱下端尖銳，而且導向地心，有線點之義。木料底面大，立木愈穩。倘若削尖底端，此面非用於承重，而用於指告線段，唯線段能細。推斷祝巫以

---

〔註11〕 胡紹煐：《新校訂六家注文選》第 2 冊，上海古籍出版社，1986 年，第 722 頁。

此指告星所能在地下或在夜間。晝日不照之所，謂之爟闕火能映照。爟闕火影猶日日行天上。故言星體在夜。星晝不見而夜見。夜發光猶晝在地心。此晝夜星行之別也。垣面上柱洞也能有星曆義，或星數或曆日恃諸洞表述。柱洞模樣與程度曆算乃細節，後將檢討。

### （３）底開底面與廣縱段別變遷

底開依層位，底面依方圓。依祝巫營窟工序，營窟者須先開面，即在地表下槽，逐槽開掘，及廣縱邊線而休。下深基於關聯節氣曆算。何處須再下深，又須曆算。甚或先爲曆闕，使一營窟一垣位於曆闕上。如此，營窟底開之垣高或窟深恒難足於一數。縱向、橫向開掘俱有程度。程度三等：垣長、寬、高。前二者多爲定數，後者頻見闕值。

垣長寬係底面積求算參數，得數堪爲營窟底面積，此數堪爲第一期迄第二期底面營造增改之證。迄今發掘者照顧此數，不及其餘。底面增改涉連底面狀變遷，以及爲何變遷。後將考述此題。

祝巫形土營窟又照顧時節、地表熱氣多寡、日直星宿等曆術細節。底面廣縱連深程度當日，前二向程度當日乃深程度當日時段之節點日數。而且，此三參數服從戶向角記錄日過黃道度。諸曆日參數相體，此乃祝巫建造營窟底面縱、橫、深程、戶向本義。

### （４）居住面色料爲輔料

居住面即發掘者以「房址」告住房者起居地面。此面或平或斜，但檢平面塗色或無色。塗色係紅褐色或紅色。色料屬赤鐵礦色料。依李現先生鑒定，此色料以赤鐵礦爲原料，並含石英、白雲石、高嶺石、方解石、雲母、赭石與紅土（《發掘報告》第 82 頁腳注）。

居住面見色料之故難以勘察，發掘者述：「居住面上多塗抹一層褐紅色顏料，這可能與當時人們的信仰或愛好有關（揭前，同頁）」。愛好乃欲惡別惡剩餘餘喜好。某種顏色出自色料加工。喜好某色料本乎寄託某色某意或以此象徵喜好旨的。褐紅色象徵何物，值得檢討。至於褐紅色能否關乎信仰，難以推測。我依前著考見瓦片赤色紋樣推斷，褐紅色記述某種熱能，即此色能述陽。塗抹色料於某面，此面有向程，故祝巫以紅褐色述何事或何題，須恃配圖營窟結構辨識揭示，不得孤論。此斷旁證：爟火闕久受火之色爲褐紅色，證在體爟闕 Y204 爟火闕。此色用於摹記營窟爟火烘烤之力。其性屬陽。

（5）窟爐闕與附加結構

爐闕別窟爐闕、野爐闕。野爐闕前呼爲孤爐闕。若孤爐闕被雍覆，則言孤爐闕雍覆曆援。無論窟爐闕、野爐闕俱堪爲器坯燒成之所。爐闕乃久用火之所。爐闕壁紅燒土堪爲佐證。

自上而下察，窟爐闕口或爲圓、或爲橢圓。其口沿能見泥圈或半泥圈。爐闕口口徑程堪爲曆日參數。自口徑向下，及爐闕底而見底徑。底徑程如口徑程有曆日義。深程也有曆日義。

窟爐闕底頻見小洞，小洞能納瓦器。依發掘者述，凡能於洞內起出瓦器，器皆係夾砂罐。此乃爐事之證。窟爐闕底能通達戶道內通風坑。

於地面近爐闕處，又即位於戶道線上，能見爐闕旁有圜底坑。圜底坑之功已被發掘者察得，圜底器能被置於此處。我檢圜底坑壁有草泥，平滑故摩擦力小。依此推斷，爐闕曆義也涉及圜底坑放置圜底器曆義。而圜底器曆義有二樣：圜底器止，能見圜底器上某圖樣止，此時見其所。轉動圜底器，即見圜底器圖樣轉向。此謂圖樣所變，星體所變。譬如，標本 F12：6（《發掘報告》圖一〇一，1），或 F333：6（圖一零三，3）俱堪置於圜底坑轉動。祝巫以轉動圜底器模擬星所變動，此乃中國星曆實驗學科萌發之證。後著將檢圖樣曆義。

（6）垣腔係窟曆闕

垣腔即垣下有所謂「窖穴」，即曆闕。此曆闕有程度。程度別口徑程、底徑程、深程。垣腔異於營窟外孤曆闕。二者差異在於，孤曆闕出自祝巫形土爲曆，一處爲足，不與它遺跡曆算關聯。倘使能與告星圖，即連同類遺跡，譬如若干曆位於若干探方，標誌探方曆闕，諸標誌堪連爲星宿線。否則，祝巫不恃腔曆闕曆算對照營窟外遺跡曆算。垣腔位於何方垣下，尤須檢討。

垣腔與窟曆闕有別。垣腔固堪爲曆闕，但非營窟內窟曆闕。窟曆闕位於營窟某處底面，或在居住面，或拆除某構件，譬如木柱，而掘土爲曆闕。此二等遺跡曆算又係營窟曆算局部，而諸曆算又有某種關聯。

## 2. 層上下營窟雍覆

### 1）二營窟雍覆致前營窟孤雍或孤覆曆援

#### （1）貌改出自規劃

論某營窟雍或雍覆他營窟，須先斷雍援或覆形。營窟雍援即築一營窟倚

傍它營窟。覆形即造營窟於此層土而覆此層下營窟。後一狀況下，見此層營窟與層下營窟，此營窟下有另一營窟。上營窟或覆下營窟，或雍覆下營窟。雍謂高程、廣縱程擠佔。在此，層上營窟局部擠佔層下營窟乃祝巫爲曆之途。層下營窟樣貌已改，故題「貌改」。任一貌改俱本乎祝巫故爲、規劃，而非王仁湘先生所見「捐棄」，不涉祝巫率意而爲，敗壞前營窟。

孤營窟貌改之最寡更改即營窟底面某結構細部舊貌被改，譬如舊營窟某一力柱被掏挖去，此力柱遺留柱洞後改爲曆關，此致營窟曆義增一曆關曆義。

於層下營窟，層上營窟能改下營窟面貌或體貌。改其面貌，唯涉下營窟上面，此乃覆改之果。體貌之改係下營窟橫向、縱向局部俱被上營窟更改。無論面改、體改，形土向程乃前端考量。此考量背後存在祝巫曆改。更改堪爲改謬、堪爲增益、堪爲曆援。

得知祝巫不得不用舊營窟位置。由此，須推知祝巫營造上遺跡前，曾思慮同位構造，即用舊遺跡之位營造。此方位於祝巫顯係不得替代之所。如此，能察祝巫用心一斑。

### （2）二營窟雍覆須名營窟孤雍或孤覆

細查狄宛第二期眾營窟圖樣、發掘記述，即見營窟雍覆堪爲細別。欲判定舊營窟雍改，須其旁側程度受損。若欲判定覆營窟，須依後營窟底層與用層下遺跡上層高程。位置關係之名須依營窟雍覆之數而命，此處限檢討於二營窟之雍或覆。舊名「打破關係」含義粗糙，故在雍覆營窟諸程度關係不清。程度關係不清即告各營窟諸向程位置關係不清。舊言營窟「打破關係」乃宏指營窟位置關係，我言營窟雍覆向程乃二營窟位置關係之細查。

若一營窟雍於另一營窟，此時即見營窟孤雍。甲營窟覆乙營窟，須見營窟孤覆。後者譬如第 I 段 F381 受覆於 F312，第 II 段 F12 覆 F10 等。營窟孤雍、孤覆貌改異於它等貌改，不甚複雜。先定名類，便於檢討更多遺跡參與雍覆。

### （3）營窟孤雍孤覆曆援

後營窟與被雍營窟或被覆營窟曆算有嗣承關係。於後營窟曆算，此等關係即曆援。在此，須別營窟孤雍曆援，或營窟孤覆曆援。考者須知曆援，而後能見前後營窟細節關聯。曆援檢討須恃度當日曆算，以及兩營窟戶道記日過黃道度數辨識。

貌改掩藏兩等曆志：舊營窟曆志被更改而見新曆志，或舊營窟曆志新增某一曆志。如此，舊營窟藏舊曆算之增補略見一斑，先後祝巫曆算傳承綿延。

兩營窟之後營窟曆援別雍曆援、覆曆援，甚或雍覆曆援。同層同段甲營窟爲乙雍曆援，異層見甲營窟被乙營窟覆曆援，甚或局部雍覆曆援。若上層營窟、下層營窟屬毌期營窟，方位僅別上下，此時見全覆曆援，此乃營窟孤覆曆援局部。察期內眾營窟位置關係，同期同層兩營窟多見雍覆曆援，也頻見純雍曆援。

同期兩營窟雍覆頻繁，即見祝巫耦營窟曆援頻繁，而且祝巫以耦營窟謀求曆術精進。於中國曆算文明史檢討，此域有更多工作。學界檢討愈細，可見曆傳之密。

## 2）營窟與它遺跡雍覆曆義與名類

### （1）營窟雜雍於它遺跡之耦雍與雍

若見它遺跡數座俱雍某營窟，此時初見營窟被雜雍。雜雍別二等：它遺跡一座雍某營窟、它遺跡數座雍某營窟。前者即雜雍之耦雍，後者係雜雍之與雍。於前者，此營窟係耦雍營窟。於後者，此營窟係與雍營窟。

雜雍營窟之耦雍營窟非罕見營窟樣貌，譬如狄宛第二期第 I 段 F354 雍於 H372。此處見曆援不難檢討，故在曆援唯限於某向程曆援，能包含營窟戶道線告日過黃道角之曆援，此時並見星象曆義援引。

雜雍之與雍營窟非罕見營窟樣貌，依《發掘報告》（下冊）附表五，此等營窟最多，譬如某營窟與雍於三個遺跡，此三遺跡能係一素曆闕、二營窟、也能係三營窟，或一營窟、二素曆闕，或一葬曆闕（墓葬）、一素曆闕、一營窟。

檢討者若見數遺跡與雍某營窟，被雍營窟於曆算及星象史有重大影響。此營窟須係體統遺跡，嗣承祝巫知曉此事，故援此遺跡蘊藏曆算。此處能顯某營窟向程曆算被證實係塙當曆算，承用不休。

### （2）營窟雜覆於它遺跡之耦覆與覆

依前定，一營窟堪爲它遺跡覆，此乃此營窟上層遺跡與此營窟高下位置關係。營窟與它遺跡屬同段或異段，不爲要題。此覆於考古者首喻掩蔽。在此，須別發掘者與考古者之別。往常，考古文化界有一流俗，偏以爲發掘者能爲考古者。但無人以爲，考古者能透視發掘者工作特點。此乃謬識。此謬

識出自學界狹隘與學術領域權勢說。此等念頭妨害學術自由與學術自由競爭，也阻礙教育本旨實現。察考古者須依史體透視發掘細節。而發掘者未必知曉遺跡曆算文明史大義。發掘者貴揭露依層，考古者貴自下層逐層上攀，體察連貫與變革。以營窟受覆為例，考古文化界學人見分期，即及極限。但史考者曆檢絕無輟步之論。

曆檢者須察營窟帀覆於它遺跡。此時須別營窟被何遺跡雜覆，以及雜覆遺跡之數。若見另一遺跡覆一營窟，此時見此營窟被耦覆。此營窟即耦覆營窟，譬如，第二期第 II 段 F301 覆於 K302。倘若見數座它營窟，甚或另一營窟關聯它營窟，此時見此營窟被與覆。譬如，第二期第 II 段營窟 F361 覆於 H381、F362、M313。

### 3）營窟之間雍間覆及其底面雍損溯跡之途

#### （1）營窟間雍間覆

營窟間雍告三營窟位於同層同段或異段，至少三遺跡位置排布特點在於：其一間另外兩營窟。另外兩營窟之任一營窟雍於此間營窟或其一雍此間營窟。另外兩營窟互不相雍，看似孤在。譬如 F369 雍於 H375，又雍 F351、F364。F369 係間雍營窟。間覆營窟之證在於，F306 覆 F370、覆於 F316。F306 為間覆營窟。如此，曆援檢討須依位置之間、雍而別。間覆曆援係往來曆援，間雍曆援係同段曆援。往來曆援檢得後，即見曆算段別承襲，甚或期別承襲，即後嗣承襲先輩曆算。若見間雍曆援，即見某營窟與另外曆算之通用之性。

檢讀《發掘報告》（下冊）附表五營窟雍覆細節，見孤雍、孤覆及耦雍耦覆之例寡，而與雍、與覆之例多。此證後段營窟曆算頻繁，曆援甚頻。

#### （2）營窟底面雍覆損溯跡之途

若論營窟之雍，發掘者感覺最深：某層段營窟發掘已畢，發掘者匯集測量數據，編訂遺跡表時，不能盡給遺跡諸程度定數。其模範表述即營窟「形制不清」。形制不清唯出現於營窟受雍或既受雍又受覆。

細查「形制不清」名謂，得知發掘者以此名指營窟底面模樣不清。營窟底面本係某種底面，或方面、或長方面、或圓面、或橢圓面等。今雖測得某殘存平面程度，但程度不得歸類。

此外，《發掘報告》（下冊）附表五「尺寸」下「長寬」二字偶爾無確指，已給出某營窟垣或底長、寬程度非係長寬程度，而係直徑程度，譬如第 I 段

F318。倘使檢討者論狄宛第二期營窟底圓、底方比例數，此論多少包含其底面位置營窟之保留。

倘使檢者欲還原受雍損營窟底面，還原前須溯跡受雍損營窟曆算，見其弧邊長、或見直邊長、見其深。溯跡之途係度當日曆算。同時，須照顧與雍遺跡星曆義。此事雖煩，但非不可爲。譬如，欲澄清第二期第 I 段 F318 底面，須先澄清 H330、H331、H333 曆義，照顧 F316 曆義。前三素曆闕與雍 F318，而 F316 覆殘 F318。

面對上營窟覆下營窟，發掘者深思上營窟底面以上深程有刀斧之用，而後不須遺憾下營窟上部不得盡存。此時能見上營窟底深程截去下營窟深程之程度差。截下營窟深程之程度別三等：少截、間截、多截。少截即下營窟深程之上部稍去。多截即截去下營窟深程之大部，殘存其底。間截即截去下營窟下段之上，殘存下段。我迄今未睹原始發掘記錄，但推測被多截營窟不在少數。

如此，祝巫擇同所造設營窟，或異所而關聯造營窟，俱涉曆算與曆援，乃至星象曆援。此檢又揭示，祝巫嗣承與星象連續觀測係一事兩面。

### 3. 營窟結構曆日賦值

#### 1）參數隱顯之別乃賦值基礎

##### （1）發掘參數之顯與隱

發掘參數用於算術前，須先認定發掘參數特點，後檢討其是否足用。天文曆算算術非絕對值算術，而係向程算術。向程算術用兩等參數：第一，天象查看記錄參數。第二，曆日參數。前者含黃道、赤經參數、日宿或日日過黃道某點之數。諸數堪以畫線復原。發掘者早先用羅盤、今用全站儀，俱能見舊參數局部。後者即祝巫依度當日曆算曾用參數，譬如諸程度之長程、寬程、高程等。在此，讀者須謹記，言祝巫度當日曆算，此乃述，而非祝巫曆爲舊事目睹實錄。連「度當日曆算」之名，狄宛第一期也不須有，但祝巫用此算術，此係不爭舊事。諸參數存於遺跡，不得抹煞，不得否認。

若祝巫預算或溯算日位置，須具備兩等腦力：空間星體關係之溯跡力與還向力。在此，須略釋此二名。星體溯跡力乃自當時向過往追溯某星體位置，須問其位置屬偶見位置，抑或重現位置。星體多係重現星體，追溯過往某所置即溯跡其重現位置。而且，此位置係某軌道位置。

星體還向力即知曉某星體將還某位置，其往位置將被後位置替代，而且向祝巫所察某所運動，猶如人往人還一般。向謂朝向祝巫當下操心之所。狄宛第一期遺跡起出若干瓦丸，瓦丸能被祝巫用於模擬星體還向，而祝巫此等心力謂之還向力。

於曆算考古〔註 12〕，上言參數可細別爲顯參數與隱參數。顯參數即發掘者記載參數，或正或偏，仍堪承用。隱參數即圖樣、遺跡諸結構細節含參數，但不被發掘者知曉。考古文化界不別發掘與考古，此乃舊俗，誠不可取。考者欲近全知曆算舊事，須查看圖樣，對照發掘者記參數，而見隱參數。

（2）底開之圓底與方底

營窟底開即營窟底面模樣。若見營窟圓底或似圓底，程度納口徑程度數、底徑程度數、深程度數。諸度數俱堪依度當日算術計算。方底曆算依底面長邊、寬邊二向程度數曆算，另須照顧其深程度數曆算。此度異於交角度數。交角之程度與單線程程度乃迥異度數，不得混淆。頻見垣長程度數當日數大於月日數，即多於 30 日。此數乃程超日數，此數堪被曆援。

圓底、方底面積能否佐證某曆算，頗難答覆。依《繫辭傳》「庖犧氏以田以漁」，「田」若涉及底面圓方，開底之前已有面積計算。《九章算術》「方田」術含廣縱術，廣縱術即面積算術。此算能得平面小大之數。他們知曉面積計算，但不謀求以面積更大營窟表述曆算覆蓋更久時段。涉營窟方底起源，後將細考。

底面某程度曆算關聯底面向上延伸之高程，此高程於地上查看者係營窟深程。此向程度數及其度當日數係關聯節氣日數，頻涉前番秋分迄今歲春分日數。關聯營窟底邊、口邊向程度當日，深程度當日起訖日數清晰。

營窟底面頻見其它遺跡，而每遺跡俱有曆算義。《發掘報告》（下冊）附表五記，營窟內頻見窟爟闕、通風孔、或素曆闕深等遺跡。每遺跡俱有曆義。祝巫造諸遺跡於營窟，所圖何在？今察諸曆志處於營窟，唯恃營窟而連，故須察知祝巫以營窟連屬遺跡曆志。依此斷須命孤營窟涉及曆志日體曆志。倘使能證祝巫以營窟結構各部形成曆算對照，而且此對照顯告關聯曆志之一被

〔註12〕學術界有天文考古學術。我不用「天文考古」名，故在曆算較之天文更近算術。而算術基於向程考量，始得星象細節。曆算考古在龍山時代演變爲祈年，此乃祝巫行爲。中國文明混亂始於俗世權勢入侵精神領域，政治權勢僭越與誣罔使世人昧於界別。此亂久久綿延，迄今不絕。

精算，以致獲得密算曆志，此時須言曆比。我傾向於言曆體，由於營窟結構宏大，納各細部結構幾乎俱有曆義，自外察營窟，唯見一遺跡。此乃體各結構細節之果。此體恰基於營窟底面、上面各程度關聯，並給予營窟內其他結構細節空間。

（3）居住面上土臺

營窟底面頻見某種土臺，其反結構即地面傾斜於某部而顯斜面。前者多而後者寡。譬如第 I 段 F246 戶道口內右邊（東北角）有土臺。發掘者命此「土床」。今問：祝巫不用土臺能否過活？答：以篝火尚且能過活，土臺於生存非必須物。而營窟爥闕之火便於寒日過活。窟鋪柴草於營窟底面、覆蓋獸皮，祝巫能安然過冬。故「土床」之名，非出自考問，而出自發掘者物用唯一之導向。發掘者欲使讀者認定，營窟係長久居住之所。營窟內土臺能夠有旁功之檢題以「土床」之命而顯多餘。

我認定土臺有旁功，不得呼為「床」。檢土臺恒位於戶道線旁，或左、或右，但無土臺位於戶道對過。以光盛弱而論，土臺乃戶道線附屬。晝光盛而夜用火光弱。臺上坐臥，晝則目向光線之源，面朝戶道線。夜則用火，爥闕之火亦在近旁。如此，知土臺曆義涉及採光與某種查看。關聯窟爥闕火影，此土臺似乎堪命「司景臺」，也堪命「司明臺」。

《左傳·昭公九年》：膳宰屠蒯請佐公使尊，許而遂酌以飲工。又飲外嬖嬖叔，曰：「女為君目，將司明也。服以旌禮，禮以行事。事有其物。物有其容〔註 13〕」。另外，《周易·說卦傳》：「離也者，明也。萬物皆相見。南方之卦也。聖人南面而聽天下，向明而治，蓋取諸此也。」依此，知「司明臺」向程義限於面南。

《西次三經》：「又西二百里，曰長留之山，其神白帝，少昊居之。其獸皆文尾，其鳥皆文首，是多文玉石，實惟員神磈氏之宮。是神也，主司反景。」前著已考，「主司反景」，謂明察日影並令之倒轉（《狄宛聖賢祖述之一》，第 325 頁）。日行天球有投影。故此而命此土臺如司景臺。

此臺上面係窟內至高面。營窟底面下深即窟爥闕底高程。自戶道入營窟後，土坑深程為次深程，垣上面柱洞深程能為最小深程。底面粗柱洞深程淺於窟爥闕深程。如此，每結構細節深程或高程俱有曆義。依此得知，臺面高程與有曆義。

〔註13〕楊伯峻：《春秋左傳注》，中華書局，1981 年，第 1311 頁～第 1312 頁。

　　無論長邊短邊，每土臺邊棱俱係直邊。直線告向程。向程又涉及光線或截圓面局部。此圓面能爲某些結構細部會聚之面。此圓依此而有視見域之義。視見域即祝巫查看天區而摹記天區。視見之域本在天區，祝巫摹記星象，故挪移此域於地。

　　如此，司景臺邊線走向能涉及祝巫取向，及此向程曆義，譬如某域內日照某所。而此線又與旁線形成夾角。角度能轉換爲日行度。如此，土臺邊線夾角與有曆義。

　　2）戶道直日所

　　（1）戶道角與省察日昇降

　　依《發掘報告》圖五六，狄宛第二期第 I 段無一營窟戶朝北，也無戶西向之營窟。此走向使人深思。祝巫入營窟須行戶道。而戶道中線即戶向線。戶向線須有旁功。

　　戶道有階，階別直線棱階、弧線棱階。階有數，或一階而足，或三階而別，多至 4、5 階不算怪異。戶道長程即戶道在營窟外某端伸向營窟口長程。營窟口無平面，或係戶道自然斜面，或見口內一坎。此坎上承戶道近營窟口，並在戶道口前兩邊延伸。祝巫自此踐地入窟，但不便進出。探謁狄宛遺址時，我曾嘗試步入公路邊某一復原營窟，察覺戶道不容人持物進出。

　　若見戶東向，譬如 F246，須能見日自此口入。日在地平面即能平射入戶，時在晨刻。日昇於軌道，能自高處斜照戶道及戶道口，但不能射入營窟。戶內諸物曆義能關聯日行所曆義。倘使戶道口兩側有柱洞，木柱頂棚能爲「圭臬」高程，係查看日昇降之器。但戶道邊柱洞又能有旁義，譬如第 I 段營窟 F5。

　　戶道長程、階深程曆義堪依曆日術算測算，而戶道走向曆義須恃諸物與在某系之參照角謀算。此系即協所系。溯跡協所系乃逐一訓釋營窟曆義之基。戶道中線走向西若干向程曆義求索機樞。

　　（2）星象

　　星象乃二名，星謂營窟圖狀星所。象謂天象，或某星異象。星象辨識恃圖狀。爲圖者係祝巫。初視見星象者也曾係祝巫。視見某星能係孤爲，能係體爲。營窟圖志星象皆屬體爲，即祝巫並見若干星象關聯，故圖狀諸星體或星象。

　　戶道線能指向星所，戶道線也能用於截割星所之域。戶向線在戶道口下坑內能爲祝巫察見日春分點之所。於此時節，祝巫視見星象並摹記曾見星所須恃軸線。此線即軸線。

　　倘若被祝巫用於摹記較大星體，但圖域僅在底開之內，祝巫選用底面有限。如此，準乎戶道線而覓得星象乃一大難題。謀取星象前，須先嘗試溯跡祝巫曾睹春分點或秋分點，甚或夏至點、冬至點，依此見而顧祝巫協所。否則，祝巫圖狀星象之向程流失，古星曆術曆義湮沒。

### 3）窟爟闕

#### （1）由泥圈賦值推導狄宛圓周率

　　泥圈位於窟爟闕口沿旁，係檢討窟爟闕諸程度前目觸第一物。依《發掘報告》（下冊）附表五，第 I 段營窟「竈前設泥圈土坎」之證有二：F17、F229。第 II 段更多：F3、F206、F245、F331、F347、F715。「竈前」即窟爟闕口沿外前。

　　附表五又言，第 II 段 F222、F224「竈前有條形坎」、F301「竈前設有土坎」、F303、F306、F367、F385、F605、F712 俱在爟闕前設有土坎。此等土坎如何走向，不清。

　　但泥圈在第 III 段變樣，F207「竈邊設半圓泥圈」、檢圖《發掘報告》圖八〇，此半圈實謂多半圈，自此多半圈兩端向圓心畫線，見窟爟闕大半被扇面覆蓋。此弧線中央直對戶道。附表五述 F213、F220 窟爟闕邊泥圈同 F207。但 F307「竈前設泥圈土坎」、F362、F368 同此。發掘者未徧給營窟圖樣，不詳泥圈土坎、半圓泥圈模樣細節之別。

　　前舉第 I 段 F17、F229，第 II 段 F301、F303，第 III 段 F207 俱配圖樣，後將檢討。泥圈出自盤築。土坎別橫、縱、斜、弧。若有發掘日誌，能依圖推斷其義。今無此物，不得訓釋此類土坎。

　　以泥圈、泥半圈而論祝巫賦值，有兩等算術、兩等曆義。第一等，泥圈長即圓周長（C）。自窟爟闕圓心迄泥圈寬中線爲半徑（R），知曉窟爟闕口徑，除以 2，得數即半徑。

　　若欲算泥圈周長算術，其算式不難獲得，依 C＝2πR 推算即可。希臘字母 π 告無限不循環數 3.1415926，即圓周率。泥圈堪記斗柄旋轉一週，等於一璇璣歲，度數 360°。但此斷似乎未顯此結構細節特點：狄宛第二期營窟有窟爟

闕。窟燋闕樣貌唯別二等：一曰圓、二曰橢圓或瓠狀。橢圓來自圓變，直徑
改爲長、短軸。

狄宛祝巫能察依弧察北斗七星運轉。站在狄宛高地察地上（古）河道，
即見弧線。連此弧線爲圓圈，即見圓圈爲滿弧。繞圓心畫小圓得圓心角，此
角即全角 360°。此全角面對弧長即泥圈總長。此算術不異於圓燋闕周長等運
算。涉及營窟挖掘，以中央插立木棍，拉縛於木棍某長程藤條或似鬃纖維在
窟底平面，伸迄窟燋闕邊緣即可。彼時不能有此圓周率，但有近似圓周率，
依前度當日率數推導，斷定彼時圓周率大約等於 3.1。如此，泥圈本義求索乃
一難題。

倘若祝巫欲記天球協所系上某兩線交角，能恃此平面算術記述。究竟祝
巫如何用此算術，考證第 I 段有圖營窟時，將備細驗證。

（2）窟燋闕效程與燋火洞曆義

一營窟能見一燋闕，此燋闕即窟燋闕。倘使能旁見燋闕，須別主燋闕與
副燋闕。副燋闕出自祝巫附營築。附營築出自祝巫新見某曆象，又須補足舊
圖狀星曆。

檢討者須別三題而檢燋闕：第一，戶道直對窟內燋闕。此爲何。第二，
窟燋闕底有洞，頻見洞納夾砂罐。發掘者以爲此洞係「火種洞」。此名堪用否？
第三，窟燋闕深程有無講究。

於前者，須顧戶道受日照，而日照似乎能重疊燋闕之火光。祝巫無疊加
光照之須，故須推斷燋闕夜用而晝不須用。如此，燋闕曆義限於夜時。狄宛
第二期燋闕口圓或橢圓，斷無方口。故在燋闕之火影環繞燋闕口沿。其明暗
變動象徵日行天球遠近之投影。日遠時節，日軌係橢圓。如此，燋闕謂黃道
圈。依此，日所曆義新增一項：日所黃經義。戶道線方位角依此曆義堪換算
爲日所黃經。

窟燋闕底有小洞。發掘者命此洞爲火種洞，此洞起出夾砂罐被命爲「火
種罐」。依前檢，燋闕乃用火曆闕。燋闕存底火，而且底火存於洞內。此洞即
燋火洞。若能起出夾砂罐，此罐能告冬至迄夏至間燋事有成。冬至日寒。日
遠去夏至點。欲誘日還，用其類性。祝巫取暖時，照顧日所，謀得夏至。故
以夏至能見燋宿二爲此事。此乃燋火洞見夾砂罐之故。倘若燋闕底見燋火洞
而不見夾砂罐，即見暗喻。有洞而無罐之故有二：第一，初造燋闕，向某面
壁底挖洞，圖入此罐。挖掘者往歲曾察見南方七宿鬼宿屬星燋宿。今歲如往

歲，夏至時以故未視見燧宿。雖曾掘此洞，將埋而不得下夾砂罐。第二，祝
巫將雍覆曆援此營窟燧闕曆義，掩覆前須處理其結構某部，挪去燧火洞內夾
砂罐。移此物於上覆遺跡，或徑取而圖它用。如此，發掘者不能在燧火洞起
出夾砂罐。

燧闕曆算乃燧闕曆為要題。曆算之術仍係前著考得度當日算術。度之敵
對乃程。燧闕程度別三等：口徑程、底徑程、深程。顧營窟底面，窟燧闕徑
程僅占小部，其度當日數不超 30 日，故無程超度當日超月長話題。底徑類此，
不再贅言。

深程度當日曆算係要題之一。檢狄宛第 I 段營窟 F246 燧闕深程 1 米，F229
燧闕深程 0.75 米，至淺 0.2 米。第 II 段營窟 F714 燧闕深程閾至深程 0.95 米，
至淺者 0.2 米。第 III 段營窟 F100 深程之閾至深程 0.7 米，見 F220 深程 0.1 米。
各段燧闕深程多見 0.3～0.5 米。而且，最深者僅見於第 I 段。今問，祝巫有無
照顧效程？

準乎野燧闕曾有效程，今推斷祝巫建造營窟曾為燧闕深程之效程。依前
檢，深程之效涉及兩等關聯節氣：挖掘曆闕前，祝巫依效程挖掘。第一等效
程即前番秋分迄今番春分日數折算深程之效程。其深程為 0.66 米。前番秋分
迄今番春分乃關聯節氣。挖掘窟燧闕前，祝巫須照顧前番冬至迄夏至日數。
此日數等同秋分迄春分日數。如此，效深程須為 0.66 米。今見 F246 深程等於
1 米，此深程度當日為：

1÷0.33＝3.0303

3.0303×3.0416＝9.2169

小數折算 6.5 日，計得 276.5 日。

此日數堪拆解為：

276.5＝270＋6.5

6.5 日為增日，270 日為秋分、春分關聯節氣之間加冬至迄夏至關聯節氣
日數之和。取前番秋分迄冬至，得璇璣歲 90 日，取冬至迄夏至，得 180 日，
計得 270 日。由此得知，燧闕深程 1 米曆日起點為前番秋分，而且越過今番
春分，延及今番夏至。夏至曆義依燧闕之燧宿定義。如此，燧闕曆算之深程
度當日算術本乎秋分──春分算術，但曆義參差。增日、減日曆算涉及營窟
星圖日所黃經。此屬細節，後將檢討。

### 4）力柱與柱洞

#### （1）木柱排布星象

木柱別二等，前已申述。唯木柱散佈如何涉連星象之問，須備細解答。而且，此題以營窟結構之樞紐細節而定，譬如有司景臺營窟之司景臺兩邊線與黃道線交角，或無司景臺營窟之戶道線與黃道交角。樹立數木柱摹寫星象與柱洞旁證星象本係二題。但若照顧狄宛第二期祝巫以後段形土雍改、覆改前段營窟，並伴隨天文知識，今須斷定，此二者無別。我此言指祝巫知曉、樹立木柱與斜置木柱表意參差。狄宛第一期營窟垣上木柱斜置，窟內立木。而斜置木柱堪以直線傾斜替代。傾斜方向乃向程，指往某星即恆星星座。但第二期營窟揭露證實，無傾斜柱洞。由此推斷，第二期營窟木柱俱爲立柱，及某高程而加遮蔽物，譬如植物與草泥。如此，不須以斜木相交檢討木柱指宿。

木柱既爲直立柱，須別營窟內力柱與營窟垣柱，前者即後世殿內腳地上力柱，後者即牆柱。彼時營窟已有窟底用四力柱結構，譬如 F246。也見三力柱之例，譬如 F349。甚或有二力柱之例，譬如 F605。各自曆義須別求而定。營窟垣柱星象義別於營窟底面力柱。垣面立柱依垣邊走向頻呈線狀散佈，遇兩邊接茌拐彎，仍見垣柱近均勻散佈，譬如 F245。但也見垣柱非均勻散佈，證在 F246、F360。於星曆考古者，檢討立柱星圖已不可爲。無一遺跡存立柱蹤跡。發掘者揭露營窟僅見柱洞，而不見立柱。故營窟星圖檢討須恃柱洞結構特點辨識。

#### （2）柱洞存星圖摹記

前言營窟力柱、垣柱星圖。耐心查看諸營窟圖樣，須見力柱星圖、垣柱星圖辨識須恃柱洞辨識。如此，力柱與垣柱星圖辨識須恃兩等柱洞辨識。而且，營窟雍覆之狀訴求營窟星圖考校者貴重營窟殘損後柱洞模樣。

察營窟底面柱洞、垣面柱洞，即見窟底柱洞寡，垣上柱洞眾。若檢祝巫以柱洞摹寫星象，不同營窟窟底柱洞能摹寫星象有限，頻見四立柱。有四柱洞而且其位置相似諸營窟力柱柱洞星象義同。不同營窟垣上柱洞摹寫星象參差，記錄星數多。而且，此義能關聯營窟戶道線與黃道線交角星宿義。垣上柱洞星象義涉及某宿星數與屬星數。此乃中國星象史旁證。如此，垣上柱洞疏密非係營造史之營造技藝佐證，而係曆象史星象話題。

涉及摹寫星宿，今知柱洞小大有別。此別有何星象義，係一問題。答此問前，須照顧狄宛第一期曆算由萌發到發達伴隨星象察記。在此，將賦值關聯察星記錄，星宿或行星並被查看，顧柱洞小大各告行星或恆星亮度。此即賦值之一。祝巫察知力恃目力、記憶力、溯跡力、橢圓軌道還原力等而定。若目視某星體甚亮，祝巫摹寫時能照顧其星等。彼時，祝巫不須知曉星等，但能辨識其亮否。照顧之途是，以粗壯木柱摹寫甚亮星宿。移去木柱時，祝巫能以擴大柱洞表達此認知。此表達不可視如簡單誇張，此舉乃祝巫賦值。如此柱洞堪以曆闕度當日算術曆算，得日數變爲營窟曆體之關鍵參數。

涉及此題，也須顧垣腔曆闕或雍營窟某垣之曆闕。若垣腔口面爲圓，底面爲圓，或近圓，須疑問祝巫先挖腔曆闕之故。或許，祝巫曾規劃於此曆闕上營造營窟一垣，此時即見此曆闕爲腔。倘使祝巫初無此念，即見營窟一邊雍一曆闕。若曆闕雍營窟某垣，此時不見垣腔曆闕，唯見曆闕雍援營窟某向程曆算。此時尤須疑問，祝巫先察抑或後察某行星衝犯某宿。若見之，則斷熒惑守心或金星輪返（584 日）或其他天象，譬如三星連珠之土星、火星、大火星連線於蒼穹。

既言祝巫摹寫星宿，須有星圖。狄宛第二期各段非圓燧闕俱涉星象，而且其平面圖蘊藏星圖。星圖之名不爲稀罕，前著已考狄宛第一期曆闕星圖有尾宿狀。此著前考 K232、K314、M224 星圖俱係模範。

於營窟柱洞散佈，若干柱洞依某向程連線即爲星圖。依我初考，各營窟結構細節恒含有某星宿圖樣。《發掘報告》（下冊）附表五記每營窟柱洞俱含某星圖，但非營窟平面、剖面圖不得考證營窟柱洞星圖。

無圖營窟柱洞位置未知、柱洞口徑未知、戶道中線過窟燧闕與黃道交角未知，營窟內司景臺兩邊走向未知。有此四未知，營窟柱洞星圖不可考。

總之，狄宛第二期營窟柱洞星圖將佐證狄宛第二期祝巫星宿認知局部。後世星圖源頭得以解答。中國恆星表何在之問也得解答：恆星表存於諸遺跡，譬如曆闕、燧闕、營窟、及葬闕。此外，於後世星圖摹記，星宿東西位置記錄依黃道西而東，抑或東星畫如西星。此別於後世星圖系統起源檢討有莫大佐證力。此別有助於覓得現代中外星圖源頭、澄清源流。

此外，恃某營窟力柱、垣柱星圖，檢者能答一疑問：狄宛第二期祝巫知否夜察星時段有別？倘若能證祝巫知曉夜察宿時段，即能考知狄宛祝巫星圖

屬別時。此處，時謂傳統時辰，非小時，如西方天文學界〔註14〕。而且此等星圖乃全星圖局部，為全星圖初階。唯此檢討能告狄宛第二期祝巫星象知識深廣。

### 5）色飾與納物

#### （1）居住面色飾與戶道圭臬

檢狄宛第二期有圖營窟，居住面與窟上地平面大略平行。紅褐色似火燒土色。以日類火，日照類似燒火炳照。古人察火色，用火色，故檢討者可安然自紅褐色使用擷取祝巫記錄日照舊事。彼時無棱鏡，棱鏡光譜乃未知存在。祝巫獨貴火色，使用紅褐色料塗抹居住面，以告日能及陰，也能自戶道入營窟，拋灑紅褐色點於居住面。甚至，垣壁面上也能見紅褐色。

日能入戶道、照耀營窟某方垣壁。若日當戶道，日照居住面前依自下向上昇迄某高程。此時難得日鋪射之狀。所謂鋪射，即日射點與射向地地表平面夾角較小。鋪射之外，有似點射之狀，似點射光照及日射線與地平面夾角甚大。晝日昇降，此乃日運動高程曲線。日照入窟，須自某口。營窟頂蓋遮擋日照，而祝巫導日照居住面，須恃營窟戶道向日昇降之閾。戶道寬程有限，而日自此入射又可設定，譬如依某程度樹立立柱於戶道旁，在此高程橫搭頂棚。

依前述，日晨刻能以鋪射射向營窟垣壁。此時，日照線與黃道夾角不大。祝巫能自司景臺能清察此狀。若見此，塗抹紅褐色顏料於垣壁，不為怪異。此色故此係日照記錄，而非神怪念頭之證。依此途，可溯跡祝巫查看昇時節。不獨晨刻日出，黃昏日落也能有此現象。

前述之證在於，F303 垣壁塗抹紅褐色。此營窟戶向西偏南，日落照射射線近平行地面，時在秋分後不久。依《發掘報告》（下冊）附表五，F349 僅居住面有紅褐塗抹，日過黃道 90°以西，日落點時日射線遠去地平線（黃道），故垣壁無紅褐色顏料。察 F310 居住面上無紅褐色顏料，垣壁也無紅色顏料。其戶道線與黃道 180°相差甚大。日落時僅瞬時照射地面，但不能鋪射，唯似點射窟底面。如此，色飾能告日鋪射，或類似日鋪射之狀。此色不得視如神怪念頭記錄。

---

〔註14〕別時即一些天文學著作講「分時」。彼等講分時之時喻小時。我以時喻時辰，即每 2 小時為單元。鄭慧生：《認星識曆》，河南大學出版社，2006 年，第 10頁。

### （2）營窟納物星曆義辨識

發掘者在不少營窟起出同模樣物件或貌似物件，偶爾使人感覺重複無趣。但考古者非似發掘者，不以器物貌似而判定祝巫無聊，甚或設擬彼等衣食無憂，有閒暇時光，無以消耗，故重複燒成同貌近貌瓦器，或研磨同貌石器。頻見起出物：罐、盆、骨錐、蚌殼、瓦弓、陶丸、石球。

依曆算史查看，諸物貌不礙其在各營窟參差表意。各營窟以戶道線走向參差而定義，各在某探方下某層。各營窟結構參差，戶道受日照參差，居住面受光角隨營窟戶道走向線變遷。夾角變遷須以物記述，祝巫謀此而用祝巫。諸物用旨曾被誤會。不事思考者曾以爲諸物謂剩餘物件，並關聯彼時生產力高漲，甚或階級壓迫，以爲獲得佐證。

察諸物表意流向曆象與交線夾角，譬如骨錐尖銳端堪當夾角之任。罐能置於爟闕底洞內，喻大火星在某方，或記錄祝巫爟事。小底盆倒扣能喻北極弧線被切去。平置平底盆於地，即告春分日或秋分日晨刻赤經面與黃道面平行。

手持傾斜瓦弓能告天球外廓似以季節變動顯斜，而此念背後係日軌道面傾斜，而且此軌道面乃橢圓面。罕見瓦弓呈正圓，其故在此。狄宛遺址壕溝類此。陶丸色赤，能告火星（熒惑）。石球反射光線，能告金星。察日直星宿須在昏刻，金星傍晚在西天，能跟隨星宿查看。蚌殼別矛蚌、珠蚌。珠蚌能告仲夏、仲冬日之外日軌道，但矛蚌能告仲冬，故在彼有日影加長之狀。此外，穿孔珠蚌能告日全食，此題前已考證。總之，狄宛物類星曆義已有系統。

## （三）斷崖告日射赤道係第二期營窟曆義基礎

### 1. 第二期第I段球面協所系爲曆訓把柄

#### 1）天文球面協所系

#### （1）營窟星曆俱來自日行天球察見

題星曆訓告日宿之星、曆日二者。星象自在，知之者以查看而知，曆本乎天文查看與曆術。曆能爲陰曆、陽曆、璇璣歲曆。「把柄」非作者自造，而係作者考見。考證基於辨向，辨向基於身臨與轉身依程度。諸認識出自多處嘗試，設擬察天、駐足、乃至坐臥，以及對照發掘紀實，尤依較大發掘記錄圖樣細節向度。當年拜謁狄宛古河道旁遺跡，以及臺地遺跡，雖曾轉身，但在晝故不能觀星。印象至深者，莫過於入「復原」營窟而覺戶道難行，以及

秋分日日出之所在正東，傍晚日落正西之象。前言宏大發掘記錄圖樣即《發掘報告》圖五六（第二期第I段遺跡分佈圖）。

我檢此圖，對照已考遺跡朝向與星曆，察覺此圖蘊藏狄宛第一期向狄宛第二期第I段星曆過渡之證。此言之證在於，狄宛祝巫知曉天球協所系，並依此知識察星、為曆。而且，此圖隱藏兩等協所系：天球協所系與平面協所系。此圖樣曆象價值在於，此處所見係中國曆算文明史兩種協所系最早並存圖樣。此辨識今系統解答新石器時代北方各大遺址為何位於臺地之問。此位置本乎選擇與地貌加工，而旋轉於加工俱出自祝巫思向之定。

後圖出自增畫朱線於《發掘報告》圖五六：朱線四根依斷崖面上遺跡散佈密度，又依斷崖走向、壕溝凹凸之貌。後將述解朱線摹寫。此三依據本乎狄宛祝巫，而發掘者以揭露與繪圖厥功甚偉。

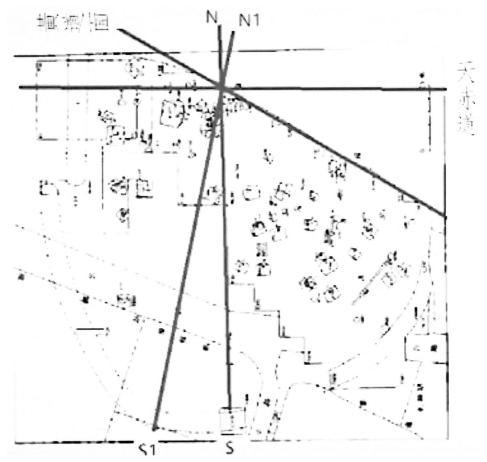

圖三三：狄宛斷崖赤道受日及赤道黃道交角 24 度許

（2）協所系三義

此圖係平面協所系，此協所系納球狀圖，含地球經緯線。子午線即經線，緯線能當黃道。將外廓溝道視爲日行道，日處所每歲行遊於軌道上，逐點而變，日在每點照射地表。地表即溝道內野地地表與營窟戶道口內底面。營窟及其它遺跡上也受日。

此外廓之狀記錄祝巫日行之視運動印象。祝巫知曉天球爲圓，日能遠去。其最遠處即 S1，日似沿天球行至最遠處。此處唯堪以察宿證實，晝不便睹日遠近。晝見日照線即日晝行軌道面某點。今見圖樣即日射地球赤道。每年冬季，此線愈加向右下傾斜，日照南回歸線。將日視爲發光點，光點射線朝向即日照面。此面能係地上赤道，能爲北回歸線。冬至日，日斜射於地面，日影長，故在地球赤道帶遠去日照射點，日南行。

N－S 係目視子午線，即黃道面上祝巫察知南北向。以夜觀星宿得知日週旋，由此推知赤經面變動。斷崖西北邊線內收，有平行於緯線之傾向，但不平行。在西北也係延長線，此延伸線即天赤道，此線出自赤道延長，先沿斷崖直線內屈，折而西行。此線又告地球運動綿延，而此線猶如射線延續，及溝道西北段而休。

涉星圖，狄宛第一期祝巫能以曆闕記尾宿，遠在第一期前，斷崖走向已定，則斷崖述日照赤道之義也有星曆義：日或過黃道 0°，或過黃道 180°。這恰解釋爲何第一期眾瓦線陀涉及狄宛臨界日全食記錄，曆闕曆日頻涉陰曆歲補日。而且，今圖樣本有星圖義：黃道 0° 或 180° 俱涉星宿：東垣、西垣。而 S、S1 涉南垣諸宿。我溯跡祝巫知此度數時代在狄宛第一期，但須認其先輩也知此事。換言之，知日射赤道於節氣爲春分、秋分時節，此認知遠在狄宛第一期前已被某個祝巫孤知，或被數個祝巫與知。

以壕溝內扇面東西厚爲地球赤道部模樣，此圖又增地球球體摹寫之義。在此，讀者固可疑問，第二期第 I 段祝巫如何知地球赤道厚，而南北吊。此問不難解答：我曾推測，狄宛祝巫先輩曾以極端低氣溫而出求溫暖之地，或北行、或南行、翻越大山而於夜察知地北、地南、地東、地西樣貌。此知傳授後嗣，此乃珍貴信息，受者牢記。將此知識關聯星象認知，固能爲此圖樣，揭前著「新仙女木事件」於人類影響考述。

2）窟燿闕泥圈黃道義訓

（1）泥圈及其半告黃道或黃道之半

　　狄宛第二期第 I 段宏大營造遺跡固使有心人驚駭，祝巫天球認知力使人歎服。細心人欲問，何以證祝巫援黃道述星宿？畢竟，黃道直涉立腳。立腳處不清，祝巫如何觀宿？而且存在星曆計算問題：知日行黃道度滿否乃歲計基礎，檢討祝巫曆算者不得捨棄此題。換言之，天文史檢討者須檢得祝巫察覺黃道。否則，前各圖樣訓解終虧根基，無以支撐星象認知系統。

　　前考狄宛第二期第 I 段窟內圓爟闕有「泥圈」，此圈即圓周。迄第 III 段，窟內爟闕口沿外有半圈泥坎。今考泥圈能告黃道滿度，即全角 360°。自前歲春分迄今歲春分，太陽週年視運動軌跡投影於天球面即黃道。黃道、天赤道在天球兩次相交。兩次相交須見黃道自南向北過天赤道。天文學界定此交點爲春分點。前番相交迄今番相交得圓周，得黃經 0°。圓圈恰表達此義。

　　於爟闕底而言，倘若黃道自北向南越過天赤道，交於某點，此點即秋分點，此點爲黃經 180°。今得圓圈之半，故爟闕口見半圈泥坎。

　　另外，此泥圈或泥圈之半位於爟闕口沿。窟爟闕口平面平行於居住面，即告平行於底面。在春分日晨昏，日正東出，在地平。軌道上太陽此刻運行點恰重合於黃道面此點。立於地表察日者知此交點。此後，地球自西向東旋轉，察日者見日抬昇，西向而畫弧於天空，去往西邊，落於地平線西端。

## （2）泥圈受火投影告黃道

　　察星象須設子午線、緯線、辨識北極星，而地球圍繞地軸自西向東轉。北極星與地軸北延長線端接近。夜察天空，北極星幾乎不動，恒在頭頂偏北方向。四季，地球繞太陽旋轉，地軸傾斜方向變動。但北極星去地球路程遠大於地球公轉半徑長程，故地球公轉所致地軸變動可忽略不計。如此，四季目睹北極星位於北方而且不動。此疏闊觀測有時不便關聯日晝夜處所。欲滿歲辨識日所，晝夜不休——陰雨日子除外——即須隨著黃道面高低而察日所。日落、日出前係查看星宿時段。星宿位置能旁證天赤道與黃道夾角。前言黃道類投影，而投影須以火喻。爟闕久用火，平地有昇焰。焰照泥圈，泥圈投影最近，此影子也係圈狀。故言，泥圈乃祝巫述黃道之器。

　　澄清黃道被祝巫以泥圈摹寫，今再檢祝巫知否設擬地心。目不睹地心，唯堪被設擬。設擬地心之念出自觀宿者將足下地球深處球心視爲立足點。如此，地表、地心、足立點與過地心對面以陽、陰、能睹與不能睹對偶。晝夜關聯建立。夜觀宿與晝察日被連續。地球運動被置於向程完備之空間。

## 2. 營窟結構協所及曆體

### 1）諸結構曆義會於營窟印記祝巫協所

#### （1）孤曆志遺跡異乎營窟結構曆志

孤曆志遺跡即某遺跡僅係孤在遺跡，此遺跡有曆義，而且曆義堪依算術驗算。已揭露某遺址能見孤遺跡，也能見雍覆遺跡。而且，有時目視存在孤遺跡，但此遺跡堪依曆算或星圖關聯它遺跡。此時，即見僞孤遺跡。此遺跡爲曆志，此曆志即僞孤曆志。

但營窟納遺跡不得視爲孤曆志遺跡。此處能見多樣涉曆結構，譬如戶道、戶坎、坎下臺階、窟爟闕、垣長寬程與高程、底面其它遺跡。總之，此處不可從孤遺跡之例訓釋營窟曆義。

前舉孤遺跡爲孤曆志，唯曆闕、爟闕能屬之。其他遺跡不得屬之，譬如體爟闕、葬闕。前者乃曆體營築，葬闕係曆體遺跡。葬闕結構複雜，它不獨有土闕結構，也含骨殖擺放甚或納器。土闕結構有諸程度，每程度堪爲曆算。納骨又涉顱骨位置與眼眶朝向，以及肢骨擺放方向。納器也能有曆義，譬如器平置能告此器底平行於地面，春分或秋分能被涉及，使圓器側置，猶如滾動而止，此涉及此器中線走向。如此，葬闕絕非孤曆志，而多種曆義。總之，營窟眾結構細部曆義被營窟一名包含，但孤遺跡曆義不得等同營窟曆義。

#### （2）營窟結構曆義以協所爲綱

細查營窟結構辨其曆義，須認出營窟結構曆義會聚一處。於考究者，與見結構曆義係目力做功。有此目力者能見結構細節會聚。此會聚非隨欲而爲，而出自圖志星曆之欲。若論祝巫此等作爲，須知協所之要。星象視見而摹記，不獨印記目力，也印記星象時間，有曆義在內。如此，單星宿圖志已屬星曆圖志，且不論多星視見與視見摹記。摹記時，繪圖者須顯目向或目向域、星所、足所、割成某域，便於摹記視見星體與曆義。如此，協所乃繪圖者第一要力。

戶道諸程度、爟闕諸程度、司景臺長寬高程、垣長寬程、垣腔諸程度、較大柱洞被更改爲曆闕諸程、通風孔諸程度、甚或爟闕泥圈長程、居住面另一爟闕或曆闕諸程度等俱係曆算參數。如此，營窟曆算即謀算諸結構曆算會聚。以營窟外內結構論營窟曆義，祝巫將若干結構細節會聚於營窟，故而營窟即曆會〔註15〕之所。言營窟即告營窟結構局部曆會。非曆會不爲營窟。

---

〔註15〕會，讀如六書「會意」之「會」。

## 2）孤營窟曆體及曆體變更

### （1）曆比曆援

曆比即某曆算算術或關聯節氣之宿度以兩等同功曆爲呈現，但後一曆爲呈現曆爲更細緻，爲曆算精進。此時言曆比。譬如，屬狄宛第一期關桃園遺址 H206 係袋狀曆闕（《寶雞關桃園》圖七）。曆闕袋狀本係祝巫自爲曆比之果，其春分日曆算有密算特點，此題在前著考申。或如姜寨遺址第一期 H355（《姜寨》圖三五）。前者係一番挖掘，但先依兩等曆算而對照而見後曆算精密。後者係多番挖掘，先挖掘最大閾值，在精算其內曆數。此乃曆比曆爲。

曆援即兩番曆爲之後曆爲援引前曆爲某細節，譬如援一向程，而且曆援出現於兩個以上曆爲遺跡。前言曆闕覆雍、爟闕覆雍俱係例證。

前述曆會乃考古者目睹結構曆義細節會聚。此狀於祝巫屬結構細節協所。祝巫營造結構細節俱有曆義，而且一結構細節之所關聯它細節之所。此等所處細節已被規劃祝巫照顧。若一營窟眾結構細節曆義被連屬，此時檢得曆體。如此，孤營窟係曆體遺跡，非孤曆算遺跡。

曆體溯跡係曆援前場求索。不睹曆體，不可試求曆援。前營窟曆體須依結構細節曆算而顯。俟細節呈現，始能求索曆援結構。由曆援結構而求算後遺跡營造者援取。

涉及營窟辨識，曾有研究者準乎「竈」有無而判「房」有無。仰仗此結構而敢斷營窟，此信念導致若干營窟被視爲其他遺跡，譬如「灰坑」。倘若準乎結構眾、寡，有無曆比、曆體而斷一遺跡功能，能避免謬誤。

### （2）前營窟爲後營窟覆雍係曆體之變

約在 11 年前，我頻檢半坡遺址「房址」底開變更、戶道改變，後「房址」覆蓋前「房址」之跡甚清。朦朧猜測，底開變更之圓底變動似有日全食或偏食曆義。彼時，困於匱乏算式，未能洞悉眾遺跡曆算朱線。能爲之事唯有多番設問。譬如，何故使其近似覆蓋？此狀該當何名？後見狄宛遺址發掘紀實，得見此變更之源在狄宛第二期。

依《發掘報告》圖五六，F229 覆雍 F246，二者底面大小相當，模樣形似，唯戶向不一。F246 有司景臺、F229 也有司景臺。對照此書附表五，此二營窟俱屬第二期第 I 段遺跡，知 F246 窟爟闕口沿外無泥圈，但 F229 窟爟闕口沿外有「泥圈土坎」。F229 戶向角 101°，F246 戶向角 102°。後營窟戶向角差寡 1°，於謀求節用者而言，後造營窟似乎爲靡費，不恤勞力。今察此問係多餘

疑問。祝巫謀求精算若干曆志，而前見若干曆志僅爲一營築關聯，此乃曆體。舊曆體之更改須依新曆體，故此處所見乃曆體之變。

此二營窟位置關係似乎也可呼爲雍覆，即 F229 雍覆 F246。二者似乎存在曆援，即 F229 某局部曆算援用 F236 曆算。但問，倘若如此單純，祝巫何不在 F246 某向程上僅挖掘曆關，或另造爐關而足？此問足以發明，祝巫考量基於曆體之變，而非曆體之向程被更改或援用。如此，我命此等營窟雍覆「僞雍覆」。姜寨遺址第二期 F4、F5 樣貌類似。半坡遺址營窟見甚多類似遺跡，諸營窟須依此途甄別研究。

# 二、配圖段別營窟曆體與曆援

## （一）第 I 段營窟曆體或曆援

### 1. F246 曆體或曆援

#### 1）F246 結構與圖見參數

##### （1）發掘者述

F246 係第 I 段四座大營窟之一。此遺跡係底方圓角半地穴遺跡。位於第 III 發掘區西面，T200、T202 第 4 層下。其大部覆於 F229 居住面下，南垣破損，戶向「東」稍北斜，戶向角 102°。

垣東南部殘存深程 0.2～0.4 米，西北部深程 1 米，居住面與垣面塗以草筋泥。底東西長程 8.38、南北寬程 8.3 米。溝狀斜坡戶道長程 1.4、寬程 0.5～0.7、殘深程 0.5～0.6 米，有 2 階。居住面上對稱樹立 4 根直徑程 0.3～0.35、洞深程 0.2～0.3 米，力柱柱洞散佈呈正方四角。東邊北南 2 力柱中點位於戶道中點向窟內外延長線，此線過窟爐關。

窟爐關圓桶狀，徑程 1、深程 1 米。其底燒成青灰色硬面，垣面係紅燒土硬面，底面係深度參差之紅燒土層。爐關內無藏火種處、也無通風孔。戶道內挖掘一長方圓角坑，長程 1.2、寬程 0.65、深程 0.4 米。發掘者推測，此關可能原準備作通風道，但未打通。

半地穴垣外廓設力柱。發掘者依對應等距測算力柱原有 27 根，2 根被晚期「灰坑」破壞，現存 25 根。徑程 0.2～0.25，殘深程 0.1～0.6 米之間。圓角處無柱洞。東垣有戶道，故有 6 柱洞，其餘三面垣外俱設 7 柱洞，柱距 0.4～

1.2 米，與營窟內力柱無對應關係。柱基無特殊設施，樹柱後夯實，柱洞洞壁潔淨，底見圓錐狀（圖六二）。

居住面與垣面塗草泥厚程 0.05 米許，表面殘存褐紅色顏料。在東北角建一長方草泥臺，高於居住面 0.2 米、東西長程 3.3 米，南北寬程 2.1～2.2 米。草泥表面打磨平整，居住面下係夯實黃土。《發掘報告》（下冊）附表五 F246 欄命此臺曰：「室內土床」。室內填土僅在北部，土色深灰、較硬，含少量盆、缽、罐等殘片，戶道內起出陶彈丸 1 枚。

（2）舊圖初考

檢營窟 F246 平面圖，四邊直而每兩邊以弧而連。細查即見戶道所在邊、戶道直對邊不平行。而且，入戶後左右垣邊線也不平行。依此，知彼時祝巫營造異乎後世營造。欲覓得基準向程，須檢戶道走向。依此圖，戶道走向非直營窟東邊，斜向西偏南。此線走向異乎發掘者繪 AA' 走向。戶道所在邊走向南偏西向北偏東。北邊線自東偏南向西偏北走向。西邊線自北偏東向南偏西延伸。南邊線自西偏南向東偏北延伸。此四線俱能與黃經 0°～180° 相交。

戶道端弧線乃日所自天球處，而天球狀依日狀標誌。而後，日沿戶道西行，過外窄內寬戶道，入戶道坎，而後以窟爟闕昇焰摹寫出照。戶道遠窄近寬，故在日自遠而近。兩側無柱洞，此告祝巫未搭棚。

東垣戶道口兩邊有柱，柱高程上搭棚頂能容日光射入。而且，推測此柱高程同其餘垣外力柱高程。逢晨刻日在戶道以東偏北，日能照射窟底居住面。稍後，日沿軌道昇高畫過此處，不能近直射而入戶道口內臺階。

發掘者述戶道，但保留細節未述。此細節即戶道口有弧線，此弧線係初階之棱邊，而且弧端線在東。編訂發掘報告者既不言此細節，編訂前不曾顧此線。

祝巫自戶道入、下臺階、入坎，或邁步繞坎，此乃邁向窟底平面之途。推想祝巫入坎而後登上窟底平面，此坎有下而上昇之義。此上昇即火焰上昇，此火來自窟爟闕。戶道內起出瓦丸，此恰告日如丸（鳥還）能往而還，即日落入坎而後昇。

由此戶道不便進出得知，祝巫造 F246 初非謀求便於居住，而有它圖。此圖乃為曆營造。此坎西即窟爟闕。對照坎東西壁、窟爟闕東西壁，見坎東西壁有坡度，但窟爟闕壁垂直。此狀旁證前述日落坎而昇之義。發掘者述發掘

細節，繪平剖面圖以求編訂發掘報告，故用字母 AA'自左而右標誌方向。檢此標誌不合祝巫舊造向程。檢討曆義者須求日所在、日射線繪圖，讀者見方向更改，不須動疑。

爟闕東北被發掘者呼爲「土床」結構係司景臺，祝巫居此而察爟闕火盛弱。靠近東垣邊察爟闕火焰昇，能見東邊火影。面南察爟闕火，影在北。自司景臺西邊察爟闕火，影在西偏北。自司景臺某處查看火光，火影近目前，火焰對岸難見火影。目受光影限於投影不受擾動、阻礙。對岸影子被火焰阻礙，故難睹。以火類日照，日自某起點轉動及正南，再轉動而到東南，後昇迄東而炳照營窟底面。底面中央四個柱洞告此營窟底面佈置。

垣上面力柱略呈等距散佈，唯西南角柱洞奇特。三根力柱柱洞之西力柱位於垣上面。近此力柱，另一力柱位於窟底，斜向西垣上面力柱，南垣底面也見力柱一根立於南垣北邊窟底。此三根力柱連線係星圖，爲何星，暫不清。

### 2）輔畫朱線與星曆

#### （1）輔畫朱線

右旋舊圖 7°，得舊圖子午線直南北。畫 A'A 連線，得發掘者見戶道走向。依子午線走向畫南北軸 NS、東西軸 WO，以 O 謂東，係德文 Ost（「東」首字母）。WS 堪用如黃經 180°～0°線。AA'線交 WO 若干度。此顯發掘者給戶道走向線非戶道中線。而祝巫戶道中線星曆義自在。畫戶道口垣邊線，此線與 NS 交若干度。

畫營窟內司景臺長邊，起於 B，伸向 O，此處或有某星宿。兩線在 O 以西內角若干度。自北垣邊線上司明臺短邊北端 C 畫線，伸向四柱洞內。其南端不須有星宿。但 C 指所係某宿。又檢 WO 軸線過西垣南段上部。下部有柱洞位於垣內，此乃扭轉底面所致。此處柱洞異於他處柱洞，識此處有星宿。

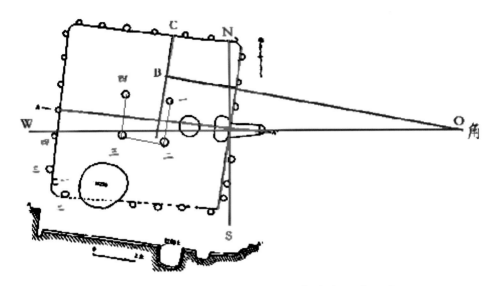

圖三四：營窟 F246 仲秋日旦在角昏後過氐及房

### （2）星象與參數

依《中國天文學史》（第一冊）末星圖，檢赤道北日行天球線，此二線初交於 0°，此處為春分日。後見日北行及井宿為極，當夏至日初昏。由此推算，日自井宿而降，途過鬼、柳、星、張、翼。在翼、軫間交赤道，此謂秋分。星圖配 6 時辰，當 6 個月，折合狄宛璇璣歲關聯節氣春分、秋分 180 日。記前番秋分迄今歲春分，須自曾見日過翼、軫而及營室。

依現代星圖，秋分時日在翼、軫當間，在太微垣。又即仲秋初昏，日在翼、軫，過角，季秋過亢、氐。迄孟冬初昏，日在房。此星圖不須為狄宛第一期末段、第二期第 I 段星圖。細節檢討，須依祝巫以 F246 摹記星圖。

自前圖西檢 W 過星宿為房宿，東見北垣 C 線南偏西指氐宿。循此沿黃道東求，得 O 處為角宿。推算角宿一被赤道越過。BO 交 WO 於 O，交角 10°，此謂日自秋分前 10 日移動。日移動 10 日，當 10°。檢 AA'交 WO 度數 5°。又檢戶道口垣邊線交 NS 線 10°，此告地軸偏轉。此度數大於 AA'交 WO 度數，故在黃極與天極有交角。

發掘者測戶向角 102°，此不塙。檢 AA'能交 NS 於第 II 象限，得 95°，折算日過黃經 355°。若言日所在西，此線當日所黃經 175°，即 A'A 告祝巫見秋分前 5 日星象。此時，日在角宿南 5°處。準乎司景臺 C 線，祝巫於仲秋初昏前 6 日察星象圖。又即季夏第 24 日夜星象即日在角宿一之南。迄秋分，

見日在角宿。給氐宿、房宿加星次，得營窟 F246 星圖如前。此星圖恰解釋狄宛第一期祝巫察日全食何以精密。

前圖顯仲秋旦，日在角，昏時日在氐宿，而中夜見日在房宿。此訓之故：戶道口迎陽，依此訓戶道東告旦時。入戶道口，此謂日不西來，日落營窟暗。故言昏時日過氐宿。西垣爲中夜處。如此，戶道面東，此告祝巫並察昏時星宿。而營窟東戶道、營窟入口、營窟中央、營窟西垣邊爲四段，四分晝夜。晝長匹配昏、夜半、黎明。秋分日，晝夜等長。

### 3）星圖與曆日檢討暨虞夏承襲庖犧氏王事爲曆

#### （1）舊說《夏小正》「無十一月星象」

檢歷代述星曆文獻，難檢者莫過於《夏小正》記、傳、考、補、釋。記者，原文也。傳者，初漢禮學者也。考者，漢魏以降學人考見也。補者，依考而補字也。釋者，目睹某文而解字句，甚或不解字句而釋《夏小正》者也。記、傳不甚難辨。但考釋者不睹舊文星象義，關聯後世曆法，此乃頻見事例。孫星衍校《夏小正》，世人唯信星象十八條。晚近又有人試用天文學軟體，求殷周星象。此處欲檢證《夏小正》述十一月星象。後世十二月曆早有。

晚清以降，學者俱以爲《夏小正》不述十一月星象。《夏小正》：「十一月，王狩。」「萬物不通。」「隕麋角。隕，墜也。日冬至，陽氣至，始動。諸向生皆蒙蒙符矣，故麋角隕，記時焉爾。」王聘珍引高誘注《淮南子・時則訓》：「麋角解墜，皆應微陽氣也〔註16〕。」

研究者頻責《夏小正》缺十一月、十二月星象〔註17〕，此不可怪。當代，自張汝舟先生始，言《夏小正》者，無述十一月星象。張汝舟先生校釋：「《小正》十有一月建亥，傳以冬至」，言之，亦誤以夏正說《小正》也。日冬至，《大戴》『日』作『曰』，依傳本正。」張先生未以「隕麋角」涉及星象、節令。更不信《夏小正》「十一」即夏曆十一月（《〈夏小正〉校釋》，《貴州文史叢刊》1983 年第 1 期）。後有改《夏小正》述月十二爲十月者。譬如，陳久金先生以爲《夏小正》傳本出自改造，傳者以十二個月釋《夏小正》十個月歲曆。而《夏小正》是彝族太陽曆〔註18〕。羅樹元、黃道芳二人基於《夏小正》立春見一月星象而論定《夏小正》星象合西元前 2000 年星象。他們論云：正

---

〔註16〕 王聘珍撰，王文錦點校：《大戴禮記解詁》，中華書局，1983 年，第 47 頁。
〔註17〕 王安安：《〈夏小正〉曆法考釋》，《蘭州學刊》2006 年第 5 期。
〔註18〕 陳久金：《論〈夏小正〉是十月太陽曆》，《自然科學史》1982 年第 4 期。

月，參宿中天，則斗柄自然下垂。五月，初昏大火正於上中天。考「六月初昏斗柄正在上」曰：推小暑，日在張 10°，初昏尾末中。「魁枕參首」，參宿在下，魁倒立，斗柄正在上。十一月初昏斗柄並非下懸。「《夏小正》缺十一月，十二月」天象記載。「推十一月大雪，日在牛 5°，初昏婁 1.5° 中。箕斗晨出東方〔註19〕。」

　　後有人嘗試調諧夏、周歲曆是否俱有十二個月之題，論述《夏小正》是一部從「夏代到周代都可以使用的曆法。」但日中、旦、昏星象如何，不見證實〔註20〕。而且，於史官，跨千年可用曆法似乎是一種諷刺。自夏代羲和迄東周州鳩，史官信此言嗎？古君代立非以時而以何？

　　虞夏曆有無第十一月之難題解答須恃此月曆記「隕麋角」訓釋。學界迄今未澄清底義，而釋、述者無確證。朱堯倫以爲，「辰則伏」之辰謂「商星沒。辰又名商星、辰宿、房星。南緯 25°」。「隕麋角」：「切取麋角茸（嫩角多膠，是補藥。冬至後數日取茸）〔註21〕」。藥用麋角之茸與隕麋角非同。隕麋角與去麋角非同。而切麋角與切麋角之茸非同。此三言足顯朱氏朱氏躍遷跬步幾何。

　　古文語句研究者未嘗重視此三言結構與表義〔註22〕。學界未解此三字曆義，故在不知此三言與星曆關聯。而信《夏小正》原文記虞夏曆法或不信，俱基於讀者能否察知星象義。至於文字來自何處、記於何器，非要題。即使存於周代器物，也不須爲定爲周代文獻。如前著考證，曆義堪以圖顯。文字產生，以文字述古圖曆義，此乃時代所致。不得以此記載斷定內容、載體時代同。

　　（2）「王狩」「隕麋角」本狄宛以降帝令昏星變

　　又檢「麋角隕記時」出自傳者，但「十有一月，王狩，」「隕麋角」係舊文。夏瑋瑛先生已檢「隕麋角」係經文，但將「十有一月」下「隕麋角」刪去〔註23〕。

---

〔註19〕　羅樹元、黃道芳：《論〈夏小正〉的天象和年代》，《湖南師範大學學報》（自然科學版）1985 年第 4 期。

〔註20〕　胡鐵珠：《〈夏小正〉星象年代研究》，《自然科學史研究》2000 年第 3 期。

〔註21〕　朱堯倫：《〈夏小正〉分句語譯注釋》，《農業考古》2003 年第 3 期。

〔註22〕　顏景常：《〈夏小正〉裡的主謂倒句》，《南京高師學報》1997 年第 3 期。

〔註23〕　夏瑋瑛：《〈夏小正〉經文校釋》，農業出版社，1981 年，第 65 頁～第 69 頁。

　　有學者將王狩關聯《周禮・大司馬》，以述王狩謀取麋鹿〔註24〕。但此記抹煞虞夏「王」謂曆爲事，使此記唯關聯西周禮制。而「狩」即許愼言「犬田也。《易》曰『明夷于南狩』」（《說文解字》第205頁）。犬者，謀算夏至陽盛，前訓爟事爲證。爟事用犬，前已申述。田者，爲曆以闕也。素曆闕、爟闕、葬曆闕、營窟曆體俱屬之。「南者」，仲夏仲多之謂也。於多，南極爲多至。於夏，爲夏至。故「王狩」涉曆算在夏至、多至。「王」非孤在名號。前舉顏氏不究主謂倒句之本。「隕麋角」係命令句，謂「帝隕麋角」。帝乃星宿主宰，時變而昏星變皆有「帝」令。《堯典》爲證。涉麋角，狄宛第一期、第二期等俱有證，不少早期闕中遺址俱起出此類。言「王」謂曆算，其證在後。

　　《甲骨文編》錄「王」字狀甚夥，今不盡據引。檢狀別三狀，俱涉曆爲：第一似「大」在地平上。第二如「天」字在地平上。第三爲「王」狀。其證：《鐵一九八・四》大，《甲四二六》王，《甲三九四〇》王。似隸定「王」字之金文在縱向「一」下部與底「一」連結處可見夾角融合殘跡，故其筆劃非綫狀，而顯上細下粗狀。此字起字。原三角融合，成「王」字。依此須推斷，「庖犧氏王天下」之「王」不應訓「君王」之「王」，而須循星象曆爲。

　　《說文》具許愼自說、董仲舒說、孔子說：「王，天下所歸往也。董仲舒曰：『古之造文者，三畫而連其中謂之王。三者，天地人也。而參通之者，王也。』孔子曰：『一貫三爲王』」（《說文解字》第9頁）。《唐韻》讀「雨方切」。三說以首說爲上，其義本乎《師卦》「眾」義。

　　吳大澂以爲，此字「象以火熔金之器」；羅振玉將字所從△斷爲火部；高田忠周以爲，此字從「工」；吳其昌以爲，此字本義爲「斧」。高鴻縉以爲大字本義爲「旺盛」。唯孫海波先生依《爾雅・釋詁》訓「王」爲「君」，《廣雅・釋詁》訓「王」爲「大」，並講：「象王者肅容而立之形〔註25〕。」季旭昇以爲，「字象斧鉞刀鋒向下者，斧鉞爲軍事統率權之象徵，因此稱王〔註26〕。」此乃以兵戎釋王之例，不足爲憑。案大字形意兼備，涉及曆算。此字依《唐韻》韻本「雨方切」。檢「雨」韻本烏，最古韻之一。依經籍，初有王號者係庖犧氏。涉「數」諸字、涉「豕」諸字、涉「水」諸字皆係參照。《廣韻》「上

〔註24〕　李調元注：《〈夏小正〉箋》，中華書局，1985年，第23頁。
〔註25〕　《古文字詁林》第1冊，上海教育出版社，1999年，第210頁～第219頁。
〔註26〕　季旭昇：《〈說文〉新證字釋》（上冊），藝文印書館，2002年，第43頁。

平魚第九」下:「魚」(涉水)、「初」(涉數)、「居」(數術作爲)、「豦」(涉豕獸)、「余」及「予」(涉大巫、勢位變遷,例如《湯誓》「予一人」)、「瀦」(「水所停」)、「豬」(「豕子」,獸)、「除」(「去」,涉數術)、「且」(涉數術)、「虛」(星曆)〔註27〕。「魚」韻合前考。以漁獵爲食源之本,則「魚」排諸字第一。以「魚」圖爲星曆或曆象,事在狄宛第二期,後著將考。我疑心「王」字古讀聲「魚方切」。準乎此讀,田爲曆算涉方,狄宛第二期底方營窟是也。而魚以陰陽動止。陽盛則求陰,陰極而覺陽。狄宛十一月爲陰極月,陽萌生之月。於邑眾,期待魚而能致魚來,此即庖犧氏田魚之魚。邑人不知庖犧氏爲曆而能預告,而非能令魚藏匿、魚現身。而庖犧氏作星曆畫,畫見魚圖。不該出而不出,旁人不得睹。發掘者見有圖古器遠超過狄宛第一期、第二期任一邑人能見。異地閉塞、寡知古人仰仗諸多認知,往而圖收留。故言孔子以《師卦》訓「王」不謬。於古韻,涉得陽於寒季,它韻它物無以媲美魚韻:深冬垂釣,唯能在日照處得魚。陰處水下無魚。

前詁魚韻爲王音基礎,今再澄清王字甲骨文結構曆義。𤣩字構形自上而下有四部:上爲「丨」,次爲「一」,再次爲「∧」,末爲「一」。兩處「一」含義參差。「丨」能告魁斗斗柄南北向,添附箭頭,即現代子午線。其北向謂冬季,南向謂夏季。但此字也可用於告日遠近。夏至日北遷,在最高點。冬至日在最低點。在最高點、最低點之間,別日昇降,至高至低一番,此謂半歲。若關聯日昇降平黃道,須昇平、降平。此二者各一番,起於日昇平,終於日昇平,此謂一歲。故此字有兩「一」。此結構已含日南極冬至,故不須再畫日南至(冬至)。∧畫告6,6別上六、下六。合朔曆算須用6,其曆義前著已述,此處不重言。

基於前考,𤣩摹記算式,讀音又貴魚韻,顯冬至求算乃要事。王字本韻須是「魚方切」。無論何等曆算細節,俱非易事。此字局部存於渭水流域遺址器物面上。依此,今知中國首王乃庖犧氏。「王狩」即爲曆祝巫知如何曆算,而且能準乎星象。《夏小正》「十有一月」「王狩」「隕麋角」二事俱有星象義,而且星象義出自祝巫以地球旋轉五個月日在最低處記述。「隕麋角」告此。

前檢以「切麋角」訓「隕麋角」非是。傳者以「墜」訓「隕」,此是。前檢夏先生刪「十有一月」下「隕麋角」係誤刪,須存此條。此乃命令句。隕

〔註27〕 周祖謨:《〈廣韻〉校本》(上冊),中華書局,2004年,第68頁~第73頁。

者，使下也。麋角者，陽盛之象也。麋鹿以夏曆五月發情，雄者互牴，能損而墜。但此非謂麋角隕。冬至麋角自解，而後隕。此謂「隕麋角」。狄宛第一期有麋鹿骨製品，推斷彼時祝巫知曉其行止特點。骨錐標本 H363：15 出自馬鹿（《發掘報告》圖四四，1），此為旁證。而十一月冬至，此時寒極，是夜陽在下生，角落地。角有雙重義：第一，麋角。第二，角宿。日遠去角宿。冬至日，日行南極。

### （3）《夏小正》八月星象與狄宛秋分星象比較

依前檢推斷，《夏小正》八月星曆能來自狄宛八月星曆，故學人以《夏小正》為十月大火曆之說難以立足。今再給《夏小正》星象，再對照狄宛 F246星象，約算狄宛去虞夏年歲。

《夏小正》「八月」「辰則伏。」「辰也者，謂星也。」傳云：「辰謂辰角也。」張汝舟先生依《經義述聞》以為，「星」前脫「房」字，應依《初學記》引補。又依《爾雅・釋天》以「大火謂之大辰」釋。案韋昭注《周語》「辰角見而雨畢」，「辰角，大辰蒼龍之角。」王氏謂：「八月節，日在角，角星與日俱沒（《大戴禮記解詁》，第 43 頁）」。

依「營窟 F246 仲秋日在角過氐及房」圖，知秋分日旦時，日在角宿一。初昏日在亢宿，F229 戶道口星象為亢宿能證此星象。中夜，日在氐宿。此日天明，日行過房宿。言初昏日在亢，故在 F229 戶道口星象為亢宿。發掘者在戶道起出瓦丸一枚，此告日在戶道，將入營窟，即自旦見角宿迄昏初刻，見亢宿。而後日過氐宿，此日晨見日過房宿二。涉及房宿模樣，祝巫見房宿二模樣異於今日房宿二模樣。彼時房宿二有向右拐之狀。星宿模樣變動，或數星宿模樣變動耗年甚久，譬如北斗七星天樞迄天權四星，模樣能變。

依《夏小正》，「八月，辰則伏」。仲秋初昏，角宿下潛。羅、黃推測，日在亢。見《夏小正》言八月角伏，而狄宛第二期第 I 段仲秋旦時日在角。此乃時差之證。彼時秋分旦見角宿在東。而虞夏時秋分日初昏角宿一伏。自狄宛旦見角於東、及虞夏時期初昏角隱伏，時間超一個月。自前番旦時迄今番旦時目視日所每退一宿，時差 2100 年許，今見日退不至一星宿距離。如此，能推算夏初去狄宛第二期第 I 段年差大於 2100 年。營窟 F246 星圖旁證，涉仲秋星象，自狄宛第二期第 I 段迄虞夏時期，無大改動。

4）F246 曆體

（1）戶道曆志

戶道長程度當日：

1.4÷0.33＝4.24

4.24×3.0416＝12.8

寬程度當日之閾：

0.5÷0.33＝1.51

1.51×3.0416＝4.59

戶道寬程閾值初始 4.6 日。

0.7÷0.33＝2.12

2.12×3.0416＝6.4

戶道寬程閾值末端 6.4 日，相差近 2 日。均數 5.5 日。

殘深程度當日之閾：

0.5÷0.33＝1.51

1.51×3.0416＝4.59

小數折得 17.78 日，計得 137.78 日。

0.6÷0.33＝1.81

1.81×3.0416＝5.5

小數折得 15 日，計得 165 日。

（2）戶道下坎曆志

長程度當日：

1.2÷0.33＝3.6

3.6×3.0416＝10.9

寬程度當日：

0.65÷0.33＝1.96

1.96×3.0416＝5.96

深程度當日：

0.4÷0.33＝1.21

1.21×3.0416＝3.68

小數折合 20 日，計得 110 日。

（3）司景臺曆志

東西長程度當日：

3.3÷0.33＝10

10×3.0416＝30

南北寬程度當日之閾：

2.1÷0.33＝6.36

6.36×3.0416＝19

2.2÷0.33＝6.66

6.66×3.0416＝20

此數係末端日數，二數差近 1 日。

高程度當日：

0.2÷0.33＝0.6

0.6×3.0416＝1.82

小數折得 24.7 日，計得 54.7 日。

（4）窟爟闕曆志

窟爟闕圓桶狀，徑程度當日：

1÷0.33＝3.03

3.03×3.0416＝9.21

顧爟闕口義涉及黃道滿度，此數謂往歲關聯節氣日即今歲關聯節氣日，即前歲 8 月 9 日秋分，今歲 2 月 9 日春分。

深程度當日：

1÷0.33＝3.03

3.03×3.0416＝9.21

小數折得 6 日，計得 276 日。此數印記日行天球度數配環黃道度

$$u = \frac{3}{4}$$

拉丁字母 u 謂日環行天球，其日數等於 365.24 日，當 365.24 度。日環黃經唯行 360°。日環黃道四分之三，計得 270°。日行天球度等於 270 日加 5.24 四分之三，即 3.93 日。剩餘 1.31 日落於日行剩餘三分之一天程。

窟爟闕深程含戶道下坎深程，二者關係：

1－0.4＝0.6

差數度當日即戶道殘深程最大數度當日 165 日。此日數同戶道深程度當日數。

（5）營窟三向程曆志

底東西長程度當日：

8.38÷0.33＝25.39

25.39×3.0416＝77.22

若以此數爲月日數，此數乃程超日數，大於月日數 47 日。

南北寬程度當日：

8.3÷0.33＝25.15

25.15×3.0416＝76.49

此數也係程超日數，大於月日數 46 日。此二日數俱在日過黃道 90 度之內，若顧戶道長程度當日數，營窟底長程度當日數與其和等於 90°。此度數即窟爟闕深程 276 日之 90 日，直冬至日迄春分日。寬程度當日乃閾值初始數。諸數關聯戶道線告日過黃道某度。

涉此營窟深程度當日算術，檢其西北部原深程 1 米，殘深程 0.2～0.4 米。在此，須援取一深程。察孤營窟曆義在於曆體，曆體須恃營窟至大參數。故取深程 1 米爲準，此深程度當 276 日，如窟爟闕深程。自冬至日起算，春分、夏至，及秋分，用日 270 日。多 6 日告。

（6）驗算

戶道至深程度當 165 日，去秋分日 15 日之差。戶道起出瓦丸當日。自日在旦見，前溯 15 日，即得秋分日數。前番見晝夜等長在春分。此處，戶道深程至大日數猶如素曆闕效深程告前番秋分迄今番春分一般。而戶道深程度當日，始於春分，終於秋分。戶道下坎深程度當 110 日。未檢此日數起算點在何處，如何關聯祝巫秋分日昏時見亢宿。

爟闕深程度當日數同營窟至深程度當日數，俱等於 276 日。此日數含往歲冬至迄今歲春分，迄夏至，用日 180，日再行 90 度。此爲 270 日。將回歸年日數計入，加 A'A 日線交黃經 5 度差，得 275 日，誤差 1 日。

5）同期異段與丑期雍覆曆援

（1）F232 雍覆曆援

F232 係第二期第 II 段營窟，底方，底長程 4、寬程 3.2、殘高程 0.4～0.5

米。戶向角 100°，戶道長程 1.7、寬程 0.56 米；窟爤闕圓，口徑程 0.8、深程 0.4 米。此處不檢起出物。

戶道參數俱不匹，窟爤闕參數也不匹，營窟底長寬程與高程也不匹。唯戶道方向角相近。F246 戶道方向角 102°，F232 戶道方向角 100°。依前圖可斷 F232 援 F246 日過黃道 348°。此度數來自司景臺東西向延伸線迄交黃道線交角，此線走向交黃道 0°南 10°，折算日過黃道 350°。既見 F246 日過黃道度被援用，F232 星宿不得爲它。

### （2）F213 雍覆曆援

F213 係第二期第 III 段營窟。其底面不清，殘存居住面，底長程 3.1、寬程 2.05、垣高 0.17 米，戶向 122°，戶道殘長 0.7、寬 0.33 米；窟爤闕圓、口徑程 0.6、深程 0.18 米，雍 F229。窟爤闕邊有半圈泥坎。起出殘瓦丸。

檢此營窟諸參數多不匹 F246 參數。但戶道述日過黃道度僅係 F246 述日過黃道度一段。今測算如後：

戶向角 122°即戶向線走向子午線之東偏南 32°，即日過黃道 328°。此度數係 F246 日過黃道度數區間 270°迄 360°之一點。自日過黃道 270°向左推算，迄璇璣歲冬至後第 58 日見此等日過黃道度數。F213 星宿係 F246 局部。此外，F229 窟爤闕口沿外有泥圈，F213 窟爤闕口沿外有半圈泥坎，也可視爲曆援之證。

### （3）F207 雍覆曆援

F207 乃有圖營窟之一，係第二期第 III 段營窟，後將體訓。此處唯檢雍覆曆援細節。此營窟底面橢圓，《發掘報告》圖八〇。其底面長徑程 9.7、短徑程 8.6 米，深程不詳。戶向角 117°，窟爤闕圓，口徑程 1.24～1.44 米，深 0.37 米。窟爤闕口沿外有半圈泥坎。

諸此營窟諸參數，唯戶向角乃曆援之證。此角折合日過黃道：

$$360°-27°=333°$$

其曆援之證在於，F246 告日自黃道 260°北上，迄日過黃道 350°，再北昇，及 BB'，黃道 0°。日過黃經 333°位於 350°下 17°。在璇璣歲春分前 27 日。

F246 覆於 F207 之別故在於，二者俱記祝巫依天球上日行道查看日所，並準乎黃經圈記錄日宿。於 F207 建造者，承取此認知係其建造 F207 根基。兩營窟結構細節參差已不重要。

（4）曆闕 H236 與 H237 丑期曆援

依《發掘報告》附表一九，曆闕 H237 位於 T200、202 第 2 層下，雍 F246、覆 F229，口不規則，直壁平底，徑程 1.4～2.72、深程 1.1 米。起出瓦丸。平面一邊走向不清。

曆闕 H236，位於 T202 第 2 層下，雍 F229、F246，圓口、袋狀。口徑程 2.3、底徑程 2.7、深程 1.3 米。此曆闕起出瓦線陀 AI 型 2 件。

檢此二曆闕諸程度，無一匹配 F246 曆體細節程度。顧 H237 口不規則，口須有一邊，此邊平面圖須於緯線相交，度數大抵靠近黃經 0°或 180°線。其曆義涉及日過黃經度數近 0 度。其證在於，此曆闕起出物含瓦丸。瓦丸告日過黃經某度，而曆闕 H237 曆義涉及狄宛臨界日全食，日全食發生於秋分前朔日。秋分時日過黃經 180°。H237 既靠近 H236，參照點相近或相等。秋分之敵對角日照即春分。加之 H237 底面平，此義指告前番秋分曆算無誤。秋分計算須基於春分察日宿。故如上推斷。此曆援乃丑期曆援，其本即 F246 日近黃經 360°。此曆算足證，狄宛第二期迄第四期祝巫嗣承未絕。

## 2. F229 曆體變更與曆援

### 1）F229 結構與圖見參數

#### （1）發掘者述

F229 係方底圓角「半地穴」營窟，與 F246 處於同位置同層，覆 F246，又被 F203、F206、F212、F232、H236 覆或雍，戶道向東，方向 101°。室南北長程 7.96、東西寬程 7.4 米，存垣深程 0.35～0.75 米。南垣近全存，至深程 0.94 米。垣頂木柱（柱洞）間有草泥抹出平面，係垣舊高。

居住面與垣俱被夯實，並塗抹厚 0.05～0.08 米草筋泥面。溝狀斜坡戶道長程 3.4、寬程 0.7、深程 0.2～1 米，無臺階。

室心部居住面存 5 柱洞，依對應佈局原應為 6 個，其一被曆闕 H236 破壞。心部大柱洞似以方散佈，直徑程 0.36～0.4、深程 0.4～0.5 米許。2 小柱洞位於爟闕前兩側，相去不遠，其直徑程 0.25～0.3、深程 0.3 米。

營窟內直對戶道有橢圓桶狀爟闕，直徑程 1.1～1.2、深程 0.75 米，底被火燒程青灰色硬面，爟闕壁燒成紅褐色硬面。底部無火種洞，爟闕後居住面上，豎向埋置夾砂小陶罐 1 件，口徑程 0.1、高程 0.09 米。

　　爟闕底東邊直對戶道一線開一長程 0.45、寬程 0.25 米橢圓通風孔，通達戶道內長方狀通風坑。通風坑長程 0.86、寬程 0.6、深程 0.85 米。洞內無火燒痕、無草泥塗抹。爟闕與通風坑間有以草泥塗抹之凹狀泥坎，向入口兩側延伸迄前壁。臺坎長程 2.8、寬程 0.5～1、高程 0.18 米。

　　營窟內東北角居住面上（左前方）設草泥高臺，東西長程 2.8、南北寬程 2.4～2.5 米、高程 0.18 米，表面打抹平整。窟外圍散佈 21 根垣柱柱洞。依等距查看，似有一柱洞被晚期遺跡破壞，實應係 22 個。發掘者續推測，西、南各 5，東、北各 6，無角柱，原土夯實。戶道兩側散佈 3 柱洞，其直徑程 0.22～0.3、深程 0.31～0.6（《發掘報告》圖六三）。室內堆積層較厚，別 4 小層。最下層近居住面，起出少許草泥皮塊，及較多陶片、葫蘆口尖底瓶、夾砂罐等。

　　依附表五，F229 起出物不含「尖底瓶」「夾砂罐」殘片，起出物甚豐。今撮錄如後：尖底缸 BI 型 1 件，器蓋 AI 型 1 件、內彩殘片 1 件，瓦銼 AI 型 3 件（殘）、瓦線陀 AI 型 3 件 AII 型 1 件、陶環 C1 型 1 件（殘）、瓦彈丸 A 型 5 件（殘）、石斧 AIII 型 1 件、「石刮削器」A、B、C、E、G 型各 1 件。石刀 C 型 1 件、麻面磨石 A 型 1 件、研磨盤 B 型 1 件（殘）、研磨石 C 型 2 件（殘）、礪石 B 型 4 件（殘）、石球 B 型 1 件 D 型 3 件、碾磨棒 A 型 2 件（殘）、近圓柱體骨鏃 A 型 2 件 B 型 3 件（殘）、無關節部骨錐 B 型 1 件 C 型 2 件 D 型 1 件、有關節部骨錐 D 型 2 件、骨笄 A 型 3 件 B 型 4 件（含 2 件殘）C 型 1 件 D 型 3 件、骨針。「骨體石刃器」A 型 1 件、骨匕 A 型 1 件、骨簽 2 件、角錐 C 型 1 件。

　　另外，依此書附表五「備註」，爟闕前有泥圈。F229 覆 F246、雍於 H236、覆於 F212、F203、F232、F213、F206、H204、H205、H237。依附表一，H236 係第四期第 II 段遺跡，故不得視爲此營窟曆義參數，僅爲曆援遺跡。

　　（2）舊圖初考

　　依發掘者給平面圖子午線，檢營窟 F229 底面四邊有北窄南寬之狀，長邊即西垣與東垣。北垣窄於南垣。戶道口在東，戶道中線走向似 F246 戶道中線走向，即自東偏南向西偏北伸長。營窟底四邊每兩邊以弧線連，如 F246，此狀背後存在某種圖樣念頭之源。

　　檢 F229 戶道在戶道口外寬程幾盡均勻，下坡而及坎。此坎底達窟爟闕。坎北鄰司景臺南邊。戶道入窟口兩邊各有柱洞一個，此處能搭頂棚，容許日

光射入。如 F246 戶道口一般，日初出射入窟底，此爲鋪射。此後，日沿軌道昇高畫過此處，不能近直射而入戶道口內。

　　祝巫自戶道入、或入坎或邁步繞坎，後邁向窟底平面。推想祝巫難用此坎爲步道，故在此坎靠東邊有直壁，不便入坎。西邊不便登上。此異於 F246 坎。

　　爟闕北，祝巫居於司景臺，靠東垣邊察爟闕火焰昇，影在西南。面南察爟闕火，影在南。自司景臺西邊察爟闕火，影能在正南。倘使自西邊之端，靠北垣而察，能見爟火影在正南，戶道下坎西面木柱也被炳照。爟闕北難察火影。火影在東南、南、西南三處，北邊無火影，司景臺面光潔告爟闕火焰大，猶如北邊有反射光阻礙查看黃道陰影。以火類日照，日起點在西南，後轉動及正南，再轉動而到東偏南，後見日昇迄東而炳照營窟底面。底面 6 柱洞位置使人疑心有特別天象發生。祝巫記何天象，不清。此營窟起出瓦彈丸 5件，告 5 星體。而其位置判定須恃黃經 0°～180°。初推蒼穹行星有 5，諸星於某日鄰黃道 0°～180° 線發生某天象。此係何天象，今不知。

### 2）輔畫朱線與星曆

#### （1）輔畫朱線

　　畫子午線 NS、緯線 WO 並黃經 0°～180° 線、營窟地面關聯點 A'A，再畫司景臺兩邊延伸線 B'B 與 CC'。再畫日在 A' 入射點與鋪射面。日出點較低，射向營窟西壁，鋪射底面。此面限於爟闕西弧壁口棱，日出點昇高，日射過坎棱邊而入坎下冊穿處，進窟爟闕西壁。

　　在此，線端 B'、C' 乃日過黃經起點。倘使以反端爲日射線端，司景臺南無結構支持。戶道角 101° 能告春分前 10 日太陽之所。

　　畫 DED'，見三角狀，夾角在營窟戶道口內坎邊，近戶道口東北於戶道北垣邊起點。此圖易使人以爲有物入坎。沿途直連 4 柱洞，能當 4 星體，也能當兩星體在黃道南、黃道北。入坎 E 所在黃道上。自戶道口兩側垣外側柱洞沿各自近戶道口內長方通風坑外斜邊畫線，得梯形一階模樣。F229 窟爟闕口沿外有泥圈，此告發生某天象時，日行投影無變。

　　倘使左旋營窟底面 14°～15°，見四邊外眾柱洞無星宿模樣，唯戶道口兩側柱洞參與星宿構圖。

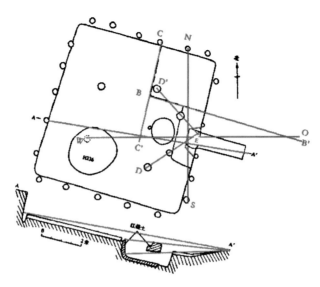

圖三五：營窟 F229 昏後水星合金星近亢宿與歲星掩火星

## （2）星曆與參數

發掘者舊畫關聯點 A'A 非戶道中線，去中線約 5°～7°。A'A 交子午線100°，即日過黃經 350°。司景臺南邊線 B'B 交黃道 0°線以 16°，折合日過黃經 344°。司景臺西邊延伸線 CC'交黃經 75°。CC'交 BB'，夾角 94°。察 DE 爲直線者，須立於營窟南垣旁。察 ED'爲直線者，須位於司景臺西北。立於戶道口外、北垣上底面者能並睹此天象。ED 與 ED'交角 81°。ED 交黃經 32°，ED'交黃經 49°。戶道口朱線連得結構係東方七宿之亢宿。

察 H236 覆原柱洞，此柱洞告日過黃經 180°，此線於察日落星象者爲地平線。第四期第 II 段祝巫挖掘曆關 H236 於此，謀遮此柱洞告某星。推測彼時無此星象，而祝巫以爲此曆關告某星曆日貴於 F229 柱洞喻星體。F229 此所星體小，對照即知。

此營窟起出瓦線陀 4 件，記日食發生時節涉及日過黃經 0°～180°線。或在臨近春分或臨近秋分。甚或秋分日、春分日發生日全食。又檢春分日全食幾率甚小。檢得歐洲、美洲北部地區於 2015 年 3 月 20 日發生日全食，時在春分。此番全食始於加拿大新見地（Neufundland），德國不萊梅 10：42：42見偏食〔註28〕。F229 起出瓦線陀記狄宛春分日全食否，缺旁證故難辨。我傾

---

〔註28〕 Sonnenfinsternis in Deutschland 2015, Uhrzeit und Prozent der maximalen Verdunklung am 20.03 2015 http://strom-report.de/#sonnenfinsternis-2015. Daten: NASA Solar Eclipse Explorer.

向於認定祝巫援引秋分前臨界日全食。此番日全食輪返於秋分前 2 日，前著已考。此營窟起出瓦線陀 4 枚，堪爲判定日全食秋分前 2 日輪返之證。甚或可依此推斷，秋分前 15 日許（戶道中線交子午線度數）曾被推算爲日全食輪返日。但於當日未得日全食輪返，僅得兩星連線天象。

今推斷黃道南北各兩星連線爲水星、金星相合。依黃道線南柱洞粗細，此番天象係金星合水星。黃道南天象述昏或夜天象。黃道北天象係晝天象。昏天象之金星亮於水星，故柱洞粗。後在第二日晨又見二星串聯。

日自其所 A' 入射，鋪射底面。此線去營窟西垣交黃經 180°～0°線段之交點兩端距離差不大。由此也可推斷，此時日照非春分前即秋分前。曆闕 H236 掩蔽柱洞耦黃道北柱洞。推測此二柱洞述星爲一。其在北移動到南，而後順行。此星體乃火星。CC'交黃經所乃地球內外之界。此點相對點即戶道外能見金星合水星處。水星、金星屬地球內行星，而火星屬地球外行星。

3）F229 曆體

（1）戶道曆志

戶道長程度當日：

3.4÷0.33＝10.3

10.3×3.0416＝31.33

計得 31 日。

寬程度當日：

0.7÷0.33＝2.12

2.12×3.0416＝6.45

計得 6 日。

深程取最大深程：

1÷0.33＝3.03

3.03×3.0416＝9.2

270 日外加 6 日，計得 276 日。

（2）司景臺曆志

司景臺長程度當日：

2.8÷0.33＝8.48

8.48×3.0416＝25.8

寬程度當日之閾：

$2.4 \div 0.33 = 7.27$

$7.27 \times 3.0416 = 22$

$2.5 \div 0.33 = 7.57$

$7.57 \times 3.0416 = 23$

均數 22.5 日。

高程度當日：

$0.18 \div 0.33 = 0.54$

$0.54 \times 3.0416 = 1.65$

小數折算 19.5 日，計得 49.5 日。

（3）窟爟闕曆志

直徑程度當日閾：

$1.1 \div 0.33 = 3.33$

$3.33 \times 3.0416 = 10.13$

$1.2 \div 0.33 = 3.63$

$3.63 \times 3.0416 = 11$

均數 10.5 日。

深程度當日：

$0.75 \div 0.33 = 2.27$

$2.27 \times 3.0416 = 6.9$

小數折算 27 日，計得 207 日。

（4）通風孔與通風坑曆志

通風孔長程度當日：

$0.45 \div 0.33 = 1.36$

$1.36 \times 3.0416 = 4$

寬程度當日：

$0.25 \div 0.33 = 0.75$

$0.75 \times 3.0416 = 2.3$

通風坑長程度當日：

$0.86 \div 0.33 = 2.6$

$2.6 \times 3.0416 = 7.92$

寬程度當日：

0.6÷0.33＝1.81

1.81×3.0416＝5.53

深程度當日：

0.85÷0.33＝2.57

2.57×3.0416＝7.8

小數折算 24 日，計得 234 日。

（5）**營窟三向程曆志**

南北長程度當日：

7.96÷0.33＝24.12

24.12×3.0416＝73.36

此日數以南北邊走向而定。此二邊摹寫日自東北射過黃經。

東西寬程度當日：

7.4÷0.33＝22.42

22.42×3.0416＝68

此日數出自東向西邊長程度當日，此謂日過黃經 0°以前，某數字變更。

垣至深程度當日：

0.94÷0.33＝2.84

2.84×3.0416＝8.66

小數折得 20 日，計得 260 日。

此數大於效深程度當日 80 日，大於窟爁闞深程度當日數 53 日。

（6）**驗算**

戶道深程度當日 270，起算日在夏至前 20 日，東垣走向交子午線 20°。算迄冬至 200 日。算迄春分 290 日。戶道中線交黃經 345 度，減 15 日，得 275 日。誤差 1 日。司景臺高程度當日 49.5，加寬程、長程度當日計得 97.8 日。CC'與 BB'交角 94°，誤差 3.8 日。此日數以回歸年曆算平衡，證在 H236 口徑、底徑程度當日差。窟爁闞深程度當日 207，大於效程度當日 180 日，多 27 日。冬至前 27 日用火，或冬至迄夏至後 27 日用火。餘者未詳。

4）**營窟三向程度當日數超月日數故求暨驗算途徑**

（1）**平面程超本乎截天球內兩向程線段存弧曲**

前考狄宛第二期各段曆闞，輒見長程或徑程度當日數大於月日數。自此

數見 30 日，得數被命日程超日數。此日數有何曆義，前未考訂。依前著度當
日曆算算術溯跡與考訂途徑，今知祝巫爲算出自向程認識及其記錄。

　　檢狄宛第二期各段營窟底面模樣，頻見長寬程以弧線連。此乃二向程相
聯。連此二向程之「弧角」雖爲發掘者察知，但未被究問。我檢二向程相聯
本乎祝巫在天球圖樣上摹記若干日日過黃經線初過線與終過線，而且祝巫隨
赤道遠近左右移動或上下移動、或轉動天球弧面，以顯日位置變動。如此，
既得平面兩向程線段增長。加長線程即能得更大日數。祝巫此思向本乎察知
日在遠照、後近照，或先在近照，後將遠照，而且照顧天赤道能弧能斜直之
狀。而天球曲面之弧曲部或順戶道入口、或逆戶道入口。前者爲從、後者爲
反。

　　倘使曆闕徑程甚長，其度當日超月日數，此題與深程度當日大於 180°相
類。如此，得知程超本乎察天球上日位遠近，以及日射黃經度變增益。如此，
三參數能關聯爲算。前依深程小於狄宛 2 尺推導關聯節氣，譬如前番秋分、
今歲秋分算術在此須加新參數。

　　涉天球赤道認知，須補數言。前考狄宛第一期祝巫已知天球赤道，而且
以斷崖走向摹寫。其走向恰係春分日日射赤道之狀，此線條後向西北折去。
此線出現在早，而狄宛第一期祝巫曆爲在後。溯跡諸事，得知狄宛第一期前
祝巫察日行，而知天赤道。

### （2）F246 三向程曆志參數

　　前既檢平面某向程程超本乎祝巫截天球內兩向程，而且存弧曲而連此二
向程。如此，曆闕前推導如此，得關聯營窟底邊於營窟深程。而且，深程不
得獨含

　　前既考知營窟邊線之源，及其大於效程之故，今得依此思向檢證 F246 三
向程程超。此營窟 6 深程 0.94 米，其度當日總計 260 日。長程 7.96 米依度當
日算術折算 73.36 日。寬程 7.4 米依此算術折算 68 日。此二線折算日數之和
等於 141.36。此二數之和等於 333.36 日。顧司景臺寬程線近似南北線，準乎
日行過黃經圈方向自 0°起左行，此線即日行近過黃經 90°。如此，即關聯
營窟底長程、寬程。既須檢其當日數，須檢其走向。依前檢，此線走向交黃
經 0°～180°線以 16 度。以此日數爲璇璣歲日數，得 16。加此數於 333.36
日，得日數 349 日。此日數反合日過黃經 349°。

（3）F246 戶道與司景臺程度檢算

前算有無旁證，以告祝巫算術體統，須依曆體檢究。如此，須考得營窟第二算術。而且，檢後數將與前算並為營窟曆算檢求之效。

營窟戶道或直營窟一邊當間，或斜向營窟一邊，此走向涉及長、寬、深三向程。此三向程俱堪依度當日算術曆算。戶道長城 3.4 米度當 31 日，寬程 0.7 米度當 6 日，深程 1 米深程折算狄宛 3 尺 3 分，此數當日數 276 日，反折算黃經 360°四分之三餘。

再顧司景臺告日過黃經度增，循此加算司景臺高程 0.18 米當 50 日，二數之和等於 326 日。此間差數本乎司景臺另一邊線告日行之天區之域界，即司景臺寬程，此數 2.5 米度當 23 日。此數加於戶道三向程度當日、司景臺高程度當日得日過黃經度數

326＋23＝349

此日數反算璇璣歲日行度，得 349°。此度數即日過黃經度數。

5）F229 變 F246 曆體及 F229 曆援

（1）F229 變 F246 曆體

依此書附表五，F246 被 F207、F213、F232、F229 覆，又被 H237、H236 雍。檢附表一，F229 係第二期第 I 段營窟，F232 係第二期第 II 段營窟，F213 係第二期第 III 段營窟，F207 第二期第 III 段營窟。如此，此處見同段、異段覆。諸營窟俱係孤曆體。同段營窟 F229 如前述，乃曆體 F246 之曆體更改。如此，見兩等曆體關係：曆體之變、曆體覆援。

又依此書附表一，H236 係第四期第 III 段曆闕，H237 係第四期第 III 段曆闕。附表一九有二曆闕。探方位置相同。此二者曆援乃丑期曆援。

對照 F246 戶道參數，知 F229 戶道參數未採 F246 參數，F229 底長寬程小於 F246 底長寬程。F246 底長程寬程相差 0.08 米，而 F229 底長寬程相差 0.52 米。F246 司景臺長寬程

近 F229 司景臺長寬程，前者二參數有一組相加等於 5.4 米，合狄宛 1 丈 6 尺。F229 司景臺長寬程相加能得 5.3 米。此顯祝巫造此二營窟用度承取，造 F229 者曾取 F246 度數。F229 戶道線交黃經角來自 F246 記日過黃經度數。

（2）F229 為它營窟覆曆援

依此書附表五，F229 覆於 F212、F203、F232、F213、F206、H204、H205、

H237。覆 F246、雍於 H236；F246 不再涉及，F232、F213、F207、H236 曆援細節已檢，也不須涉及。僅 F212、F203、F206、H204、H205 曆援 F229 須檢討。

檢同表，F206 係第二期第 II 段營窟，方底、近全存、底長程 4.8、寬程 3.8、殘深程 0.55 米；戶道角 20°。戶道長程 1.85、寬程 0.55 米、深程不詳。窟燿闕圓，口徑程 0.9、深程 0.4 米，燿闕口沿前設泥圈，居住面有紅顏料，起出缽 1 件等。

檢 F206 諸程度無一匹配 F229 某一程度。戶向角 20 度折算日過黃道 70°，在璇璣歲春分後 70 日。檢 F229 窟燿闕口沿外也有泥圈，由此推斷 F206 援 F229 黃道全角曆義。

F212 係第二期第 II 段營窟，方底、近全存、底長程 4.7、寬程 3.9、戶向角 110°，戶道長程 0.6、寬程 0.6、深不詳。窟燿闕口徑程 0.9 米、起出帶蓋罐。察第一期遺物，無器蓋。今知此物乃新物。其源在於二宿關聯。合斗宿、箕宿，能得有流壺。若唯取斗宿二、一於箕宿二，即得壺蓋狀。斗宿一、六與箕宿二、三季壺腹。狄宛第二期遺跡起出器蓋，故在東垣、北垣此二宿關聯（《認星識曆》第 135 頁）。

戶向角折算日過黃經 340°。檢 F229 通風坑寬程等於 F212 戶道長程，二者俱係 0.6 米。此處曆援即異向程曆援。

F203 係第二期第 III 段營窟，方底、近全存，底長程 4.3、寬程 3.6、殘深程 0.45 米，戶向角 280°。戶道長寬被 H204 雍而不詳（H204 係第二期第 III 段曆闕）。窟燿闕圓、口徑程 0.9、深程 0.4 米。起出缽、甑、「尖底瓶」殘片角錐等。檢 F203 戶向角折算日過黃道 170°，去璇璣歲秋分 10 日。

檢 F203 底寬程 3.6 米，而 F229 底寬程 7.4 米，前者約係後者二分之一。但是，F203 底殘深程 0.45 米，F229 燿闕底東邊通風孔長程雖係 0.45，但營窟 F203 底殘深程 0.45 乃雍覆殘餘，非舊數，不得視爲曆援。

**（3）F229 爲曆闕 H205 等覆援**

曆闕 H205 係第二期第 II 段遺跡，圓，半殘。口徑程 0.8～2.6、深程 0.24 米，起出缽、圓底盆、瓦弓角錐 A 型等。

檢 F229 通風坑長程 0.86 米被 H205 援爲口徑程，爲其口徑程閾數之一。司景臺寬程 2.4、2.5 米被 H205 曆援爲口徑程。

　　曆闕 H204 係第二期第 III 段遺跡，橢圓，口徑程 2.04～2.7、深程 1.7 米，起出瓦線陀 AII 型 2 件、瓦丸 A 型 1 枚（殘）、骨笄 B 型 1 件。

　　檢 H204 口橢圓，其口徑程之閾 2.04～2.7 米，此閾徑程 2.4 米或 2.5 米能等於 F229 司景臺寬程同數，由此推斷，H204 口徑規劃初本乎 F229 司景臺寬程。H204 平面走向記錄日照義。無原圖，但可自起出物二等推斷日照狀況：瓦線陀能告日全食發生，AII 型瓦線陀即《發掘報告》圖一三八，6，標本 H204：1，此物告日偏食，即狄宛臨界日全食發生於秋分前 2 日，此瓦線陀即察三番偏食之日食志。至少某兩番日全食輪返日僅偏食於狄宛，依璇璣歲論日食輪返日照，日過黃經 178°。骨笄能摹寫圓外接線段。骨笄爲直，插入髮髻。髮髻在頭皮百會附近。纏繞頭髮，如見日旋轉，但如何纏繞，此乃問題。祝巫係最早用笄者，知軌道高地，用骨笄前，將頭髮交叉上下在骨笄兩端纏繞，即得日軌道面高地之象徵。故此，骨笄象徵某軸線。在此，此物象徵春分、秋分軸線，即黃道線。自日過黃經 349°，迄春分，有 11°差。這 11 日能包含春分前朔日。

　　（4）H236 丑期曆援告木星

　　H236 位於 T202 第 2 層下。圓口袋狀，口徑程 2.3、底徑程 2.7、深程 1.3 米。起出 1 具狗骨架、瓦線陀 AI 型 2 每、骨笄、石刀等。

口徑程度當日：

2.3÷0.33＝6.96

6.96×3.0416＝21

底徑程度當日：

2.7÷0.33＝8.18

8.18×3.0416＝24.8

深程度當日：

1.3÷0.33＝3.93

3.93×3.0416＝11.98

小數折算 29 日，計得 359 日。此日數乃日行黃道日數，存誤差 1 日。

　　此數與 H236 深程度當日有倍數關係，依此倍數推算，此曆闕曆志述木星周天用歲。檢木星繞日輪返日率等於 4332.589 日。此數與地上一歲比率：

4332.589÷360＝12.034

　　此數乃璇璣歲。H236 底大口小用於指告回歸年與璇璣歲誤差。此誤差推導基於往歲秋分關聯今歲春分，以及往歲春分迄今歲春分察赤經變動與日宿

所。將底徑程度當日大於口徑程度當日誤差日定為 4 日，今見木星繞日與回歸年地球繞日比率：

4332.589÷364＝11.9

依此推算指告，狄宛第四期祝巫已知歲星週旋等於地上 11.9 歲。若狄宛祝巫以木星紀歲，彼等已知每 11.9 年見木星週旋。《國語》記木星歲紀不誤，但細節未具。由 F229 曆志與《國語》述木星紀年推斷，西周貴族用曆本乎狄宛。而其掩蔽火星事也依此佐證。

### 3. F360 曆體與覆曆援

#### 1）結構與圖見參數

##### （1）發掘者述

F360 係方底圓角半地穴營窟，位於第 IV 發掘區南 T320、T321 間第 4 層下，係第 I 段營窟，上層被 F345、F365 疊壓或打破。戶北向，340°。

營窟底東西長程 5.96、南北寬程 5.7、殘深程 0.4～0.46 米。北垣間有一似溝階梯狀斜坡戶道，長程 1.6、寬程 0.55、深程 0.15～0.4 米，戶道北端有 2 階陛，每階高於戶道斜坡 0.15 米。居住面、垣面、戶道俱以草筋泥塗抹於夯實基礎上，厚約 0.03～0.05 米，居住面塗有有紅褐色顏料殘跡。

營窟內直對戶道有一瓢狀爟闕，爟闕口似橢圓，邊緣微高於居住面，口徑程 1.4～1.5、底徑程 1.32～1.22、深程 0.3 米，北邊直對戶道伸出圜底通風道，長程 0.26、寬程 0.45 米，斜坡狀。爟闕南近底埋置一夾砂火種罐，口徑程 0.25、高程 0.4 米。爟闕周壁呈紅褐色硬面，底呈青灰色硬面。爟闕後部居住面高起一小平臺，長程 0.38、寬程 0.28、高 0.09 米。

居住面散佈 5 個較大力柱洞，直徑程 0.22～0.32、深程 0.25～0.41 米，呈倒五角佈局，東北大柱洞前有一小柱洞，直徑程 0.14、深程 0.3 米，小柱似有加固之功。此外，有 3 個加固小柱柱洞，散佈於東垣、西垣、南垣偏東處，直徑俱在 0.15、深 0.2 米許。外圍設有較大垣柱柱洞 13 個，除東垣一排 5 個，其餘散佈不勻，南垣有 4 個，西垣有 3 個，北垣西北僅有 1 個（發掘者言，似有些未找到）。另又在戶道兩側各散佈 2 個較小柱洞，似係戶棚支撐柱洞，直徑 0.18～0.25、深 0.3～0.6 米（《發掘報告》圖六六）。

營窟內填土較鬆，土色淺灰，有少量草泥皮塊與一些陶片、石器、骨器等。可復原者有 1 件彩陶魚紋底盆，另有陶彈丸 C 型 1 件、有刻度之骨體石刃器 B 型 1 件、骨笄、骨鏃、石斧、有關節骨錐與骨錐殘尖等。

（2）舊圖曆義初考

檢 F360 平面圖，見底邊狀似正方。每邊走向不平行於子午線或緯線。戶道所在邊走向東北──西南。窟爟闕以西窟底邊走向西北──東南。戶道位於東北──西南邊之北邊。自戶道端 A'向南偏東行，戶道階兩邊有耦柱洞，再向南偏西行，近營窟入口戶道兩邊各有一柱洞。此四柱洞堪爲戶棚頂。日不自此昇，也不自此落。但夜察星象，能見日在此。戶道階棱下深部近似垂直。自戶道入營窟，面前即窟爟闕。繞行窟爟闕之左，窟爟闕正東有柱洞兩眼。窟爟闕東南有柱洞一眼。南偏東又見柱洞。其西南有兩柱洞。（西側）西北──東南邊垣內底面，有兩眼柱洞，徑程甚小。營窟底邊以外垣上面，散佈十二眼柱洞。營窟內東南柱洞似乎能關聯垣上面柱洞，而且僅能涉及西南──東北走向柱洞。

營窟戶道線即 A'A，此線過爟闕圓心。爟闕南小臺也被涉及。窟內諸柱洞含義不清。西壁北段三柱洞係某宿。依剖面圖，營窟底日照有三：日不自北出，但下層過爟闕北口沿，迄爟闕南底。再上射線上面在爟闕口沿。第三層日照射向營窟底面。第三層、第二層甚近，日照射呈瞬時鋪照，日後速昇高。

戶道在入營窟前，兩邊有四根柱子，每邊有兩根柱子。北邊連根東西對應柱子走向即臺階棱邊。此結構曆義值得深究。檢此四根木柱頂棚乃遮陽棚。日直射即見此階棱邊下無日影。時在夏至。如此，北邊對應兩柱頂棚邊緣與底面構成圭臬。

2）輔畫朱線與曆義

（1）輔畫朱線

畫子午線 NS、緯線 WO。以 WO 線爲黃經 180°～0°線。WO 線段過營窟西北角、窟爟闕中央，到正東柱洞。畫營窟西邊垣內柱洞之一，連垣外面柱洞，再連另外一垣內柱洞，見星宿狀。此係何宿，未定。再自營窟內南柱洞向西南、東北連線，迄東垣外自南數第三柱洞，得四柱洞連線，得房宿。

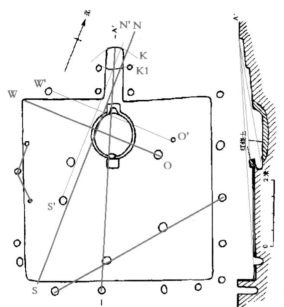

圖三六：營窟 F360 日過黃經 110
度與婁宿房宿斜

再畫 WO 正北平行線，連窟燧闕北邊，與北垣外西第一柱洞、窟燧闕東小柱洞。此線也係黃道線，係黃經 0°～180°。兩條直線關聯，即得黃經滿度。而兩端唯缺弧線。再畫子午線西邊平行線，此線在北交 AA'線於戶道中階棱弧邊中點。向南，此線過南邊兩柱洞。倘使依此四線畫橢圓，能見其狀有南北徑程長，東西徑程短之特點。其狀頗似 F238 或 F250 外廓。此狀即黃經圈南北較遠，而東西較近。由此得知，祝巫先見夏至前星象，而後動念規劃此營窟。力柱尖銳底端初告射線自下射上，能及視域。後來，祝巫抽去木料，存柱洞，顯最初設計圖樣。如此，N'S'線初當祝巫設計營窟之子午線。對照此圖，將戶道端弧線外部分抹去，即得舊子午線。

末了，畫 K、K1 弧線，以合戶道端階棱、其次階棱。此二弧線非拋物線，而係天球局部，乃橢圓局部。兩階棱俱為弧線，但朝向不協。以 K 標誌戶道端階棱，以 K1 標誌戶道端以下階棱。K 類似日落點，即日射北回歸線之後若干日日照。對照剖面圖，日似乎能普照居住面。而後似能昇高而點射窟內通風坑。但戶道兩側力柱阻礙日入營窟。由此得知，A'處能見日近似垂直下射，K1 記錄日照狀況類似。記錄日照須係正午日照，即日在戶道北近直射地面。

細查 K1，能見其朝向不獨近反 K 朝向，而且能見朝向不耦。K 弧線開口朝向匹配戶道線走向。但 K1 反映天球弧線較之 K 弧線扭曲之狀。推測 K1 係祝巫述日在天際自東北出之後向中天、後向西運行之狀。

（2）星曆

圖上朱線連 AA'得戶道線，位於第 IV 象限。此角位於子午線西偏北，當 340°。依日右旋過黃經論，日過黃經 110°。日自冬至南極北行，迄 0 度值春分，90 度直夏至。迄日過黃經 110 度，時在夏至後 20 日。

西垣三星推測是西垣婁宿。燋闕以南，四柱洞連線告房宿四星。夏至後，房宿不直擺與南天，顯傾斜。

3）F360 曆體

（1）戶道曆志

戶道長程度當日：

$1.6 \div 0.33 = 4.84$

$4.84 \times 3.0416 = 14.7$

寬程度當日：

$0.55 \div 0.33 = 1.66$

$1.66 \times 3.0416 = 5$

深程度當日：

$0.4 \div 0.33 = 1.21$

$1.21 \times 3.0416 = 3.68$

小數折算 20 日，計得 110 日。

戶道深程度當日反折算黃經度數，得 110 度。此乃曆為驗算途徑之一。

（2）窟燋闕曆志

口徑程度當日闕：

$1.4 \div 0.33 = 4.24$

$4.24 \times 3.0416 = 12.9$

$1.5 \div 0.33 = 4.54$

$4.54 \times 3.0416 = 13.8$

底徑程度當日闕：

$1.32 \div 0.33 = 4$

$4 \times 3.0416 = 12$

$1.22 \div 0.33 = 3.69$

$3.69 \times 3.0416 = 11$

深程度當日：

$0.3 \div 0.33 = 0.9$

$0.9 \times 3.0416 = 2.765$

小數折算 23 日，計得 83 日。

燵闕後小平臺曆志之長程度當日：

$0.38 \div 0.33 = 1.15$

$1.15 \times 3.0416 = 3.5$

寬程度當日：

$0.28 \div 0.33 = 0.84$

$0.84 \times 3.0416 = 2.6$

高程度當日：

$0.09 \div 0.33 = 0.27$

$0.27 \times 3.0416 = 0.82$

此數不足 1 個月，折算 25 日。

（3）營窟三向程曆志

底長程度當日：

$5.96 \div 0.33 = 18$

$18 \times 3.0416 = 54.9$

南北寬程度當日：

$5.7 \div 0.33 = 17.27$

$17.27 \times 3.0416 = 52.5$

殘深程度當日：

$0.46 \div 0.33 = 1.39$

$1.39 \times 3.0416 = 4.23$

小數折算 7 日，計得 127 日。前已驗算戶道深程度當日同日過黃經度數。不再驗算它數。

（4）同期雍覆曆援

檢 F360 被同期第 II 段 F345 雍覆。此營窟底面不清，殘存局部居住面。底面長程 3.95、寬程 2.5 米。餘者不詳。此二參數與 F360 結構細部長寬程參數關係不清。或許其深程涉及 F360 某結構深程。

F365 係同期第 I 段營窟，底面不清，長（徑）程 2.8、寬（徑）程 2.2、殘深程 0.2 米。窟燿闕方，口徑程 0.55、深程 0.3 米，有司景臺，起出四棱骨鏃、骨錐殘尖 1 枚。檢 F360 窟燿闕深程 0.3 米，此數同 F365 深程。F360 深程被 F365 建造者承取。

### 4. F310 日照曆體與曆援

#### 1）F310 結構與圖見參數

##### （1）發掘者述

第 I 段營窟 F310，方底圓角半地穴「套穴式」「房址」。位於第 IV 發掘區東北 T306、T316 之間第 4 層下。垣及其上部被 H318、H319、K311 覆或雍，覆第一期 F372。戶西向，310°。

營窟前後疊錯，前室底近方，南北長程 6.1、東西寬程 5.6、殘深程 0.4～0.6 米。西垣當間開一溝狀帶臺階斜坡戶道，長程 1.8、寬程 0.48、深程 0.25～0.65 米。出口處設 2 階，高出戶道坡底 0.15～0.25 米。戶道當間兩側有 2 個對應小柱洞，柱洞半露於戶道內，半嵌於垣內，直徑程 0.12、深程 0.7 米。

後室面積較小，近方，原編碼 F311，位於前室東北角處右後，雍東北角並向東擴出 1.9 米許，北垣擴出 0.65 米許，室南北長程 3.9 米、東西寬程 3.6～3.85 米，殘深程 0.5 米。此處居住面低於前室居住面 0.2 米。居住面、戶道、垣俱在夯實基礎上，並塗抹草筋泥，表面近平整，居住面別兩層，似受二次修正。厚達 0.11 米，垣草泥厚 0.05 米。居住面塗紅褐色顏料，前後處居住面草泥連成一體。故知其為「套穴」建築。

前後兩截俱有燿闕，其小大有別。在前室當間近戶道處設一瓢狀燿闕，闕呈橢圓，並向戶道處伸出一斜坡底溝狀通風道，直伸入戶道，長程 0.45、寬程 0.4 米。

燿闕口稍大於底，長徑程 1.5、短徑程 1.2、深程 0.35 米，無藏火種洞，底呈青灰色硬面，垣呈磚紅色硬面。另在後室當間偏西，設一圓淺燿闕，此燿闕徑程 0.8、深程 0.1 米。底面呈淺灰色硬面，垣係磚紅色硬面。

外圍垣上未發現垣柱洞，僅在室內見有一些柱洞。前室當間有 3 個較大力柱柱洞，呈三角狀散佈，直徑程 0.2～0.25、深程 0.2 米。南角處緊挨垣散佈 3 個小柱洞，俱係橢圓狀，長徑程 0.15～0.2、寬徑程 0.12、深程 0.1 米。北面斜向散佈 2 個直徑程 0.18、深程 0.2 米小柱洞。後室當間東西向散佈 2 根

較大力柱柱洞，直徑程 0.4～0.52、深程 0.4 米，柱洞底呈圓錐狀硬面，無特殊處理（《發掘報告》圖六七）。

營窟填土堆積係淺灰色，土質緊密，未見草泥皮堆積物。起出物有骨錐、骨笄、石錛、陶銼。可復原器有魚紋疊唇盆 2 件、對三角平行線紋卷沿盆 1 件、細泥紅陶圜底缽 1 件。無關節部骨錐 B 型 1 件（殘）、菱形扁平體骨鏃、穿孔短褶矛蚌 1 枚。

甘肅省考古研究所早先曾給一種圖樣，述 F310、F311 位置關聯。依其圖一一，F311 小爟闕被 AA'線近似中切，又不涉兩旁柱洞。而戶道直對爟闕走向線以 BB'標誌。依此圖，祝巫似乎能從爟闕盡頭折向東北，而後能及 AA'軸線（《甘肅秦安大地灣遺址仰韶文化早期聚落發掘簡報》，《考古》2003 年第 6 期）。顧其直線標誌參差，但遺跡圖未曾改動，故不取此圖。

（2）舊圖初考

檢圖原圖六七，見 F310 底四邊之兩邊近方，另兩邊為 F311 覆蓋，其下模樣未知。但依 F310 被雍兩殘邊走向，知其也係直線。F310 有相鄰兩邊之一走向平行於另外相鄰兩邊之一走向，故底面略呈方狀，但走向非如平面正東西或直南北。戶道所在邊走向東北──西南，此邊與鄰邊接茌非角，而係圓周殘部，有圓轉之象。

戶道端線弧狀，東南行少許即見另一弧線。每弧線俱係戶道階棱弧線，弧口向東南。在第二坎棱東南，戶道旁對偶樹立細柱。此處搭頂棚，容許日落前照射。倘使日自戶道口照射，光不能及營窟 F310 底面，故在棚頂阻礙日入營窟。戶道入窟見坎。戶道接茌營窟邊線處見弧線，弧朝向似戶道端坎棱線。此坎靠戶道一邊，壁垂直。底面有橢圓窟爟闕一座。傾斜約 40°。自爟闕東南段向南，見三眼柱洞在南。三角狀散佈。窟爟闕邊沿象徵黃道圈。傾斜即黃道面傾斜而非平。

F311 底面小於 F310 底面，佔據 F310 底面東南。F311 底面四邊無一組底邊平行。直對 F310 窟爟闕一邊走向東北──西南，此邊東北盡頭右轉，鄰邊走向西北──東南。如此再右轉一邊走向東北──西南。右旋迄第四邊，此邊走向西北──東南。細查東北──西南走向兩邊，見第一條走向東北──西南邊交子午線角度小於第二條走向東北──西南邊。對照 F311、F310 底邊，見 F311 四底邊無一平行於 F310 某邊。倘使將 F311 底面積視為 F310 底面積縮小，即見此縮小底面被左旋。左旋之外，底邊交子午線度數又有更改。F311

底面有副爟闕，有柱洞 2 個，其口徑不同。若察剖面圖，見 F311 底面低於 F310。自 F310 戶道口射入日光不及 F311。

涉及 F311 與 F310 關係，發掘者以「套穴」定 F311，以此爲 F310 套穴，爲後室。我察 F311 雖有副爟闕，但祝巫能面向正爟闕，也能面向副爟闕。祝巫面向西北，即見正爟闕火影，但祝巫須位於 F311 副爟闕西南。在此，祝巫也能察副爟闕火影。此二者堪被祝巫聯察。發掘者言「後室」或「套穴」出自未確認 F310 戶道線在爟闕南功用。自後室 A 向西北察，見 A'，此謂自低處火影察高處火影。黃道爲投影記日行。如此，A 線過副爟闕用火配日經天之火。F310 西北——東南結構被關聯。戶道口斜開，似有某種光線扭曲曆義。

### 2）輔畫朱線與曆義

#### （1）輔畫朱線

畫朱線連 A'A，以爲主營窟副營窟軸線，此線傾斜，不與 F310 或 F311 任一邊平行或垂直。此線交子午線度數若干。再自 A'畫線過戶道端弧棱邊入營窟口弧沿，向東南過瓢狀爟闕，後向東南延伸，切副營窟西南一角。及 A"。此線與 F311 西南邊交銳角若干度。

朱線 AA'線甚長，主爟闕火光難以明照副爟闕。此結構告祝巫欲顯副營窟有某種曆義或星象義。A'A 線截取部面積約爲副營窟底面三分之一。祝巫自戶道入，登上 F311 地平，在副營窟西南坐臥，能查看日行黃道某處。

畫舊子午線平行線，過營窟口，交 AA"線，爲 NS。後畫其垂線，爲 WO，爲黃經 180°～0° 線。此線與 NS 交於戶道軸線。畫此交點北營窟入口階棱弧線。再向西北覓得戶道兩側小柱洞，畫朱線。此線若爲棚頂線，能當西北日照入營窟圭臬。但日照不能入 F311 與 F310 軸線交點 A"處。畫戶道西北端弧階棱 K1，再畫其東南弧階棱 K2。此二弧線乃某橢圓初、進兩階。換言之，日似繞黃道橢圓運轉。黃道橢圓即 F310 爟闕橢圓。此營窟起出穿孔短褶矛蚌 1 件。此物摹記軌道橢圓，去日將遠或已遠。

沿營窟 F310 東北——西南垣邊畫朱線始於 B，此線過協所系原點，伸向西南。此線告日自東北射向西南，告日過黃經 60°，節令小滿。東北見垣兩邊以圓周一段相聯。此連線有弧狀。

在副營窟 F311 覓副爟闕，自圓心向旁側兩洞畫線。依發掘者述，此處柱

洞底係圓錐狀硬面。此處，見兩營窟合於一處。此營窟之會係甲骨文「營」字方底小大相摻模樣之本。此字謂雍。

（2）星曆與參數

檢 AA'線與子午線交角非 310°，而等於 300°，合日過黃經 150°。檢舊述度誤大抵出自原圖標線在編訂《發掘報告》時轉變，編訂者未照顧此更改所致。又檢 AA"線與 F311 西南邊交角約等於 8°。而 A'A"交黃經 140°。若依日行天球投影如日繞黃道行進方向，F311 西南邊與 AA"交角 8°得視為 F311 左旋 8°徵兆，故 132°堪為 F311 向程向度。居住面紅褐顏料記錄夜見日行天球，其熱類爟闕火色。

檢東指 O 南北兩柱洞告水星所東。前所位於黃經之南，謂黎明昇近黃道，而晨昇地平線上。東南右下有副爟闕配二柱洞。此乃心宿。副爟闕謂心宿二，即天蝎座 α 星。

東西黃經線以南，子午線所指為中。以東西向黃經以南為日落，此乃昏時。南見三柱洞，當參宿一、二、三星。《淮南子‧時則訓》：「孟春之月，招搖指寅。昏參中。旦尾中。」高誘注：「參，西方白虎之宿也。是月昏時中於南方〔註29〕。」

依此星圖，副營窟 F311 內心宿見於孟春。帝堯時代「日永星火，以正仲夏」。《夏小正》「五月，初昏，大火中」。此謂大火星昏時在正南。《毛詩‧豳風‧七月》記「七月流火。」六月初昏，大火星正中。今日，八月半大火星正中。大火星昏時正中每退 1 個月，年數相差 2100 餘年（《認星識曆》第 24 頁）。

前著考 H3107 述春分節氣，時在二月，而大火星出現正南在三月（第 343 頁）。前檢狄宛第一期無孤圖能證大火星。而今能補此缺。

---

〔註29〕 高誘：《淮南子注》，上海書店，1986 年，第 69 頁。

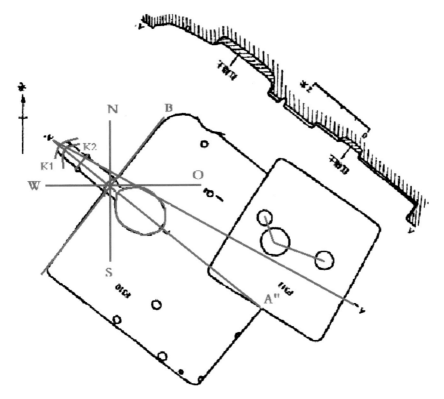

圖三七：營窟 F310 參宿大火星孟春初昏協時

　　自副爟闕東南柱洞東北外切線畫 AA'平行線，此線告大火星直黃經度數。由此數能推算其去正南度數。依此檢大火星直黃經 150°。反向算得日過黃經 330°。昏中南有 60 日。由此圖算得狄宛第一期末段、第二期第 I 段大火星正南不在夏季，而在仲春。前著推斷，西山坪祝巫用器本乎狄宛第一期祝巫創造。內壁有彩繪大火星之瓦缽標本 T18 ：35（《師趙村與西山坪》第 234 頁，圖 182，第 12 器）爲證。今考得 F310 大火星、參宿協季圖又爲旁證。

3）F310 曆體

（1）戶道曆志

長程度當日：

1.8÷0.33＝5.45

5.45×3.0416＝16.6

寬程度當日：

0.48÷0.33＝1.45

$1.45 \times 3.0416 = 4.4$

深程度當日：

$0.65 \div 0.33 = 1.96$

$1.96 \times 3.0416 = 5.99$

小數折算 29.7 日，計得 179.7 日。

（2）前窟三向程曆志

長程度當日：

$6.1 \div 0.33 = 18.48$

$18.48 \times 3.0416 = 56$

寬程度當日：

$5.6 \div 0.33 = 16.96$

$16.96 \times 3.0416 = 51.6$

殘深程度當日：

$0.6 \div 0.33 = 1.81$

$1.81 \times 3.0416 = 5.53$

小數折算 15.9 日，計得 165.9 日。

（3）後窟三向程曆志

長程度當日：

$3.9 \div 0.33 = 11.81$

$11.81 \times 3.0416 = 35.9$

寬程度當日闞：

$3.6 \div 0.33 = 10.9$

$10.9 \times 3.0416 = 33$

$3.85 \div 0.33 = 11.66$

$11.66 \times 3.0416 = 35.5$

殘深程度當日：

$0.5 \div 0.33 = 1.51$

$1.51 \times 3.0416 = 4.6$

小數折算 18 日，計得 138 日。

（4）前室窟爟闕曆志

口徑程度當日閾：

1.5÷0.33＝4.54

4.54×3.0416＝13.8

1.2÷0.33＝3.63

3.63×3.0416＝11

深程度當日：

0.35÷0.33＝1.06

1.06×3.0416＝3.22

小數折算 6.7 日，計得 96.7 日。

（5）後室副爟闕曆志

小爟闕口徑程度當日：

0.8÷0.33＝2.42

2.42×3.0416＝7.37

深程度當日：

0.1÷0.33＝0.3

0.3×3.0416＝0.92

此數折算 27.6 日。

（6）驗算

戶道深程度當日 180 日。自 AA'述孟春迄此線述日照西北當孟秋，用 180°。述水星柱洞深程 0.2 米度當 91 日。此數大於水星繞日輪返日數 88 日。多 3 日，為觀測誤差。後營窟 F311 深程度當 138 日有誤差。誤差數等於 2 日許。其深程曾被殘損。此數當 A'A"交黃經 140°。副爟闕口徑程度當 7.37 日合西其南邊線與 AA"夾角，其深程度當 28 日約當 AA'線去黃經 0°差數。

（7）毌期覆曆援

依《發掘報告》（下冊）附表五，F310 覆 F372、覆於 F311、H318、K311、H319。依此述，F310 覆援 F372。F372 係狄宛第一期營窟遺跡。其檢討涉及狄宛第二期方底營窟起源，此題後置，暫不檢討。F311 乃 F310 後室，二者曆算關聯已檢。此處唯檢曆闕與爟闕覆曆援。

　　K311 係第三期第三段爟闕。H318、H319 俱係第四期曆闕，前者屬第 I 段、後者屬第 II 段遺跡。

　　依附表一二，K311 係圓爟闕，口徑程 1.1、底徑程 0.95、深程 0.2 米（殘）。不納器物。檢 F311 居住面低於 F310 居住面 0.2 米。此深程係祝巫殘 K311 深程憑依。F310 營窟柱洞深程固有 0.2 米者，但力柱樹立非曆義孤告遺跡，此參數不入曆援鑒識。

　　附表一九，H318 位於 T306 第 2 層下，圓口袋狀，口徑程 1.64、底徑程 1.8、深程 0.8 米，起出石球、砥磨石、鉢等。檢 F310 戶道長程 1.8 米。此長程被祝巫用改用如 H318 底徑程。此係改向程曆援。F310 後室窟爟闕口徑程 0.8 米，被祝巫援爲 H318 深程，此也係改向程曆援。

　　檢同表，曆闕 H319 口面狀不規則，口徑程 1.7～2.7、底徑程 1.2～2.3、深程 0.3～0.75 米。起出瓦線陀、鉢等。其東側有階。今案，階曆義須依棱邊直、弧而定。高程曆算僅爲對照參數。

　　檢 F310 前室窟爟闕深程 0.35 米被 H319 深程閾包含。F310 殘深程 0.6 米也被 H319 深程閾包含。其戶道長程被 H319 口徑程、底徑程閾包含。三處見丑期覆曆援之證。

### 5. F5 曆體與曆援

#### 1）F5 結構與圖見參數

##### （1）發掘者述

　　第 I 段營窟 F5，底方「半地穴」「房址」，位於第 I 發掘區東 T2、T3 之間第 4 層下，西垣與南垣被 F4 與 M1 覆壓。戶東向，方向 105°。

　　營窟內近全存，南北長程 4.8、東西寬程 4、殘深程 0.58～0.76 米。東垣當間偏北開一溝狀有階戶道，長程 1.6、寬程 0.48～0.56、深程 0.26～0.55 米。戶道終端底兩側各開一對應橫向洞穴，口徑程 0.14～0.16、深程 0.18～0.2 米。居住面、垣、戶道底、垣面俱塗草筋泥，厚 0.04 米許，居住面上塗抹褐紅色顏料。

　　瓢狀爟闕位於居住面當間，直對戶道，近圓狀，口徑程 1.05～1.15、底徑程 1、深程 0.25 米，東部向戶道伸出一近三角狀通風坡道，長程 0.2、寬程 0.26 米，通向爟闕底。爟闕西底部斜向埋一夾砂罐，用於藏火種，罐口徑程 0.2、高程 0.26 米。爟闕底燒成青灰色黑斑塊硬面，壁係磚紅色草泥硬面。

　　爟闕西 0.5 米處居住面上，有一直徑程 0.2、深程 0.15 米圓底圓坑。其內壁塗以草泥，抹光。發掘者以為，此處似用於房址尖圓底器。營窟外圍未發現柱洞，其內散佈一些大小不等柱洞。中央散佈 3 個較大柱洞，呈斜三角狀，北部兩個東西向佈置，南部一個位於偏東部，直徑程 0.2、深程 0.18～0.57 米，唯東北部一個柱洞口稍殘。其餘有 13 個柱洞，位於東北角及西北部垣壁處。東北角三個較大，直徑程 0.17～0.22、深程 0.14～0.19 米。其餘較小，直徑程 0.06～0.1、深 0.1 米左右，似為後置加固柱遺跡（圖七一）。

　　覆於 F4，雍於 M1，起出深腹罐 BII 型 1 件（殘片），石刀 C 型 1 件，角錐 A 型 1 件。

　　（2）舊圖初考

　　營窟 F5 底面近方，無一邊直平面坐標之東西、南北向。準乎戶道所在邊，此邊走向北偏東——南偏西，而且戶道兩側邊線非直線，似有兩向。此狀於狄宛第一期營窟非孤例。F17 戶道所在邊類似。F349 戶道所在邊也有此狀，但不顯著。後段 F714 戶道所在邊也有此狀。此狀使人深思。戶道所在方向右旋，直對剖面圖一邊走向西偏北——東偏南。此邊對偶一邊走向近似，但兩邊與緯線交角參差。

　　窟底面有窟爟闕，近口平面似瓢口，其下西偏北有爟火洞。自爟闕口沿向西偏北，有有一直徑程 0.2、深程 0.15 米圓底坑。其內壁塗草泥並抹光。發掘者以為，此處似用於房址尖圓底器。此推測略是。我認定此處用於放置圓底缽。圓底缽乃放寫半天球之瓦器。使圓底缽圓底盡落此圓底坑，即見半天球之下半。此狀謂黃經圈之半，能告日行自 180°向 360°運行。窟底面柱洞散佈似無直線可循。圓底坑西北與西南兩柱洞外，其餘柱洞俱能述星象。係何星象，今未知。

　　自戶道東端 A'向西偏北行，每階開端係弧線階棱，若反向拾階而上，第一階棱迄末階即第 5 棱俱為弧線。祝巫為何不將階棱掘直？而且，多階面長程參差。第二階兩側有柱洞。此處乃搭棚之所。日自戶道入射過窟爟闕口，能鋪射居住面。也能射向爟闕口沿下。棚頂高程乃日沿軌道上昇前射入營窟之通道。

　　倘使細查居住面柱洞，能見小大不一，較大者 6 個，東北角 3 個。窟爟闕西北、西南各 3 個。而西北垣兩邊拐角處柱洞 3 眼為星象，能關聯爟闕西北箭頭狀柱洞。但不涉其餘柱洞曆義。初察此 3 柱洞摹記心宿。如此，柱洞別三處，二處曆義不清，須細查。

## 2）輔畫朱線與曆義參數

### （1）輔畫朱線

營窟 F5 長邊、寬邊俱不對偶。兩寬邊之北寬邊走向西偏北——東偏南。其對偶邊走向也是西偏北——東偏南。但這兩線不平行。營窟底長邊之西邊邊不平行於戶道口兩端邊線。而且，此二邊走向南偏西——北偏東。而且戶道南營窟邊線走向交子午線角更大。

畫 A'A 線段爲戶道中線，此線段過戶道當間，過窟爟闕終點、爟火洞與有圜底之草泥坑，後及 A 點。圜底坑放置圜底缽，人立於窟爟闕西邊，面北而使其口沿右邊下傾，即見日行黃經度數未滿之狀。

過營窟東北邊線之內較大徑程柱洞，向南畫線，線與戶道中線交於戶道入營窟口。此線即子午線 NS，過戶道北柱洞邊緣畫線向左右延伸，使之交 NS 以直角，得緯線，當黃經 180°～0° 線。

畫營窟戶道口南邊線爲 B，伸向東北。畫戶道口北邊線 C，伸向南偏西，此二線段能告日所變動。此動向終極扭曲後，得知日道面高地變動。而且，C 線與子午線在戶道南相交度數若干。N 線東，戶道口北垣邊見一柱洞，此柱洞絕非加固柱柱洞，而有星曆義。以其緊靠營窟邊，又被 B 線切過。此柱洞靠近徑程最大柱洞。此柱洞正北。

自協所系原點畫深色朱線及 N 北偏西較大柱洞、次畫線及箭頭狀柱洞、再畫線及箭頭狀柱洞西鄰柱洞，末畫原點迄黃經線西端以南柱洞，得柱洞 5 眼。N 直柱洞爲起點。如此。西北角心宿不須參與檢討，但此宿在此似有距星之義。其細節暫不檢討。唯餘戶道階弧棱 5 條曆義須深究。

檢戶道諸弧階棱，每弧線堪畫延長線，後見每線伸入營窟底面。依其曲度，可推測諸線能在營窟爲圓或橢圓。顧階弧棱次第，須別柱洞而匹配。

剖面圖見柱洞似孤目，其曆義甚難考究。察戶道第 4、第 5 階間有隱藏柱洞。此柱洞曆義何在，值得深思。

繪戶道諸階棱弧線爲橢圓有兩次第：第一，起於戶道東端，即以 A'旁入階爲首階。第二，起於戶道口東偏南，以此階爲首階。如此，能得兩等次第。多番試繪後斷定，唯戶道口初階爲橢圓殘部便於溯跡祝巫察星所。而且，後繪各橢圓俱能顧及此星所次。

如此，繪得 5 條軌道，依次誌之：圖見第 1 軌道過戶道東第一階，後各階依次編 2、3、4、5 軌。依次繪圖。

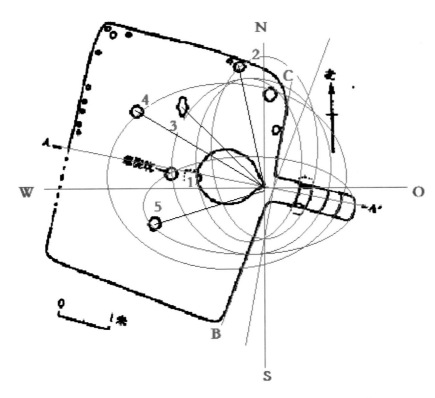

圖三八：營窟 F5 回歸年 4 年驗歲星軌變行 120 度

　　第一軌道見星體在 N 線旁，此告星所黃經 90°。左旋向下，路過爟火洞地面，行黃道線之南，東行。後於正南切軌道北行，越過黃經 90°，在居所北偏西。後南行過日行赤道投影，即黃道圈，北行迄 B 伸長東變軌，更換第 3 軌。居所即箭頭星體。後南行，過圓底草泥坑，向西偏南行，於北偏西變軌，入第 4 軌道，居所 4。南行、東行之後過 270° 黃經，在東南變軌，入第 5 軌道，此時，見第 5 軌橫向，長軸為東西軸，而第 1 軸為南北軸。如上每軌斗以星體居所為節點。如此，星體居所俱協依戶道弧線摹記軌道，同一星體連轉某時段星曆義已明。

　　（2）星曆參數

　　窟爟闕西偏北圓底坑用於放置圓底鉢，若此器口沿平行於居住面，平視而見黃經圈之半。人在正南察看此器口沿，得下半天球。其曆義在於黃經圈 180°～0° 邊緣。此物旁證，狄宛祝巫自第一期以來，知曉黃經圈用於分割天球為上半、下半。

　　察天球而睹西垣北有星宿，如前推測，係心宿，此時隱伏。N 指向北極星。此營窟起出石刀，佐證祝巫察北斗七星之天樞、天璇天璣與天權四星。若畫戶道北隱柱洞與底第 III 象限柱洞等，能得天樞等四星模樣。

　　B 線交 S 線 20°，但交點位於戶道與東垣邊線拐角。B 線在北交 N 線 23°許（準 23.5°），此間見地軌增 3°。此謂日行正北之時，節令夏至。C 線在戶道南交 N 線 10°，此謂時在小暑前 5 日。此節氣前後星象係祝巫頻察星象。譬如：第 I 段 F320、F321 並述小暑，F383 並述小暑後 5 日星曆。第二段 F600 並述小暑前 5 日節氣、F604 並述小暑後 5 日節氣、F605 並述小暑節氣。第 III 段無一營窟戶道線述日所當小暑節氣。依祝巫察夏至迄小暑前後日所黃經之查看頻率，知祝精細查看地面偏轉前後星象。F5 東邊線 B、C 記錄地傾之義明白。如此又能知曉，黃道面在冬夏不配天極。天極者，北極星所在也。彼時祝巫未必知曉地軸，但知黃道傾斜。

　　自 N 東星體起算，即近垣邊星體向坐旋，此乃行星動向。此星體小於 N 指星體。小星體在近處，而 N 指星體在遠處。此後，見北偏西有星體較小，其高程大於 N 所星體。持續坐旋，見西北向有箭頭狀柱洞。此箭頭指南，似有指向義。此柱洞似告星體南向而動。此後見南偏西有元主動，此柱洞後遷向 180° 黃經之南。

　　今檢戶道口北垣邊線較小柱洞告地球，其西偏北最大柱洞告木星。地球行於天際，繞日運動，木星也繞日行，方向同地球。地球近日，而木星遠於地球，係地軌外行星。行星在黃道北自東向西行。N 線見木星後，其所在 4：其一，及北偏西所，其旁柱洞象徵星體。此星體或為土星。其二，箭頭狀柱洞所。此後續南行，及較遠處，但在 AA'線北。末則越過戶道線，及黃經 180° 南柱洞所。如上見木星 4 所，行四程。每程皆有度數。

　　初見木星，此所木星最早，故在近日。自戶道口向北偏東察，木星與 C 線交 14°到 15°。此謂木星自 C 線以外昇起。依 C 線為木星 360° 線，此時木星所直黃經約 14.5°。後行北偏西所，行 13°。後迄箭頭所，行 35°。其末所告行黃經 45°。

　　今加算木星行程度數，得：

　　14.5°＋13°＋35°＋13°＋45°＝120.5°

　　使諸度數匹配諸軌道，祝巫立於戶道口觀象，自初見木星所及終見木星所，自協所系原點察知，木星行 120.5°。檢以戶道階，計得 5 階而盡。檢以

戶道口 A'A 交黃道線 13°。得春分前 13 日之數。若顧祝巫繪圖時難協春夏，故涉戶道口北、南邊線與告日行北回歸線，木星諸所曆義得協：祝巫賦予 N 黃經 0° 之義，以顯木星初見黃經度數，故彼所木星面最大。如此，自初歲見木星迄末歲見木星，木星行 120.5°，驗以回歸年見日在春分點，檢得淨 4 年。

依此計算，祝巫曾協黃經 0 度、13° 兩番，故得木星 5 軌圖。而且，戶道線交黃經 13° 亦本乎此算。木星、地球之所得協。此協所系乃日行 90° 之協所系。而 B 線交 NS 線 23° 餘。此度數恰係回歸年春分點後日行北緯 23.5° 線或近似度數。

### 3）F5 曆體

#### （1）戶道曆志

長程度當日：

$1.6 \div 0.33 = 4.84$

$4.84 \times 3.0416 = 14.7$

毛算 15 日。

寬程度當日閾：

$0.48 \div 0.33 = 1.45$

$1.45 \times 3.0416 = 4.4$

$0.56 \div 0.33 = 1.69$

$1.69 \times 3.0416 = 5.2$

深程度當日：

$0.55 \div 0.33 = 1.66$

$1.66 \times 3.0416 = 5.06$

小數折算 2 日，計得 152 日。

#### （2）窟爐闕曆志

口徑程度當日閾：

$1.05 \div 0.33 = 3.18$

$3.18 \times 3.0416 = 9.6$

$1.15 \div 0.33 = 3.48$

$3.48 \times 3.0416 = 10$

底徑程度當日：

$1 \div 0.33 = 3.03$

3.03×3.0416＝9

深程度當日：

0.25÷0.33＝0.75

0.75×3.0416＝2.3042

小數折算 9 日，計得 69 日。

（3）營窟三向程曆志

長程度當日：

4.8÷0.33＝14.5

14.5×3.0416＝44

寬程度當日：

4÷0.33＝12.12

12.12×3.0416＝36.86

殘深程度當日：

0.76÷0.33＝2.3

2.3×3.0416＝7

計得 210 日。

（4）驗算

驗算別二題。第一，驗算歲曆，即回歸年曆算。黃經 347°當璇璣歲 347 日。戶道深程度當 152 日、長程度當 14 日；爟闕深程度當 69 日。營窟三向程度當日加爟闕深程度當日之數合璇璣歲日數：

210＋36.8＋44＋69＝359.8

戶道長程度當日此數係驚蟄日求算基礎。其差數出自璇璣歲長減戶道長程度當日：

360－347＝13

此度數即前日在春分點黃經度數與日過戶道線黃經度數。戶道寬程度當日閾值加日在春分點黃經度數：

360＋5.2＝365.2

此告 F5 曆義之一在於舉告回歸年日數。

第二，驗算柱洞星曆細節。發掘者述：營窟東北柱洞別小、次大、大，直徑程 0.17～0.22、深程 0.14～0.19 米。小者告地球。大者象徵木星。大柱洞直徑程度當日：

0.22÷0.33＝0.6666

0.6666×3.0416＝2

粗柱洞深程度當日：

0.19÷0.33＝0.5757

0.5757×3.0416＝1.75

計得 52.53 日，北、北偏見兩較大柱洞象徵木星，故須倍之，得 105 日。

中央 3 個較大柱洞之箭頭狀柱洞述木星南行。直徑程 0.2 米度當 1.84 日。發掘者述 3 柱洞深程 0.18～0.57 米，前者係閾小值，後者乃閾大值，缺閾間值。今算閾淺程度當：

0.18÷0.33＝0.5454

0.5454×3.0416＝1.65

計得 49.5 日。閾深程大值度當日：

0.57÷0.33＝1.7272

1.7272×3.0416＝5.2536

計得 157.6 日。

尚缺 1 柱洞深程度當日。檢閾深程大值、閾深程小值之閾間值等於 0.375 米。但取 0.2 米為度，算得日數 55.3 日。

如此，木星 5 所深程度當日數計得：

105＋49.5＋157.6＋55.3＝367.4

此日數約等於回歸年日數，誤差 2 日。換言之，木星每所均日數 367 日。

第三，F5 底開面星曆圖見木星昇交點、近日點黃經度。文獻述木星昇交點黃經 100.3°，近日點黃經 14.7°。昇交點之所即 B 線交 C 線之所角度，此交角位於戶道口北，此交角大於 10°，看似位於第 I 象限。測 C 交 NS，N 線西木星所 103 度。去昇交點黃經度數約 3°。又檢 C、B 兩線在戶道線交角約等於 13°許。此度數約等於木星近日點黃經 14.7°，唯祝巫設擬 NS 線為日所黃經 0°前舊所。此處見誤差 1.7°。此營窟底開構圖異乎其它營窟底開：協所系非孤系向，有系向扭曲 90 度之特點。節用底開致協所系系向左旋，故見第 I 象限有黃經 67°。此營窟起出物涉及其星曆義：協所系系向轉動堪以石刀表述，而角錐述角小於 30°。石刀四角告北斗七星之魁四星。

（5）覆雍曆援

有同期兩遺跡雍覆 F5：第一，營窟 F4。第二，M1。附表五，營窟 F4 係

第二期第 III 段遺跡。參數：方底、長程 3.5、寬程 2、殘深程 0.4 米，戶向角 120°。戶道長程 1、深程 0.55 米。窟爟闕圓，口徑程 0.72、底徑程 0.7、深程 0.37 米。戶道角折算日過黃經 330°。時節在雨水。先於 F5 節令 15 日。F5 戶道深程 0.55 米係祝巫挖掘 F4 戶道深程承襲數。

葬闕 M1，長程 2、寬程 0.8～1.2、深程 0.35 米。顱骨所在 100°。起出骨笄骨錐、細頸壺、雙唇罐等。此葬闕記日過黃經 350°，在春分前 10 日。葬闕寬程含窟爟闕口徑程與底徑程。祝巫挖掘 M1 時援取 F5 窟爟闕口徑程。此係同向曆援。

### 6. F17 正營窟偏營窟曆等遺跡摹記彗星與體曆曆援

#### 1）結構與圖見參數

##### （1）發掘者述

F17 係圓角「半地穴」「房址」，係 7 座近全存營窟之一。有室內坑，有內曆闕，底長方，位於第 I 發掘區 T2、T3 之間向南擴方第 4 層下。建於次生黃土中，上被 F4、F6、H8 雍覆。戶東向，方向 98°。

室近全存，其小間疊設於主室內左側（北部），唯東垣稍有錯位。前部南北總長程 7、後部長程 7.2 米，北部東西寬程 5.6、南部寬程 6.1 米，垣殘深程 0.36～0.55 米。主室北半部被坑狀小間佔去。小間（底面）低於主居住面 0.25 米，地面草泥相連，東西長程 3.9、南北前寬程 2.8、後寬 3.1 米，東壁與主室前壁相距 0.15～0.4 米，並向北部擴出 0.6 米。主室居住面與「套間」壁草泥相連，居住面草泥厚 0.08、壁草泥厚 0.03 米。

主室東垣偏南開一有臺階溝狀斜坡戶道，戶道長程 1.2、前寬程 0.3、後寬程 0.5、最深處 0.6 米。前入口處設 2 臺階，長程 0.2、每級高 0.2 米。戶道向室內延伸 0.24 米，為通風坑口，戶道下挖一方坑，低於戶道底 0.7、坑邊長程 0.5 米，即為通風坑。坑底西部向室內爟闕開一通風孔，孔徑程 0.2，全長程 1.2 米。此營窟通風坑與爟闕間距是營窟間距最長一個。戶道與爟闕間設一橫長方平臺，係草筋泥築成，南北長程 2.1、東西寬程 1、高於居住面 0.24 米。平臺中部直對戶道處有一圓底坑。口徑程 0.4、深程 0.1 米，堪放置圓底器。戶內通風坑口北側於草泥平臺掘一溝槽，南北長程 0.68 米、東西寬程 0.2、深程 0.1 米。另在主室東南角建有一草泥平臺，南北長程 2.08、東西寬程 0.84，高於居住面 0.12 米。發掘者推測，此草泥平臺「可能是當時睡臥」之「土床」。

爟闕有 2 個，主室圓爟闕有臺階，口徑程 0.8、深程 0.6 米。其東部有月牙狀臺階，中寬程 0.16、高於爟闕底 0.3 米。爟闕底青灰色，壁係磚紅色硬面，底無藏火種洞，僅東部開一通風孔，孔徑程 0.2 米。另一爲小營窟爟闕，位於小營窟中部偏南，方而圓角，邊長程 0.66、深程 0.2 米，底黑灰色，壁見磚紅色硬面，無火種洞、通風孔，僅有殘留灰燼。

僅 5 個柱洞處於室內：小間中部東西向有 2 個，直徑程 0.2、深程 0.3 米；主室中部佈置 3 個，直對戶道 1 個，南部排列 2 個，直徑程 0.2～0.24、深 0.3 米。

另在主室與小間西北角處，設一橢圓狀帶旋轉階梯之室內「窖穴」，其口擴出西壁約 0.9 米，窖底西北部呈袋狀。口東西徑程 2.6、南北徑程 1.7 米，南部第一階低於居住面 0.5、中寬程 0.9 米，將窖穴隔開成東、西兩部，東部呈三角狀，深於居住面 1.1、底寬程 0.8 米，西部有第二階梯，呈三角，最寬面 1.2、低於居住面 0.7 米。二階下向西挖成偏洞式袋穴，東西徑程 1.65、南北徑程 1.05、低於第二階 0.3 米。底、壁挖於次生黃土中，修整光潔（圖七四）。「窖穴」起出寬帶紋缽片，上刻某紋，發掘者言「刻有 7 字形符號」。

依《發掘報告》（下冊）附表五，起出缽 AI 型 3 件，麻面磨石 B 型 1 件。近全存。案，發掘者講「窖穴」即圖七四西北角 H7。F17 覆 H10，雍於 H8，覆於 F6。

（2）舊圖初考

發掘者推測平臺爲坐臥處，此乃謬猜。此處爲司景臺。其上圓底坑不便騰挪轉身，乃置圓底缽象下半天穹之所。此營窟底四邊僅見一邊爲直線。其餘三邊之一似喪，代之以另外結構部。戶道所在非一邊，而係兩邊相交之交點。如 F5 戶道處所一般。營窟戶道入口狀似三角。入營窟即見坎。坎深而東壁垂直。營窟居住面有爟闕，爟闕西、西南、南有三柱洞。爟闕東南，有司景臺。其位置異於 F246、F229 司景臺位置。佔據北壁以內居住面之結構南邊、西邊、北邊延長線線俱能交於緯線。而且，其西邊線之北端係 H7 東弧線向北延伸終點。這使 H7 口北邊局部顯直線狀。此直線係營窟此結構北邊線向西北延伸。此腔口下有臺階，底面平。腔 H7 西邊呈弧狀，南邊微顯弧狀，正東也係弧狀。

自司景臺張目越過窟爟闕向西北望，見此窟腔 H7。此腔平面有盤旋狀，似樓房上層樓梯旁某人自上而下望樓梯狀。近小而深處大。每層以曲線繞動。此結構有何義，不清。

　　窟腔H7 乃曆闕。其第一階下，曆闕別東西二部，西部深、東部淺。最下層東西徑程大於南北徑程，自東而西偏北，自營窟東南而察，此物有西北往之狀。此腔口狀橢圓，底、壁修整光潔，有特別曆義或天象義。此遺跡與營窟曆體關係不清。毗鄰窟腔H7，件狀似 F246 司景臺之結構。此結構上有小爟闕，其東西各有柱洞一眼，去小爟闕距離參差。此外，窟爟闕口東邊與其內壁上棱構造月牙狀平面，其義未知。

## 2）加畫朱線圖考與星曆參數

### （1）加畫朱線

　　先依原圖平面坐標子午線畫 NS，為參照子午線。後以直角四分，得緯線WO，當黃經 180°～0°線，使此線過窟爟闕。再自原 A 畫線及 A'，得發掘者言戶向角 98°。於黃經線而言，此度數告日過黃經 352°。

　　捨棄原圖 CC'表意，取此二字母，西移迄營窟東北四邊結構之西邊，此邊走向北偏東——南偏西。畫此線 CC'，使之交黃經，得日過黃經 75°。後沿營窟北邊擴出部向東偏南移動，迄此部東邊緣，畫拐角向南偏西延伸線，北起於 D，南偏西伸向 D'，此線過戶道入營窟口內結構之北邊線，過通風部，過司景臺寬邊 M1，得日過黃經度數若干。

　　此結構左右兩邊似有時次，或先涉及 C 邊，後涉及 D 邊。或者相反。其端點之一即 C。再畫此結構北邊線，使之伸向營窟腔H7 西北在地上端點 B。此線向東偏南延伸於遠處。顧戶道入營窟內平面結構，見準南北向長邊線 M 交北結構長邊。此長邊交黃經，位於東偏南，告日過黃經 350°。此交點先於日過黃經 352°。此日後 12 日許曾發生某時。營窟西北角結構涉及此事。

　　畫營窟西邊線，自 B 向南偏西延伸，此線過腔H7 橢圓口圓心。自此圓心畫東偏南線段，使之終於營窟東邊線之東北端F。此線係營窟 F17 舊邊線，唯此線被營窟東北結構伸出條狀結構覆壓。此線自圓心 z 向東偏南延伸，交黃經165°。若將 H7 核心視為某天體，此天體之所交黃經 165°。此線向東偏南延伸，過 F 點為虛線。

　　畫腔H7 明暗邊緣線，使之向營窟司景臺延伸，得長短 6 條線段。此 6 線段囊括營窟內任一結構。此告西北腔H7 係祝巫曾察天象。其弧邊告其旋轉，有右旋自大向小變遷之狀。在 C 處開始變動，而此時見諸線能告此物東南發散。此物似掩映窟爟闕曆義、也能遮蔽東南副營窟亮光。倘使以爟闕告夜見

日行天球，而 H7 則不被燧闕之火光直射，能反光而已。窟燧闕月牙狀結構能某種涉及日過天球投影之義。

畫窟燧闕南柱洞深長線，入圓底坑為 x。此線交黃經度數若干。畫東北結構圓底坑東柱洞向西南，迄 AA'線上，得 y。末畫此結構西邊柱洞朱線，伸向黃道南為 z。畫戶道南垣邊線向北偏東伸去，為 E 線，交黃經度數若干。後畫戶道北垣邊線向南伸長線 F，得日過黃經度數若干。

前各點、線既具，得圖樣貌似亂，曆義難測，而天象義顯著。依戶道線 AA'似能判此營窟底面，但此營窟底面向右偏轉，以致其戶道線以北底面大於南邊底面。西北腔曆闕 H7 下深，似告居住面南存某天象。此處乃黃經 180° 南，故謂地平之下。關聯星圖即知某夜發生天象。祝巫自正北向西北、西端、正南、東而南徹夜查看天穹，自戶道垣邊走向推斷，祝巫甚至查看數十日星象。

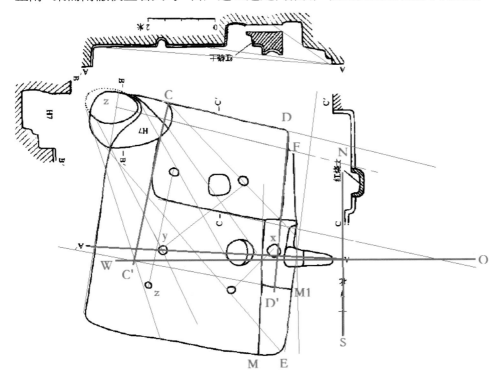

圖三九：營窟 F17 哈雷彗星北斗金星水星火星土星昏時並見

（2）天象與星曆參數

前圖別二部：第一，旋轉遠去，而且拖尾狀星體諸朱線，在腔結構細部。第二，營窟其餘結構諸朱線及其告日過黃經參數。

　　屬前者諸細節：腔H7 平面圖明暗邊緣線 6 條，伸向營窟司景臺。6 線段尾部有涵蓋營窟內任一結構之傾向。依此判定，腔H7 係祝巫曾察天象。此天象特點在於，某天體弧邊蘊藏轉動之狀，右旋線顯此物自大向小變遷而遠去。

　　變動始於 C 處。此時尾部最大，光線設想東南。窟燧闕與東北副營窟亮光俱被遮掩。夜察日行天球，類比以窟燧闕。而今摹記窟燧闕火焰不顯，言夜察日在軌道不亮。窟燧闕月牙狀結構能告月昇於黃道北，月光未遮蔽西北天象。察 F17 北邊與南邊傾斜，自東南向西北傾斜，其西北角有天體。而且，F17 探方 T2 位於遺址西北。關聯而察，此天體去往西北，軌道交黃經 0°約 13°。

　　屬後者諸細節：發掘者言發掘者言戶向角 98°即自 A 畫線及 A'，得線段交子午線角。若依黃經校對，此線告日過黃經 352°。此線若告季節，時在春分前 8 日。若其寄託戶道表義涉及其他天體，另當別論。在營窟東北四邊結構之西邊，取 C 點，依此邊走向北偏東——南偏西，畫 CC'線段，使之交黃經，見日過黃經 75°。後沿營窟北邊擴出部向東偏南移動，迄東邊緣畫拐角向南偏西伸長線，得 DD'，此線過司景臺寬邊 M1，交黃經 85°，時在夏至前 5 日。在此，見兩線段交黃經次第：先交 75°，後交 85°。此結構寬邊走向交黃經度數差為 10°。

　　M 交黃經近 264°～265°，圖見 M1 交黃經 350°。依此，M 述日早於 M1 日。M 表義涉及日過黃經 90°～270°線前，M1 述某天象發生時段約當在黃經 350°。0°前 10°當 10 日。

　　以 x 志水星止所，以 y 志金星止所，以 z 志火星止所。三星體之次：水星自黃道南將行往窟燧闕東，旋轉之東而晨昇。旋轉之義以圓底坑能容圓底缽或圓底盆表達。金星自北向西南移動，日將落見於黃道上，日落見於西天 y 所，越過東北結構而西。但依副燧闕而約束，故仍將東行。而 z 告火星，此星體自北向南，過黃道，而後將東行。副燧闕摹記祝巫曾見天象，以其在司明臺上，此處又位於黃道以北，謂晝察，而且已西偏。其狀晝察似方。此副燧闕有西北行之態。迄其往西北行，有散射狀，副燧闕東星南行過黃道，西星也過黃道將東偏轉。此時已在日落時。於祝巫，諸行星未必繞日行，但繞黃道將東行。金星也屬地軌內行星。

　　再察腔東地臺，其外廓非似長方狀，而似某種有孔瓦刀。此狀乃放大後北斗七星之天樞迄天權四星。依此得知，此天象在傍晚遷向西北前，晝過北斗七星。

　　畫朱線 E 始於營窟東南垣邊，伸向北偏東，交黃經 82°或 262°。F 線交黃經 92°或 272°。E、F 線之間，能見此天象轉動。此二者告時節在夏季，故取日在夏季。二線告日差約 10 日。

　　（3）昏時水星金星火星哈雷彗星與見

　　檢此處天象即彗星晝見、傍晚與夜見之狀。此彗星即哈雷彗星，俗名掃帚星。涉此題，張鈺哲先生有著述，而且曾有彗星發現。他述中國最古彗星記載堪溯及武王伐紂當日天象，引《淮南子・兵略訓》曰：「武王伐紂，東面而迎歲，至共頭而墜。彗星出而授殷人其柄。」但張先生未考見彗星年歲。後舉《竹書紀年》述周昭王十九年春（西元前 974 年），彗星見於太微垣或紫微垣等〔註30〕。

　　西元前 613 年（文公十四年秋七月），魯國史官發現「星孛入於北斗」。有學者考訂，文公十四年七月初一即西元前 613 年 6 月 6 日，此日乙亥日。但他們未考「星孛」事〔註31〕。楊伯峻先生以為此孛字告彗星輝耀甚巨盛於它彗星，故此記乃最早哈雷彗星入北斗之記（《春秋左傳注》第 600 頁～第 601頁）。

　　朱文鑫先生考述，《秦始皇本紀》七年，彗星先出東方，見北方，五月見西方，十六日。此天象即西元前 240 年哈雷彗星〔註32〕。

　　馬王堆三號漢墓帛書有 29 幅彗星圖，每幅名稱各異。此著作係最早彗星圖類別記錄。其 28 幅圖見彗尾皆背對太陽。曾憲通先生依此判定，「西漢初年」「已掌握了彗尾背對太陽的指向規律〔註33〕」。

　　秦漢後，彗星發光之故已徧知。《晉書・天文志》「本類星末類彗」，「彗體無光，傅日而為光。故夕見則東指，晨見則西指。」

　　張鈺哲先生考述《漢書・五行志》漢成帝元延元年七月辛未彗星經天。此天象即西元前 12 年哈雷彗星天象。《五行志》記此番輪返可見 56 日。當年8 月 26 日，彗星出現於雙子座 γ 星附近，過 χ 星與 θ 星域，出 α 與 β 星北，行動於獅子座 μ 與 ζ 星一帶，穿過後髮座，在太陽之西 6°。晨出現於東方地

〔註30〕　張鈺哲：《哈雷彗星今昔》，知識出版社，1982 年，第 5 頁～第 6 頁。
〔註31〕　關立行、關立言：《春秋時期魯國曆法研究》，電子工業出版社，2007 年，表5－6－14 魯文公十四年（戊申）朔閏表，第 157 頁。
〔註32〕　朱文鑫：《十七史天文諸志之研究》，科學出版社，1965 年，第 46 頁。
〔註33〕　曾憲通：《由漢畫試析先民對太陽黑子、日月相食及彗星天象的認識》，《南陽漢代天文畫像石研究》（韓玉祥編），民族出版社，1995 年，第 99 頁。

平線上天空。十三日後，黃昏見於西方天空，近土星，尾巴鋒芒指大熊座，行過牧夫座 α 與 η 星之所，到蛇夫座 δ 與 ξ 星時，轉動遲緩，尾指蛇夫座中部。此星向西移動了 10 日。出現 56 日後，隱沒於天蝎座（《哈雷彗星今昔》，第 8 頁～第 9 頁）。

檢星表，雙子座當參宿等、獅子座當張宿等、後髮座當室女座北、大熊座即北斗七星所在、牧夫座位於室女座北、蛇夫座當天蝎座（氐宿房宿等）與人馬座（箕宿尾宿等）北。

彗尾指北斗七星，圖見堝狀，不重言。司景臺小爟闕告彗星過北斗七星後西北行。此彗星如何隱沒於天蝎座，前圖難辨。但考窟爟闕口東邊與其內壁上棱構造月牙狀平面。檢《哈雷彗星今昔》圖 15，得知此狀乃哈雷彗星行經黃道投影，而非月狀。又依此圖得知水星、金星、木星能並見（第 63 頁）。此星體夕見，故爲東指狀。祝巫能以爟闕口沿泥圈模擬黃道圈，固可修理口沿，掘爟闕時存儲一部，表層起土，設階棱爲弧狀，使其心與用爟闕圓心，故得月牙狀。自西邊察此月牙，其側視圖僅似曲線，而非月。倘使某人以爲此乃摹記月末月牙，月日與處之斷在所難免。似可認有日月食，但無日月與。

依前考 E、F 朱線推斷，狄宛第二期第 I 段此番彗星即哈雷彗星。依日過黃經推算，此番摹記哈雷彗星跨時段：

E＝日所黃經 82°

F＝日所黃經 92°

日過黃經 90° 爲夏至日，約當狄宛曆法 5 月 21 日或 22 日。10 日前，5 月 11 日即彗星見西方天空，近木星前 10 日。此日後，彗星消。前溯 46 日，得此番彗星見於狄宛曆 4 月 5 日，折合今曆法 5 月 5 日許，是日立夏。

前述哈雷彗星行過土星。營窟 F17 有其摹記：腔壁、底修整光潔。腔壁在下、底自在下。光潔者，便於反光。行星夜察而見其得日光。而爟闕模擬日夜行，日在遠處，此天體得光甚寡，故不甚明。此星體又爲地球外行星，對照張先生考元廷元年哈雷彗星過土星而指北斗七星狀，今斷定此腔下述土星。土星即經籍述塡星。《天官書》記：北斗七星，所謂璇璣玉衡，以齊七政。司馬貞引馬融《尚書》注，以爲北斗七星之第四日煞土，謂塡星。《開元占經‧卷三十八‧塡星占一‧塡星名主》引《荊州占》曰：「塡星常晨出東方，夕伏西方。其行歲塡一宿，故名塡星。」又引《石氏》曰：「塡星主季夏，主中央，主土。」《塡星行度二》曰：「塡星以上元甲子歲十一月朔且冬至夜半甲子時，

與日月五星俱起於牛前五度，順行二十八宿。右旋，歲一宿，二十八宿而周天（《開元占經》第431頁～第432頁）」。

案，《荊州占》填星歲行一宿即每28個365日周天。依天文學著作給參數，土星周天10759.2日，折合回歸年29年半許。會合週期378日。狄宛祝巫不須盡知諸參數，後驗算以證彼等觀測而知某參數近似值。

今再對照西方文獻，以獲更多參照。古代西方人不以清掃察此星。英文comet來自希臘文，謂「髮星」。而柏拉圖與亞里士多德門人Theophraste言，希臘人所言「髮星」出自埃及人定名〔註34〕。巴比倫學者在西元前也曾察此天象。西元前164年，哈雷彗星臨近地球。9月至11月間便於觀測。兩塊巴比倫泥板記哈雷彗星10月20日迄11月18日位置，此時在昴星團與金牛座。金牛座即畢宿5。西元前164年，哈雷彗星臨近地球。9月至11月間便於觀測。兩塊巴比倫泥板記哈雷彗星10月20日迄11月18日位置，此時在昴星團與金牛座。金牛座即畢宿5〔註35〕。比較F17哈雷彗星圖與歐洲木刻1531年8月26日哈雷彗星近日運動（《劍橋插圖天文學史》第94頁），二圖相差甚大。木刻清晰記錄哈雷衝日，地球上河流東北一人，昂首舉右手指向某星體入日，此星體有尾，而且在西北方入日。

巴耶城彩繪氈摹記西元1066年哈雷彗星。彗首彗尾俱可辨識，而彗首大部被摹如齒輪狀。底色顯示，彗星畫能目睹。此後，1456年5月27日，哈雷彗星出現。歷史學家記其大而可怕，彗尾遮蔽黃道兩宮，即60°所。1680年，哈雷彗星降臨。不列顛學者牛頓與哈雷嘗試用數學表達此彗星運動。哈雷辨識彗星繞日運動，察知1682年彗星、1531年彗星、1607年彗星係同一彗星。而且預告此星體將於1758年底或1758年初輪返，此預告後被證實〔註36〕。

依弗拉馬利翁1910年5月10日觀測，晨能睹之。5月17日，長達100度。18日晚，彗星看似有尾巴背著太陽。19、20、21日彗尾在黎明前出現。彗星長達140度。曲率顯著。地球可能已自其尾部穿過（《大眾天文學》第381頁～第481頁，圖481）。

依彗星繞日軌道圖，彗首在西，為彗星近日。彗首在東，為遠日。依此書Main short-period and notable long-period comets，哈雷彗星之所（1P

---

〔註34〕G. 弗拉馬利翁著，李珩譯：《大眾天文學》，科學出版社，1966年，第373頁。
〔註35〕米歇爾・霍斯金主編，江曉原等譯：《劍橋插圖天文學史》，山東畫報出版社，2003年，第23頁。
〔註36〕案，當年聖誕節，哈雷彗星降臨。值此日目睹此天體，於西方學者乃一盛事。

Designation）以 76 年輪返〔註37〕。案 Designation 謂「所見」，即其行迄軌道近日點。今察狄宛 F17 圖志哈雷彗星爲彗首迎日圖。此時日已西落，而彗尾在東。顧行星引力參差，此星信期難定，今不算狄宛哈雷彗星輪返於何年。

3）F17 曆體

（1）戶道曆志

戶道長程度當日：

1.2÷0.33＝3.63

3.63×3.0416＝11

前後寬程度當日閾：

0.3÷0.33＝0.9

0.9×3.0416＝2.76

0.5÷0.33＝1.51

1.51×3.0416＝4.6

深程度當日：

0.6÷0.33＝1.81

1.81×3.0416＝5.53

小數折算 15.9 日，計得 165.9 日。

（2）司景臺曆志

長程度當日：

2.08÷0.33＝8.48

8.48×3.0416＝25.8

寬程度當日：

0.84÷0.33＝2.54

2.54×3.0416＝7.7

高程度當日：

0.12÷0.33＝0.36

0.36×3.0416＝1.106

小數折算 3 日，計得 33 日。

---

〔註37〕Editor Emeritus, Sky & Telescope Magazine: Philip's Astronomy Encyclopedia, General Editor Sir Patrick Moore 2002, pp.90, 172.

（3）主爌闕曆志

主爌闕有階，故其曆算有數階。

口徑程度當日：

0.8÷0.33＝2.42

2.42×3.0416＝7.3

深程度當日：

0.6÷0.33＝1.81

1.81×3.0416＝5.53

小數折算 15.9 日，計得 165.9 日。

中寬程度當日：

0.16÷0.33＝0.48

0.48×3.0416＝1.47

高於爌闕底 0.3 即此處高 0.3 米。中階高程度當日：

0.3÷0.33＝0.9

0.9×3.0416＝2.76

小數折算 23 日，計得 83 日。

（4）副爌闕曆志

徑程度當日：

0.66 米折算狄宛 2 尺，乘以基準日率，得 6 日。

深程度當日：

0.2÷0.33＝0.6

0.6×3.0416＝1.84

小數折算 25 日，計得 55 日。

（5）腔H7 曆志

營窟內腔H9 曆闕口擴出西壁約 0.9 米，度當 8.29 日。

其東西口徑程度當日：

2.6÷0.33＝7.87

7.87×3.0416＝23.9

南北口徑程度當日：

1.7÷0.33＝5.1

5.1×3.0416＝15.7

南部第一階低於居住面，此深程度當日：

$0.5 \div 0.33 = 1.51$

$1.51 \times 3.0416 = 4.6$

小數折算 18 日，計得 138 日。

中寬程度當日：

$0.9 \div 0.33 = 2.72$

$2.72 \times 3.0416 = 8$

此高程之下，腔別東西二部。腔東部呈三角狀，深於居住面度當日：

$1.1 \div 0.33 = 3.33$

$3.33 \times 3.0416 = 10.138$

小數折算 4 日，計得 304 日。

底寬程度當日：

$0.8 \div 0.33 = 2.42$

$2.42 \times 3.0416 = 7.37$

西部第二階也似三角。最寬面度當日：

$1.2 \div 0.33 = 3.63$

$3.63 \times 3.0416 = 11$

居住面以下高程度當日：

$0.7 \div 0.33 = 2.12$

$2.12 \times 3.0416 = 6.45$

小數折算 13.5 日，計得 193.5 日。

二階下自東向西掘程度當日：

$1.65 \div 0.33 = 5$

$5 \times 3.0416 = 15$

南北徑程度當日：

$1.05 \div 0.33 = 3.18$

$3.18 \times 3.0416 = 9.6$

淨深程度當日：

$0.3 \div 0.33 = 0.9$

$0.9 \times 3.0416 = 2.765$

小數折算 22.9 日，計得 82.9 日。

（6）營窟底三向程曆志

總長程度當日：

7÷0.33＝21.21

21.21×3.0416＝64.5

後部長程度當日：

7.2÷0.33＝21.81

21.81×3.0416＝66.3

北部東西寬程度當日：

5.6÷0.33＝16.96

16.96×3.0416＝51.6

南部寬程度當日：

6.1÷0.33＝18.48

18.48×3.0416＝56.2

垣深程度當日：

0.55÷0.33＝1.66

1.66×3.0416＝5.069

小數折算 2 日，計得 152 日。

（7）驗算

營窟 F17 驗算較難，故在話題甚多。而諸多話題之首乃哈雷彗星信期是否被祝巫知曉。依葬闕納骨殖鑒定結果，可辨骨殖無一能給死者年歲超 70 之證。而彼時傳授哈雷彗星信期 76 年須以二代以上為數。此外，傳授者不得目睹而告，唯可恃某器而教。狄宛第一期有無此器，迄今未考。暫且推斷第二期第 I 段祝巫尚不知此星信期 76 年之數。

第一，戶道諸程度當日計得 180.58，毛算 181 日。此乃黃經 180°～0° 星體查看走向線。西端為夕，東邊為晨。哈雷彗星西北往而在日落山，水星晨出在東。故須以此日數述。

第二，司景臺諸程度當日計得 66.5 日，合夏至日射北回歸線去極度數。

第三，前考哈雷彗星過黃道投影即月牙狀，主爟闕曆日涉及日過黃經度數。爟闕中階高程度當 83 日之數匹配日過黃經 83°，朱線 E 是也。誤差 1 度。

第四，爟闕深程度當日告哈雷彗星之所合過黃經 165.9 度。前述：自 H7 圓心畫東偏南線段終於營窟東邊線之東北端 F。此線自圓心 z 向東偏南延伸，

交黃經 165°。今告 H7 核心爲土星，黃經 165° 爲土星之所。此星被彗星掩蔽。

第五，前考副燼闕述哈雷彗星前所。此目睹此星迄其消，用日 55。前考引張先生考漢成帝元延元年七月辛未彗星經天。此即西元前 12 年 8 月 26 日哈雷彗星經天狀。《五行志》記其可見 56 日。而狄宛祝巫察之 55 日，僅差 1 日。

第六，營窟三向程之長程度當日均數 65.4 日。寬程度當日均數 53.9 日。此二數加深程度當日 152 得 273.6 日。此數配 F 線告日交黃經 92° 或 272°。如此，273.6 即祝巫自前歲冬至後 4 日初察，及仲夏見此天象。誤差出自陽曆、璇璣歲日差。

第七，腔H7 參數：H7 擴出西壁度當日 8.29、口徑程度當日均數 19.8、南部第一階深程度當日 138、中寬程度當日 8、腔東部深程度當日 304、底寬度當日 7.37、西第二階最寬面度當日 11、居住面下高程度當日 193.5、二階下東西與南北二徑程度當日 24.6、淨深程度當日 82.9。諸日數相加：

8.29＋19.8＋146＋311.37＋11＋193.5＋24.6＋82.9＝797.46

依天文學著作給參數，土星周天 10759.2 日，折合回歸年 29 年半許。會合週期 378 日。797.46 含兩番合會日數，剩餘 41.46 日。由此推斷，H7 塙述土星。

日數 797.46 涉及土星行度，但去土星輪返日率甚遠。此數約占 10759.2 日之 0.074 倍。依《開元占經・塡星行度二》，「塡星順行二十八宿，右旋，歲一宿，二十八宿而周天。」今用回歸年長測算：

797.46－730.48＝66.98

此數當夏至日入射角去北極角度差數。

### 4）毌期與同期雍覆曆援

#### （1）覆援第一期 H10

依附表三，曆闕 H10 係第一期遺跡，圓口、直壁、平底，口徑程 2.1、底徑程 1.95、深程 0.5 米，起出罐狀鼎 AIII 型 1 件、缽狀鼎 AI 型 1 件、圜底盆、圜底缽、壺、石刀 CII 型 1 件、骨錐 D 型 1 件。

檢 F17腔南部第一臺階深程 0.5 米。H10 深程 0.5 米被第二期祝巫建造 F17 時承取。此係覆援之證。另外，F17 司景臺長程 2.08 或許本爲 2.1，此長程來自祝巫承取第一期 H10 口徑程。此外，狄宛第二期 F17腔曆闕弧邊模樣記星

體旋轉，此念頭來自狄宛第一期祝巫以圓曆關記錄天體，或以營窟圓底左右扭動記錄赤經面變動。H10 旁證狄宛第一期圓底遺跡向方底遺跡轉變。

（2）F6 覆曆援

依附表五，營窟 F6 屬第二期第 I 段。其底面不清，存局部底面，底長程 4.2、殘寬程 2.1、殘高程 0.35～0.4 米，大柱洞 2、小柱洞 5。

推測 F17 戶道深程 0.6 米係 F6 殘深程 0.4 米之源。殘去 F17 戶道深程 0.2 米即得此參數。

（3）為第四期 H8 雍援

依附表一九，曆關 H8 係第四期第 II 段遺跡，上面橢圓狀，直壁平底，口徑程 1～1.2、深程 0.55 米，未殘損。坑壁有草泥土。起出第二期彩陶盆殘片、深腹盆 BIV 型 1 件（殘）。

此遺跡起出第二期彩陶盆殘片，能告曆援第二期某參數。F17 戶道長程 1.2 米被第四期祝巫承取，用如 H8 最大徑程。

### 7. F255 曆體與雍覆曆援

#### 1）F255 結構與圖見參數

##### （1）發掘者述

F255 係圓角長方底「房址」，有圓爟關，有「室內窖穴」，位於第 III 發掘區西南 T220 第 4 層下。上被 F252、F253、F254 覆雍，近全存。被瓢狀爟關營窟（F254）覆壓，爟關狀似圓桶。戶南向，方向 195°。

營窟底東西長程 3.95、南北寬程 2.7、殘深程 0.45 米。前兩角近方，後兩角近圓，居住面與垣俱塗以草筋泥，居住面不甚平整，殘留紅褐色顏料，草泥厚 0.02 米。南垣當間開一有階戶道，戶道長程 1.2、寬程 0.57、深程 0.1～0.4 米。自營窟內戶口始，第一階高於居住面 0.05、長程 0.4 米，第二階高起 0.18、長程約 0.34 米，第三階高起 0.08、長程 0.32 米，第四階又高 0.1 米，此處被 F254 居住面殘破。戶道築在次生黃土中，表面光潔，未塗草泥。戶道內無通風坑。

爟關位於居住面當間直對戶道處，圓桶狀，口大底小，口稍殘。口徑程 0.96～1、底徑程 0.74～0.78、深程 0.45 米，坑壁斜直，燒成磚紅色，底係淺灰色硬面。爟關底無通風孔，僅北部設一較小火種洞，口徑程 0.12～0.15、內徑程 0.15～0.2、深程 0.2 米，存少量灰燼。

　　柱洞 4 個，居住面當間有兩大一小，別東西向排列，兩大柱洞對應，直徑程俱係 0.18、深程 0.36～0.52 米。在東部大柱洞東側 0.12 米處設小柱洞，直徑程 0.12、深程 0.35 米，似爲加固力柱。南垣外戶道西側有一小柱洞，直徑程 0.16、深程 0.3 米。對應戶道東側未見柱洞，故在後期 F254 爟闕殘破。柱洞底圜，周壁係原土夯實。窟內曆闕掘於營窟左前角（東南角），使東南角稍向前擴出。曆闕口橢圓狀，底部擴大成袋狀，口徑程 0.4～0.5、底徑程 1.2、深程 0.68 米，周壁與底掘於次生黃土中，坑內塡土，無遺物。另在穴室西北角，局部居住面被殘成橢圓「淺坑」，坑內塡土鬆軟，口徑程 0.6～0.76、深程 0.25 米，似爲在此開「窖穴」殘留痕跡（圖七七）。

　　起出物：陶銼 BI 型 1 件，石球 D 型 1 件，研磨石 C 型 1 件，「刮削器」C 型 1 件（殘），寬長體骨鏟 C 型 1 件，石核 1 件。

　　（2）舊圖初考

　　檢原圖七七，見營窟 F255 底面近似長方，每對偶兩邊平行。一長邊平行於對耦長邊、夾短邊平行於另一對耦短邊。戶道所在長邊走向東偏南——西偏北短邊走向南偏西——北偏東。居住面有三眼徑程較小柱洞。兩柱洞倚傍。營窟西北角、東南角各有一桃子狀洞穴，西北角洞較大，東南角洞較小。窟爟闕口沿外似有泥圈。戶道端棱邊爲弧線。弧張口向營窟邊。續此棱邊之第二棱邊也係弧狀，方向同第一弧棱邊，第三棱邊弧走向反前二棱邊弧向。戶道入營窟口之外，戶道兩側各有一柱洞，係搭棚殘跡。此營窟戶道內無坎。此告曰不落坎。

　　上見結構細節曆義求索難點：四階出自何故、諸多柱洞有無星曆義。而且，爟闕底北偏東有爟火洞。此物能饋給溯跡之端。

　　2）輔畫朱線圖考

　　（1）加畫朱線

　　戶道走向南偏西——北偏東，越過爟闕而向北邊。畫 AA'，過窟爟闕，再畫原圖七七平面圖子午線平行線 NS，此線過北方大徑程柱洞與其南邊小徑程柱洞。再畫戶道口入營窟口外戶道兩側柱洞連線。後將 NS 四等分，畫朱線過戶道近營窟柱洞（西柱洞），伸向東部柱洞，爲緯線 WO，當黃經 180°～0°線。

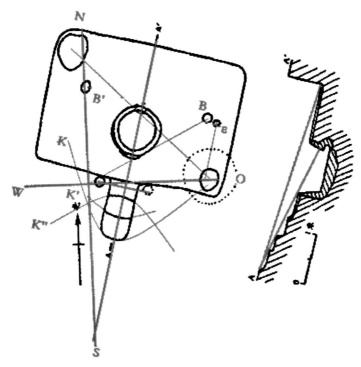

圖四○：營窟 F255 歲星 90 度紀年與水星行半週天

再畫窟燿闕北兩邊柱洞連線。此線有自西北向東南滑行之狀。再畫兩大徑程柱洞，見西北柱洞有向東南移動之狀。以此為小——大之變，則此外廓摹寫星體在東南小，在北大。北者，頭頂是也。祝巫察頭頂，見此物甚大。察東見其甚小。但兩番查看有日數差。

畫營窟東南較大柱洞向西北較大柱洞連線，見此星體移動。查看此天體者位於南邊，近 S 處。此處在黃經 180°～0°之南，謂夜察天穹。目視此星移動往正北。志燿闕東較大柱洞以 B，西北曆闕南柱洞以 B'。畫 B 柱洞向協所系原點連線。見 B 向 B'運動。畫 B 旁小柱洞向營窟東南角柱洞連線，此線近垂直。B 旁小柱洞係地球，志以 E。E 與營窟東南大柱洞中央朱線與子午線交角若干。東南粗柱洞象徵星體行向正北，直最大柱洞。此處顯大，故在近 K 線，K 線乃日軌道局部。此星體近日故大。

再畫營窟戶道端 A 近處弧線 K，能及新圖營窟東邊。其次畫 K'，此線耦北邊 K"弧線。察 K"見 K 頂端遠，而 K"近。如此能知，K"反 K，告日在北之狀。日在北即日自 0°黃經運行迄夏至 90°處。此前，能及 AA'。圜底缽之徑程小，即謂天極深，熱氣遠人。反之為夏。此處曲線合乎此理。

## （2）星曆參數

戶向 195°即 AA'與 NS 在南偏西交角 15°，依對頂角算得日過黃經 75°。節令芒種。南 K 曲線豁口向東北開，南 K'弧口直對窟燿闕。第三階 K"弧棱豁口耦 K'。曲線 K 告東南、西北二素闕俱係天球上某星體。外廓相同旁證此推斷。推測此天體係行星之木星。圖見木星運行線路過燿闕。若以燿闕有火，火類日，木星過火而論，木星似有衝日之狀。但此營窟無結構部，便於祝巫立足查看衝日，如此不須斷定木星衝日。

東邊大柱洞位於黃經 0°，告此星自此處移動，此星體較大時位於正北。祝巫察此星於黃經 90°。在夜察其近日，故甚大。依此斷日所黃經 90°。察此星體乃木星。木星繞日率數 4332.589，昇交點黃經 100.3°。若將 N 向協所系原點連線左偏 5°，見木星中央。此時，得黃經 95°。此謂狄宛第二期第 I 段祝巫察知木星視運動昇交點誤差僅等於 95°，誤差 5.3°。此乃木星無疑，木星又名歲星。此圖乃中國歲星紀年第一圖，此乃星曆之一端。學術界有人呼為天體紀時。今名之歲星曆。

此遷徙涉及跨黃經度數，自 360°徙往 90°，木星行走 90°。木星每年行度約 30 度強，淨行 3 歲。連起算年，木星行 4 年。戶道 4 階告四歲。依此推算，協所系原點向東 O 南邊尚有線段，此線段乃起算點。此線段與黃經 0°交角等於 30°。自協所系原點畫此線，見其須過第三階左側端點。此線與原點到 B 線段交角 60°。而 B 道原點朱線恰為木星行向 N 夾角三分之一。如此，祝巫故為橢圓局部，此線反向。

依此星圖，狄宛第二期第 I 段有諸物壝以有歲星曆。此乃中國歲星紀年之本。而且，其歲起於正東。前考「王狩」以庖犧氏為端，虞夏承之，其故在王事初在狄宛。而營窟 F255 歲星圖為證。《周語》伶州鳩之言武王伐殷，歲在鶉火，此言有行星、恆星目視依據。精確與否，此乃旁題。

B 旁小柱洞告地球 E。初斷 B 係水星，其軌道外輪在地球軌道外輪之內，故係地軌內行星（inferior planets）之一。地球 E 向木星延伸線交子午線 5.5°～6°間。此度數乃視歲差之證。即回歸年曆算係陽曆年曆算。此曆算之外又有歲星曆算。此二者俱係星曆。前者準乎日行黃經 0°，而歲星紀年準乎歲星行每 30°當一年。此二者相匹，能見多種參數。而此乃中國星曆甚早發達之助力。今考中國歲星紀年起於狄宛第一期末，第二期第 I 段。關聯 F246、F229 日所，似宜依歲在壽星算狄宛聖人功業。

3）F255 曆體

（1）戶道曆志曆算

戶道諸向程度當日之長程度當日：

1.2÷0.33＝3.63

3.63×3.0416＝11

寬程度當日：

0.57÷0.33＝1.72

1.72×3.0416＝5

深程度當日：

0.4÷0.33＝1.21

1.21×3.0416＝3.68

小數折算 20.6 日，計得 110.6 日。

（2）曆闕曆志

營窟東南袋狀曆闕口徑程闕 0.4 米度當 3.6 日。口徑程闕 0.5 米度當 4.6 日。相差 1 日。

底徑程度當日：

1.2÷0.33＝3.63

3.63×3.0416＝11

深程度當日：

0.68÷0.33＝2.06

2.06×3.0416＝6.26

小數折算 8 日，計得 188 日。

西北方似東南方闕曆口徑程度當日闕：

0.6÷0.33＝1.81

1.81×3.0416＝5.5

0.76÷0.33＝2.12

2.12×3.0416＝6.5

此二闕日數均數 6 日。

深程度當日：

0.25÷0.33＝0.75

0.75×3.0416＝2.3

小數折算 9 日，計得 69 日。

爟闕東西較大柱洞直徑程俱等於 0.18 米，度當日 1.65。深程 0.36 米度當日 99.54 日。深程 0.52 米度當日：

0.52÷0.33＝1.57

1.57×3.0416＝4.79

小數折算 23.78，計得 143.78 日。

（3）窟爟闕曆志曆算

口徑程度當日閾：

0.96÷0.33＝2.9

2.9×3.0416＝8.8

1÷0.33＝3.03

3.03×3.0416＝9

底徑程度當日閾：

0.74÷0.33＝2.24

2.24×3.0416＝6.8

0.78÷0.33＝2.36

2.36×3.0416＝7

深程度當日：

0.45÷0.33＝1.36

1.36×3.0416＝4.14

小數折算 4 日，計得 124 日。

（4）營窟三向程曆志

東西長程度當日：

3.95÷0.33＝11.96

11.96×3.0416＝36.4

此數係程超日數。

南北寬程度當日：

2.7÷0.33＝8.18

8.18×3.0416＝24.8

殘深程度當日：

0.45÷0.33＝1.36

1.36×3.0416＝4.17

小數折算 4.4 日，計得 124 日。

（5）驗算

東南袋狀曆闕起算日即 188。以東南曆闕深程度當日減去西北方曆闕深程度當日：

188－69＝119。

此日數當度數，加東南曆闕口徑程誤差 1 日，計得 120°。入算後算得木星行四年。

爟闕東西較大柱洞深程度當日減去爟闕東較大柱洞深程，計得：

143.78－99.54＝44

此數爲水星繞日 180°，故在水星繞日率 88 日，今見其半：

88÷2＝44

窟爟闕深程度當日 124 日，去效程度當日 180 寡 56 日。56 日約爲戶道深程 110 日之半。溯跡春分前 30 日。

4）覆曆援

（1）F254

F254，狄宛第二期第 I 段營窟，底方，近全存，窟底面長程 4.92～5、寬程 3.7、垣殘高 0.3～0.4 米、戶向 95°，戶道長程 1、寬程 0.5 米，爟闕瓢狀，口徑程 0.96～1.24、深程 0.25，起出罐 BI 型 1 件、甕 AII 型 1 件等。

F255 戶道走向角等於 100° 加 95 度。得度數即 F254 戶向角度數。檢 F254 戶向角折合日過黃經 355 度。去春分唯餘 5 日。F255 戶道線告日過黃經 255 度。二營窟戶道告日過黃經相差 100 度。F255 戶道當節氣大雪。而 F254 戶道當節氣春分前 5 日。節氣之次：F255 述時早於 F254 述時。

F254 垣殘高 0.4 米，此高程合 F255 深程。前者出自察日行度祝巫記察宿，後者係同向程曆援。此外，F255 窟爟闕口徑程閾 0.96 米係 F254 爟闕口徑程 0.96 米之源。

（2）F253

F253，第二期第 II 段營窟，覆於 F252，底面不清，殘存居住面少許。底長（徑）程 2.9、寬（短徑）程 2.4。餘者不詳。此營窟底寬（徑）程 2.4 米或採自 F255 底寬程 2.7 米。餘者未知。

（3）F252

F252 係第二期第 III 段營窟，底面不清，殘存居住面少許，殘長（徑）程
3.4、殘寬（短徑）程 3.2 米，戶向 90°，窟爟闕圓、口徑程 0.9、底徑程 0.3
米。起出 A 型陶刀 1 件。A 型瓦刀即《發掘報告》圖一三九，此圖第 1、第 2、
第 4，或第 7 器俱被歸入 A 型（第 181 頁）。

推測此營窟底殘長程 3.4 米本乎營窟 F355 底長程 3.95 米。依日過黃經度
數驗，F255 記日過黃經 255°，即冬至前 15 日。F252 記日過黃經 0°，即春
分日。二者日差 105 日。F252 述時後 105 日。

F254 垣殘高程 0.4 米度當 110 日。推測此二數關聯：F254 深程度當日數
多 5 日，故在及回歸年須給璇璣歲加 5 日。

又案，F252 起出瓦刀，此物告北斗七星之斗四星（天樞、天璇、天璣、
天權）外廓連線造器模樣。長方瓦刀源自長方石刀，長方石刀譬如《發掘報
告》圖一五〇，第二期石刀（第 202 頁）。

此物本乎「尚象制器」，象即舊石器時代祝巫察宿而知北斗七星之四星模
樣，本無孔，譬如狄宛第一期石刀，AIII 型，譬如標本 H363：23，或 BI 型，
標本 H3115：6（《發掘報告》圖三五，第 5 器、第 4 器，第 49 頁）。鑽二孔以
告底天璇、天璣二宿。祝巫用此物教邑眾，以刃在上，謂之旋。非如發掘者
陳列，將刃口在下。而刃口在下謂之切。此面能斜。北斗七星之天樞迄天權
四星連線模樣能以若干年而變〔註38〕，故多期遺跡見石刀或瓦刀模樣變遷。

## 8. F349 曆體與雍覆曆援

### 1）結構與圖見參數

#### （1）發掘者述

F349 係圓角長方底營窟，有瓢狀爟闕，其後有器物坑。此營窟位於第 IV
發掘區南部 T327、T337 間第 4 層下。西垣雍於第四期曆闕 H366 甲，餘者全
存。戶西北向，方向 330°。

營窟底東西長程 5.3、南北寬程 3.6、垣殘深程 0.45～0.6 米。北垣當間開
一有臺階溝狀斜坡戶道，長程 1.8、寬程 0.6～0.7、深程 0.3～0.75 米，戶道北

---

〔註38〕H. A. Rey 撰，尹楠譯：《星空的奧秘》，南海出版公司，2016 年，第 137 頁，
圖 31。

端見臺階二級，第一階深程 0.3、第二階長程 0.6、深程 0.2 米。戶道、窟垣、居住面俱塗抹草筋泥，較平整，居住面上有紅色顏料。

爟闕瓢狀，位於居住面當間直對戶道處，南北長徑程 1.1、東西寬徑程 0.9、深程 0.25 米，北部開一斜坡底通風道，長程 0.38、寬程 0.22 米，爟闕底南埋夾砂罐，用於藏火種，口徑程 0.24、內徑程 0.29、高程 0.34 米，爟闕壁燒成磚紅色，底係青灰色硬面，爟闕底爲雙層紅燒土，中間加灰土。

柱洞僅見於室內，居住面當間東西向排列 2 個，直徑程 0.24、深程 0.6 米，底部尖而圓，周圍以草筋泥填平、夯實，北垣戶道口西側排列有 3 個小柱洞，直徑 0.15、深 0.2 米許。在爟闕後 1.1 米處居住面上，設有一圓坑，圓底，口徑程 0.3、深程 0.15 米，周壁塗以草泥並抹光，似爲放置尖或圓底器物之處，《發掘報告》圖七八。

起出物：深腹罐 BII 型 1 件，陶彈丸 B 型 1 件，瓦線陀 AI 型 1 件，礪石 E 型 1 件，石斧 1 件（殘），骨鏃半成品 1 件，骨笄 B 型 1 件（殘）。

（2）舊圖初考

檢圖七八，戶道線走向 330°，營窟底面近方。但戶道口爲弧線，而前行次階棱邊線直。如此差異出自何故？底邊非長方、非正方。長邊別二組：戶道直對底邊爲長邊、戶道右側垣邊爲長邊，此邊長近等於營窟寬程。戶道入營窟口左邊，垣邊長程最小。

另外，戶道兩側垣邊走向不直。短邊走向西偏南，長邊自西南走向東偏北。兩線相交於戶道線上。兩條線與子午線交角不等，角度待考。

戶道直對爟闕，爟闕底有爟火洞。爟闕瓢狀，爟闕底爟火洞向東南斜伸。爟火洞納夾砂罐。爟闕南 1.1 米。處有圓底小坑，用於放置圓底器。爟闕右前方、左前方各有柱洞一眼。靠戶道右邊垣內側有柱洞三眼。

口面圓之爟闕能喻黃道圈圓。今見橢圓面爟闕口，能設想黃道橢圓。但問，黃道圈爲何須如此扭曲？三眼柱洞爲何處於戶道右側垣邊內？居住面內兩柱洞位置爲何在彼處？爟火洞爲何納夾砂罐，而不納它器？

2）輔畫朱線與曆義

（1）輔畫朱線

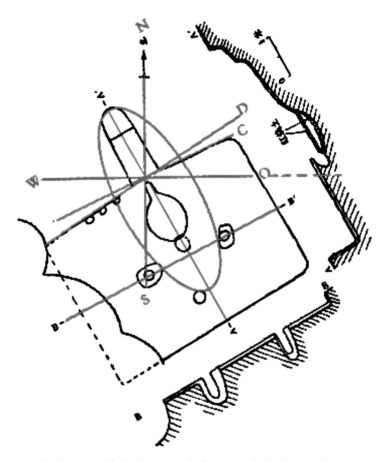

圖四一：營窟 F349 黃赤道交 23 度半及 30 度當時辰與水星金星合日

　　畫 A'A 連線，得戶道線，此線走向折合日過黃經 120°。畫戶道人營窟口兩邊線段，使自外行戶道者左側垣邊線爲 C 線段，右側邊線爲 D，二線段交於戶道線上。各得日過黃經度數若干。

　　畫平面圖子午線平行線 NS，此線交戶道線 A'A 於戶道口，伸向南柱洞。畫其垂線 WO，使此線交 NS 線於戶道口，並延伸此線，以虛線穿過剖面圖及陰影部。最後畫 BB'線，見此線貫通坐標東南柱洞二眼。最後，依戶道端 A'弧線、燿闕瓢狀而畫橢圓。得橢圓連兩柱洞、以及燿闕南偏東圓底坑，戶道口右側三柱洞之首柱洞。以橢圓軌道爲地平圈俯視圖，此圖扭曲。有無天赤道參與此圖，後將檢討。

　　（2）星曆參數

　　F349 橢圓述天赤道面傾斜，而日行赤道畫軌道面爲橢圓，此又致黃道圈近

橢圓，故祝巫造爟闕面狀橢圓。言日行赤道畫橢圓軌道，故在戶道口見戶道兩側營窟垣邊線之 C 交黃經 23°到 24°。此線乃日射北回歸線之證。去地而察，日照射地球某面。立於黃道，見日在東北。夜察日行此處，並旋轉。連其所在個點線段，得知日夏至在天際畫線爲橢圓。此乃 F349 有橢圓面之源。而赤經面爲扭曲圓來自祝巫概括。而祝巫察宿須在黃道面上。故圖上有祝巫立足處。

　　檢祝巫立足處有二：爟闕正南、東南柱洞。立於爟闕正南，能察日自初昇在頭頂移動，迄西北而落。故 A'A 線段不告在夏至後，而告夏至日落點。而後，祝巫續察日在天行：循日沿黃道左旋之向，祝巫移步而過圜底坑，從天球底之義，左行及爟闕東南柱洞，再察日落後行道，後見日在黃昏下降，此時位於黃經 180°以下，由此處而向南，見柱洞爲日在天之象。後見日行迄正南柱洞，後沿圜底洞象徵之天邊向右轉動，終迄東南柱洞。後向東北行，在黃經 0°以北 24°許出地平線。

　　在此，須補釋兩處星圖細節：戶道口西側營窟垣邊三柱洞之首柱洞北天赤道涉及，第一柱洞告日在地平面下，此喻晝不見，但在天。柱洞爲洞，但柱子立於地，星體在天，故以柱頂象之。去柱子存洞，此洞下黑暗處。但此柱洞本身在赤經線上，故能象徵日在此處。日自此處向南行。爟闕南圜底坑容納圜底鉢，此物告天根在下。日在夜天根與晝天頂之間連續運行。

　　此外，地平線下，察日須顧夏季日長，日落後一段時光不能見星宿，故在昏時天空猶亮。故日在 D 線上眞落下，後能見夜景。D 告日過黃經 31.5°。自黃道線西端 180°處而察，日似落於地下，但仍不能察星宿。夏至，渭水之域，日落在 8 點後。兩個小時後見眞天黑。此時能察日宿，能察日續行赤道。日過黃經 31.5°非謂時在秋分後 31 日或 32 日，而是夏至日，日落兩小時後能察星宿。如此，前圖已有傳統 1 時辰之義。推測此圖係中國時辰起源。冬至日察宿狀況對耦此狀況。由二至日長短，狄宛祝巫推算出時名，此名納今 2 小時。

　　依前訓，戶道口爲弧線，而前行次階棱邊線直之模樣差不能驚愕檢圖者。初線爲弧，故在日行北回歸線，而日軌道面傾斜，軌道面爲橢圓面。夏至日，日在北邊直射，其佐證即階棱直線下深能齊日影。

　　而 D 線西邊有二柱洞，此二柱洞當行星，夏至日日落後稍遲始見 2 星繞日運轉。而且，此二星位於一條線上，此二星相去不遠。此二星是水星與金星。近日者爲水星，稍遠者爲金星。此二星爲地內行星，繞日運動，在地球軌道以內，祝巫便於查看。此二星似乎爲二星連珠。若俯視二星與日，見其在一條線

上。俯視者準乎黃極爲北。此二星連日在一線上，此爲合日，非襲日、非犯日。

　　澄清了如上細節，末證祝巫察天象足跡。前考祝巫察天象立足兩處。此兩處即燿闕東南柱洞，燿闕正南柱洞。依發掘記錄，此二處柱洞周圍用草筋泥填平，夯實。夯實謂加壓而牢固，使毋鬆動。草筋泥告能反光。使毋動者，赤經線過此而不再南移。日爲天體，重不能測，人知此而以夯築似逼其軌道不再向東南偏轉。此告赤經畫圈之南與東南極。此兩處連線即 BB'。依察天象踐地之次論，祝巫先踐燿闕正南柱洞，後踐燿闕東南柱洞。如此，得日行道，加畫察日行道，後繪圖如此。兩踐地察天象之所連線交黃經約 27.5°。此度數出自夏至日戶道口兩側兩線交黃經之和均數，即：

31.5＋24＝55.5

55.5÷2＝27.7

　　此線乃晨昏續察天象線。晨昏兩時段爲日經天之轄，祝巫須在此兩端連察日行。依此間推，狄宛一日非起於晨，即起於昏。甘肅有不少地域，娶妻以昏時，而應事在晨刻。由此俗察，狄宛祝巫多半以晨刻爲一日之始。

　　圜底坑在此固能顯祝巫以日軌道認知而逼迫日行其道，但其曆義更深：此處靠近橢圓軌道長軸東南端。若在此圜底坑擺放圜底缽，見下半天球位於此處。日行於天球，絕無墜落之途。天球或天穹所以如此者，天根所致也。天根者，天球南極也。

　　此外，營窟 F349 圖樣 C 線段告狄宛第二期祝巫承取第一期祝巫察知北緯23.5°爲天赤道向黃道南北變閾。而第一期祝巫察知此事之證在狄宛第一期祝巫造就斷崖走向依冬至日，日射南緯 23.5°。由此推知，狄宛祝巫已知北緯、南緯線。

　　另依此圖正東結構細節，狄宛第二期第 I 段祝巫頗似知曉時圈。其證：自C 線在營窟東偏北角畫線伸向營窟東南——西北走向邊，此線與 C 線內角近似 90°。此圖幾乎爲《地球概論》圖 4－3（天赤道、黃道與時圈構造三角）之逆反，頗似《天文測量學》（上冊），圖 1－21〔註39〕。另依金先生測算，用正弦定理能推算出二分二至間隔日數〔註40〕。狄宛祝巫是否知曉正弦定理，我無佐證。但他們知曉二分二至，能算其間隔日數，此事無疑。

〔註39〕 李鐘明主編：《天文測量學》（上冊），1963 年，中國人民解放軍測繪學院，第60 頁。

〔註40〕 金祖孟：《地球概論》，高等學校試用教材（修訂本），1983 年，高等教育出版社，第 95 頁～第 96 頁。

3）F349 曆體

（1）戶道曆志

戶道長程度當日：

1.8÷0.33＝5.45

5.45×3.0416＝16.6

寬程度當日閾：

0.6÷0.33＝1.81

1.81×3.0416＝5.5

0.7÷0.33＝2.12

2.12×3.0416＝6.45

深程度當日：

0.75÷0.33＝2.27

2.27×3.0416＝6.9127

小數折算 27 日，計得 207 日。

戶道北端 2 臺階之第一階深程度當日：

0.3÷0.33＝0.9

0.9×3.0416＝2.7

小數折算 21 日，計得 81 日。

第二階長程度當日：

0.6÷0.33＝1.81

1.81×3.0416＝5.5

深程度當日：

0.2÷0.33＝0.6

0.6×3.0416＝1.84

小數折算 25 日，計得 55 日。

（2）窟爐闕曆志

窟爐闕南北長徑程度當日：

1.1÷0.33＝3.33

3.33×3.0416＝10

東西寬徑程度當日：

$0.9 \div 0.33 = 2.72$

$2.72 \times 3.0416 = 8.2$

深程度當日：

$0.25 \div 0.33 = 0.75$

$0.75 \times 3.0416 = 2.3$

小數折算 9 日，計得 69 日。

北部斜坡通風道度當日：

長程度當日：

$0.38 \div 0.33 = 1.15$

$1.15 \times 3.0416 = 3.5$

寬程度當日：

$0.22 \div 0.33 = 0.66$

$0.66 \times 3.0416 = 2$

爟闕後圜底坑口徑程度當 2.7 日，毛算 3 日。

深程度當日：

$0.15 \div 0.33 = 0.45$

$0.45 \times 3.0416 = 1.38$

計得 41 日。

底面圜底坑去爟闕 1.1 米度當 10 日，此告日續 10 度。

（3）窟底程度與深程曆志

營窟底東西長程度當日：

$5.3 \div 0.33 = 16.06$

$16.06 \times 3.0416 = 48.8$

南北寬程度當日：

$3.6 \div 0.33 = 10.9$

$10.9 \times 3.0416 = 33$

垣殘深程度當日：

$0.6 \div 0.33 = 1.81$

$1.81 \times 3.0416 = 5.5$

小數折算 15.9 日，計得 165.9，當 166 日。

營窟底柱洞深程度當日：

柱洞直徑程 0.24 米度當 2 日，深程 0.6 米度當 166 日。

（4）驗算

第二階深程度當日等於日射北回歸線、日昏刻落地處線段交黃經度數之和。戶道長程、寬程均數、深程度當日之和 230 日，加戶道兩階深程度當 81 日、55 日，計得 366 日。此係回歸年長加起算日。

戶道第二階告日經天位於橢圓軌道長徑端，當夏至日，此日數加圓底坑深程度當日，等於 91 日。此數出自祝巫在夏至前一日察日行道，延續一日，故得 91 日。起算日為春分日。是日，日射赤道。平黃經 0°。

營窟圖樣所見戶道線告日過黃經 120° 源於歲日數減營窟三向程度當日數：

$$366 - 48 - 33 - 166 = 119$$

以此數為黃經度數，得 119°，此數小於戶道線告日過黃經 120° 唯 1°。此差數堪視為夏至前一日日過黃經度數。祝巫續察日行於夏至日前、夏至日，跨 1 日。故其度數仍是 120°。若將營窟垣殘深程度當日視為柱洞深程度當日，也無問題，二數以祝巫曆算為一事，柱洞深程度當日數乃逼數。後期祝巫雍殘此營窟深程，其程效即柱洞深程 0.6 米。

（5）H366 甲丑期雍曆援

依附表一，H366 甲係第四期第 III 段曆闕。另依附表一九，H366 甲位於探方 T337、T327 第 1 層下，雍 F349，口面狀不規則，口徑程 4～5.2、深程 1.75 米，近全存。起出物：石球 B 型 1 件（第二期）、平底碗 AIII 型 1 件、圈足碗 AIII 型 1 件、深腹盆 CII 型 1 件、石刀 D 型 1 件、石斧、石鏟、石刮削器 A 與 C 型各 1 件、麻面磨石 A 型件、磨石 D 與 E 型各 1 件、石祖 1 件。石球能告某星體。

檢營窟 F349 底長程 5.3 米係曆闕 H366 甲口徑程之閾 5.2 米之源。此曆闕曆援別證在於，此遺跡起出第二期石球 B 型 1 件。

另外，F349 被 K332 覆壓。檢附表二三，K332 係仰韶時代遺跡，位於探方 T327 第 2 層下，雍 F349，圓口、口徑 0.6、殘深 0.1 米，無起出物。燫闕 K332 口徑程 0.6 米來自戶道第二節長程 0.6 米，或營窟垣深程 0.6 米。若係後者，曆援係改向程曆援。

## （二）第 II 段營窟曆體與曆援

### 1. F245 曆體與曆援

#### 1）F245 結構與圖見參數

##### （1）發掘者述

F245 係第二期第 II 段營窟，底方角圓，位於第 III 發掘區當間，探方 T201、T212 間第 4 層下。覆雍 F250，上爲 F237、F238、F249 覆或雍，戶東向，方向角 125°。

窟底南北長程 8.4、東西寬程 7.9 米。東垣殘深程 0.5～0.6 米。西、南兩垣全存，深程 0.7 米。東垣當間設一溝狀臺階戶道，殘長程 1.8、寬程 0.9、深程 0.1～0.55 米，東端有二臺階，每階深程 0.1～0.15 米。

居住面、垣（壁）面、戶道俱塗以抹草筋泥，居住面草泥厚 0.12 米，表面塗紅色顏料。垣面草筋泥約 0.06 米許。居住面上有 4 個大立柱柱洞，以方散佈，直徑程 0.45～0.5、深程 0.4～0.65 米。四柱洞旁有挖遷木柱留下破壞坑，大小、深淺不等。柱洞周圍原土夯實，無特別處理。

室內直對戶道有圓口桶狀燧闕，底燒成青灰色硬面，壁呈紅褐色。口稍大於底，口徑程 1、底徑程 0.92、深程 0.5 米，底無火種洞，東邊開設一直徑程 0.25 米圓通風孔，通達戶道內一半圓通風坑底。通風坑向內圓弧，南北長程 1.6、東西寬程 0.8～0.9、深程 0.4 米，無草泥塗抹，也無火燒痕。通風坑與燧闕間有泥圈高坎，沿通風坑兩側向前垣伸出，呈弧底凹狀，邊緣寬窄不等，約 0.11～0.26 米，圓角處寬程 0.55 米許，高於居住面 0.14 米，表面打抹平整。

窟垣一圈設內凸長方牆柱柱洞 30 個，除東垣由於有戶道僅散佈 6 個外，其餘三方垣俱散佈 8 個，每柱間距相近。無角柱。柱洞挖掘於窟垣（壁）上，少部凸向窟內，以窟垣草泥包裹於垣中。洞壁未加固，局部以草泥填塗。洞壁較規整，邊長程 0.3～0.35、寬程 0.3 米。洞口上平面與垣頂同係地平面，洞下部深於居住面 0.32～0.38 米深。發掘者以爲，此等木柱旁證彼時能加工方木（圖六四）。

依《發掘報告》（下冊）附表五，起出物有：平底盆 DIII 型 1 件，碗 D型 1 件，瓦彈丸 A 型 1 件 B 型（殘）1 件，瓦線陀 AI 型 1 件，瓦弓 C 型 1 件，「石刮削器」D、E 型各 1 件，石刀 C 型 1 件（殘），碾磨石 A 型 1 件（殘），礪石 C 型 1 件（殘），近圓柱體骨鏃 A 型 1 件，骨笄 A 型 1 件 B 型 3 件（殘）。此表備注欄云：「竈前設泥圈土坎。」

　　檢《發掘報告》唯述，此營窟出土物含「葫蘆口尖底瓶」，蚌殼，夾砂侈口罐，寬帶紋缽。此處未言蚌殼、葫蘆口「尖底瓶」（第84～86頁）。涉有無蚌殼、「葫蘆口尖底瓶」，兩述相敵。檢圖六四，此窟爟闕口沿外無泥圈，僅見東南弧狀泥坎。

　　依附表五，此營窟底方，近全存，覆 F250，覆於 F238、F237、F204、H263、H239、F249。

### （2）舊圖初考

　　依原圖六四，F245 底面近方，每對口邊近平行。邊別兩組，擇二向程而述：戶道所在邊走向南偏西——北偏東。相鄰邊走向西偏北——東偏南。此圖貌似不難辨識：每垣面上俱有柱洞，而且柱洞非圓，而狀似木匠楔子頭。柱洞 30 告黃道歲月日（璇璣歲月日）數。如此，黃道被涉及。戶道端殘缺。戶道入窟坎線平直。東南行即見坎壁口沿弧狀。背面積見泥臺，泥臺向爟闕一面有弧線。其東南爲窟爟闕。

　　居住面有徑程較大柱洞四個，其一洞口狀非圓，也不近似圓，而似鞋底。四洞頗似正方散佈，即四洞各位於正方面一角。戶道口端殘，但戶道寬程均勻。四柱洞位置與窟爟闕有何位置聯繫，此係曆訓基礎。

### 2）輔畫朱線與參數

### （1）輔畫朱線

　　畫 A'A 線，爲戶道中線，此線過戶道入營窟堪中線，後過爟闕圓爟闕圓心，向西北延伸。過戶道入營窟坎拐角，連 B'B，此線過爟闕東南弧邊土臺西北角。再畫 C'C，此線過弧邊土臺西角。此二線在戶道入營窟坎內相交。此二線相交構造近直角在西北方。

　　再畫平面圖子午線之平行線 NS，交戶道線於入營窟口。在於此處畫緯線 WO，當黃經 180°～0°。戶道有上昇以迄 O 處傾向。再記西偏北柱洞爲 D，西北柱洞爲 E，南邊似鞋底柱洞爲 F，東北向柱洞 G。自 F 畫線，連 D、E、G，其狀似察西、北、東星宿。再沿爟闕東南土臺弧邊畫橢圓，及 A。營窟內若干遺跡被包括。若將四柱洞相連，能見四星相連，狀似長方。

　　橢圓即方圓圖之方內橢圓圖，方圓圖即《營造法式》（卷第二十九，總例圖樣之二，第 2 頁）樣圖。方內橢圓四邊接方四邊，或橢圓三邊接方三邊，一邊內斂，其構圖基礎未變。於營窟建造者，繪方圓圖須依滿度。但星體經

天，軌道橢圓。星體視運動之查看者須立於方上。頭頂天球覆蓋面依星體遠近而別。星體且行且遠，或且行且近。如此，依橢圓摹記星象優於以正圓摹記星象。

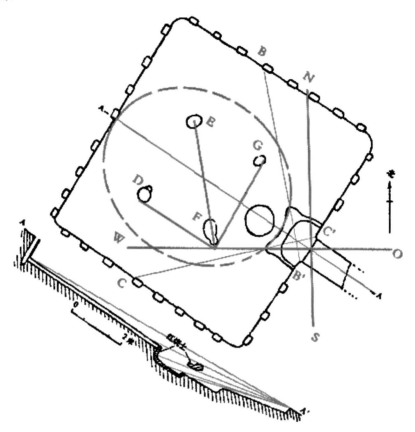

圖四二：營窟 F245 回歸年 3 年照歲星所變 90 度暨巨人跡

（2）察北極星以及黃經面赤經面度數關係

此營窟新圖看似寡線，但內涵深邃，壓縮了狄宛第二期祝巫察星象、天球基礎參數，也記錄祝巫面向天球北天查看星象之動作。

前圖橢圓爲天球圈、日行天球投影爲黃道圈。此圈被燵闕邊緣摹記或燵闕加口沿外泥圈摹寫。前途徑係減省。NS——WO 係某時節黃道協所系，但包含天赤道曆義。前者之證在於圖納黃道 180°～0°線。後者之證在於，日行道上下變遷或移動俱可依四季內日射赤道上下解釋。此題根基存於狄宛祝巫依狄宛「斷崖」走向記錄赤道面交黃道面交角。營窟 F245 僅係此念頭局部拓展。

　　測算 A'A 線告日照線在子午線端 N 右旋 124°處，即第 II 象限 34°處。此度數有兩曆義：述地上日所自，依某參照線述日經天赤經面。前者即圖見黃道平面上某日自戶道線照射營窟內狀況。後者即圖隱參數。此參數即 WO 線段角度變量。圖見 B'B 與 C'C 兩線各與黃道協所系兩邊不平行。此兩線即黃道協所系兩邊角度變量。換言之，祝巫不獨以此圖樣記錄某日日照，也記錄此日照涉及赤經曆義。

　　測 B'B 交子午線 11°。C'C 交黃經線 11°。自北向南察，A'A 交黃經線 326 度其實等於日在黃道南。倘若日直射正東，此謂時在春分。於日旋轉繞黃經圈角度，此處為 0 度。而此度數包含日軌道面與黃道面緩衝平衡。日自南來，消除曾有軌道面角度差。此差數毛算 23 度。而日自南來猶如日自遠處來，更近人。故此，圖見黃道協所系自右下向左上移動之狀。而日行天球軌道也自右下向左上移動。圖見泥臺弧邊告日行道雖時近春而更近居住面上祝巫。

　　如此，須自右下查看日行道變動。即，日自右下向左上移動時，準乎黃道面，日照射線如何抬昇。如此須察戶道線與緯線或黃道面交角變遷。察此變遷須依 B'B 交子午線 11°或 C'C 交黃經線 11°，以此為參數顯變動：

34－11＝23

　　如此，得知寫記黃道、赤道角度差乃祝巫造此營窟旨的。

　　此圖樣申明第一期祝巫查看天赤道不誤，也告喻第二期祝巫察天赤道未絕。

　　依此認知，今再校正初考舊圖認知：營窟垣面見橫截面長方狀柱洞 30 眼乃黃道 360 度 12 分之一。此 30 眼柱洞乃密割圓周參數。此數涉及祝巫放星體行 30 度紀年。此數係此營窟星圖最大參數特徵。

　　檢 FG 星所黃經 60 度、FE 星所黃經 100 度、FD 星所黃經 150 度，星所黃經度變：90 度。星所三變而行 90 度。檢 F 星所柱洞最粗。此告星在近日所。依文獻，木星昇交點黃經 100.3 度。此度數合。依諸參數斷定，行變三所之星乃木星無疑。

　　涉 F 星所，今須補數言。此柱洞模樣最異。此狀似鞋樣或足板而不具足趾。此告祝巫足踐，足趾一端向北，即立於黃達而視見東北天、正北天、西北天星象。此乃單足踐地狀。

　　（3）駢枝：「履巨人跡」述狄宛祝巫察木星紀年

　　檢 F245 摹記祝巫參照北極星察日軌道，祝巫查看之事以左足足跡記錄。而左足足跡關聯天象、曆日，此事乃若干舊說不穿故事。

　　《周本紀》述周初祖姜嫄「履大人跡」。此記又與庖犧氏母功業記述在細節上相敷。庖犧氏母生於何時，無塙記。庖犧氏母生存於何地，史家有記。《帝王世紀》述：「庖犧氏，風姓也。母華胥。遂人之世，有大人之跡，出於雷澤之中。華胥履之，生庖犧於成紀。」徐元宗未考諸言，唯給出唐以降文獻援引此記〔註41〕。宋翔鳳也未解此數言〔註42〕。

　　王向輝援張維慎先生總前5說，依哈薩克風俗而考鳥首爲「履大人跡」。王氏述，哈薩克人於產房蓄養貓頭鷹，能趕走惡靈阿爾巴斯特。此致順產救助產婦。王氏推導，后稷父帝嚳是玄鳥，玄鳥即貓頭鷹。又援王觀堂說商高祖係帝俊，又述此字即帝嚳之嚳。王氏考此人在甲骨文係一鳥首人身，一足蹲踞象形字。此說廣爲採納〔註43〕。

　　檢王國維先生考訂甲骨文字狀不誤，但此狀本源不清。單足蹲踞能關聯多字。其說無字源考證支持。依此，知王向輝說不可從。涉鳥，字源須關聯烏考。而烏本謂烏藿，義連日輝。其事源至遲在狄宛第一期。而鳥官初見於少昊時代。我推測，庖犧氏母華胥履巨人跡之事遠在狄宛第二期。少昊時代去狄宛第二期甚遠。時代不屬，強聯徒勞。

　　巨人跡證在F245星曆圖F。庖犧氏母履巨人跡事也有證：華胥被附會於妃。推測狄宛第二期無此位分。華胥氏或自爲星圖，或從而爲星圖。而其知曉北方星宿被後世無知者牽連北方一宿。北垣有宿名曰天津。狄宛第一期祝巫已視見此宿，爲曆者曾以曆關外廓象之。在黃帝、炎帝、蚩尤三頭時代，北極星被關聯帝名（《逸周書・嘗麥》），帝系與族氏被重視。黃帝賜姓其實須視爲黃帝承認母宗繼承人各守其土。母宗繼承者爲男、爲女，不礙繼承。彼時，后自爲君。

　　於男繼承人，陽與帝星關聯認知爲人倫之要，《論語・爲政》讚之。男性爲君，爲后。君后之配被關聯妃。君視見星宿而占星，無人敢剽竊此認知。君死去，星即代之。故《皇矣》告「帝謂文王」「不識不知，順帝之則」。庖犧氏等視見帝星而占，亡故後得帝號。而後，妃配附帝星。史家言庖犧氏母、周棄母履巨人跡俱涉此背景。

〔註41〕皇甫謐著，徐宗元輯：《帝王世紀輯存》，中華書局，1964年，第3頁。
〔註42〕宋翔鳳：《帝王世紀山第經逸周書》，遼寧教育出版社，1997年，第2頁。
〔註43〕王向輝：《姜嫄『履巨人跡』新說》，《西部學刊》2014年第9期。

既言配帝星或曰此二人爲配，須見帝星關聯女宿或屬星，循從帝星運轉。但北方女宿本係帝母，乃萬姓之宗，能司婚配死喪，故婺女不列君配。《開元占經》引《聖洽符》曰：「須女者，主娶婦嫁女也」（第 621 頁）。而帝妃唯堪配天津宿。

天津宿別名「格星」，位於天河支處。格者，止也。止以足論，足及津梁，故曰止。天津九星略顯足底狀。足底配鞋底，此乃著屨之狀。「履巨人跡」謂以屨踐巨人足跡。足跡之狀依鞋樣判定。前著已考，狄宛第一期祝巫知曉天津宿九星，合狄宛第二期 F245 居住面 F 述祝巫面北察日、木星，論紀年。而聖賢世系在乎紀年。如此，史傳庖犧氏世系，不爲妄言。另外，丹元子「步天歌」之「天步」念頭源於足踐黃道而察北極星、歲星等。

此遺跡起出石刀，旁證北斗七星之天樞、天璇、天璣、天權四星位置與斗杓位置曾被祝巫重視。日在此處，炳照木星，故木星 E 所木星顯大。依此考，得斷庖犧氏世系起於狄宛第二期第 II 段。狄宛第二期第 II 段前屬前庖犧氏時代。

### 3）F245 曆體

#### （1）戶道曆志

戶道殘長程度當日：

1.8÷0.33＝5.45

5.45×3.0416＝16.6

寬程度當日：

0.9÷0.33＝2.72

2.72×3.0416＝8.2

深程度當日：

0.55÷0.33＝1.66

1.66×3.0416＝5

計得 150 日。

低階深程度當日：

0.1÷0.33＝0.3

0.3×3.0416＝0.92

此數折算 27.6 日。

高臺階深程度當日：

0.15÷0.33＝0.45

0.45×3.0416＝1.38

小數折算 11 日，計得 41 日。

（2）窟燧闕曆志

口徑程度當日：

1÷0.33＝3.03

3.03×3.0416＝9.2

底徑程度當日：

0.92÷0.33＝2.78

2.78×3.0416＝8.47

深程度當日：

0.5÷0.33＝1.51

1.51×3.0416＝4.608

小數折算 18 日，計得 138 日。

居住面四柱洞徑程深程度當日：0.45 米度當 4.14 日，0.5 米度當 4.6 日。餘 2 柱洞徑程未知。深程度當日閾：0.4 米度當 110.6 日。發掘者測深程 0.65 米誤差 0.01 米，此數須爲 0.66 米，度當 182.5 日。另 2 柱洞深程未知。不便檢算。

（3）泥弧坎與通風坑曆志

有弧邊泥坎高程度當日：

0.14÷0.33＝0.42

0.42×3.0416＝1.29

小數折算 8.7 日，計得 38.7 日。

通風坑曆算須納二部。南北長程度當日：

1.6÷0.33＝4.8

4.8×3.0416＝14.7

東西寬程度當日閾：

0.8÷0.33＝2.42

2.42×3.0416＝7.37

0.9÷0.33＝2.72

2.72×3.0416＝8.29

深程度當日：

0.4÷0.33＝1.21

1.21×3.0416＝3.68

小數折算 20.6，計得 110.6 日。

（4）窟底三向程曆志

窟底長程度當日：

8.4÷0.33＝25.45

25.45×3.0416＝77.4

寬程度當日：

7.9÷0.33＝23.93

23.93×3.0416＝72.8

垣深程度當日：

0.7÷0.33＝2.12

2.12×3.0416＝6.45

小數折算 13.5 日，計得 193.5 日。

此營窟底面四柱洞深程須檢算。今取其最大深程 0.65 爲度計算：

0.65÷0.33＝1.9696

1.9696×3.0416＝5.99

小數折合 29 日，計得 179 日。

（5）驗算

待驗證參數即日過黃經 326 度。顧營窟底邊長寬乃關鍵參數，故須用此二程度當日數。又檢此營窟四柱洞之最大深程度當日爲數，並照顧誤差。其下深涉及察深處，即天球深處星體。此乃察日軌道參照，故須納入運算：

營窟底長程度當 77.4 日、寬程度當 72.8 日、柱洞度當 179 日。三數相加得日折算 328 度。以此數爲日數，則大於此營窟戶道述日過黃道度數。多得 2 度係誤差。繪圖、測戶道角俱能產生誤差。木星行度前已驗算，不再贅言。四柱洞深程參數不全，不堪參驗，今捨棄。

4）受覆曆援

（1）F238、F237 覆曆援

其一，營窟 F250 後將深入檢討，此處不涉及。F245 覆於 F238。F238 係

第二期第 II 段營窟，底橢圓，近全存，長徑程 3.7、短徑程 3.1、深程 0.15 米，戶向角 245°。戶道殘長程 2.25、寬程 0.65 米。窟爡闞橢圓，口徑程 0.64～0.76、深程 0.3 米。起出瓦丸 1 枚（殘）、瓦刀 A 型 1 件（殘）、骨笄等。

言 F245 為 F238 曆援之證在於，F245 方底容許日行天球軌道，其狀橢圓。而 F238 輪廓即日行天球之橢圓。二者此曆義融通。

其二，F245 覆於 F237。F237 位於探方 213、212 第 3 層下，屬第二期 III 段遺跡，覆 F238、H250、M223、F249、F245，殘 H249、M219、M220，覆以 F242、F236，方底，壁長 4.2，壁寬 3.6，壁殘高 0.2～0.3 米，戶道殘長程 0.95、寬 0.94 米，戶向 86°。有圓口爡闞，口徑程 1.2、底徑程 1.1、深程 0.35 米，無出土物。

F245 營窟壁長係 F237 底壁長二倍。F237 營窟深程係 F245 深程二分之一。祝巫建造 F237 時承取 F245 底面長寬各二分之一。

其三，F245 覆於營窟 F204。營窟 F204 係第二期第 III 段營窟，底方，近全存。底長程 5、寬程 4.3、殘深程 0.4 米。戶道長程 1.9、寬程 0.7 米，3 階。窟爡闞圓，口徑程 1、深程 0.45 米。起出器蓋 BIV 型 1 件、罐 AIV 型 1 件、碗 C 型 1 件。

F245 通風坑深程 0.4 米被建造 F204 諸祝巫援用。F245 窟爡闞口徑程 1 米被祝巫承取，故 F204 爡闞口徑程也為 1 米。另外，F245 戶道長程 1.8 米係殘程度，而 F204 戶道長程 1.9 米未殘，此程度或許旁證 F245 原戶道長程為 1.9 米。

### （2）受覆曆援及丗期覆曆援

第一、受同期營窟覆曆援。

F249 係第二期第 II 段營窟，位於探方 200、201、212、213 第 4 層下，覆 M224，戶道下覆 F245，覆以 F237。F249 方底，底壁長程 2.5、寬程 2.28、殘深程 0.1 米，戶向 210°，爡闞圓，口徑程 0.6、底徑程 0.57、深程 0.35 米，起出罐、砥磨石、骨笄等。

F245 戶道低階深程 0.1 米被用如殘損營窟 F249 深程之效，故 F249 殘深程等於 0.1 米。檢 F249 戶道線告日過黃經 240°。

第二、為曆闞丗期覆曆援

其一，H263 係第三期第 III 段曆闞。第三期曆闞 H263 覆 F245 戶道，近全存，圓曆闞，口徑程 2.4、底徑程 2.6、深程 1.6 米。起出平底盆殘片、罐殘片。

F245 通風坑長程 1.6 米被改向程曆援爲 H263 深程 1.6 米。H245 橢圓天球軌道之義也被援用。

其二，H239 係第三期第 II 段曆闕。位於 T212 第 3 層下，雍 F245、F250，近全存，橢圓狀，口徑程 1.5～1.98、底徑程 1.9、深程 0.7，起出「尖底瓶」殘片等。

F245 戶道長程 1.8 米在 H239 口徑程閾內。F245 通風坑長程 1.6 米在 H239 口徑程閾內。F245 垣深程 0.7 米被祝巫曆援，以爲 H239 深程 0.7 米。

### 2. F303 曆體與曆援

#### 1）F303 結構與圖見參數

##### （1）發掘者述

F303 係方底「半地穴」「房址」，有「室內窖穴」，位於第 IV 發掘區西北部 T301、T303 間第 3 層下，戶道與東南角處被四期 H302、H303 雍，其餘保存近全。戶西向，方向角 295°，附表五（第 739 頁）同。

底南北長程 6.6、東西寬程 5.88、垣深程 0.3～0.82 米。西北部近全存，垣頂部向外抹出 0.3 米寬草筋泥平面，「應爲原穴壁高」，垣與居住面俱在夯實基礎上塗抹厚 0.006～0.02 米草泥。西壁當間開一溝狀戶道，前端被曆闕 H303 殘破，殘長程 0.32、寬程 0.53、深程 1.3 米，底部平，構造戶內通風坑道，向室內伸進 0.33 米，無草泥塗抹痕跡。

通風坑口兩側緊貼前垣，共開有三個長方狀淺坑，未達通風坑底，戶道右側一個長程 0.3、寬程 0.22、深程 0.06 米；左側（東南）兩個東西向並排，西部一個靠戶內側，長程 0.18、寬程 0.16、深程 0.11 米。東部一個靠燋闕口沿，長程 0.24、寬程 0.16、深程 0.09 米。「可能當初在此放置有雙叉的橫木以覆蓋門道內通風坑口」。

窖內直對戶道設一圓桶狀燋闕，直徑程 1.2～1.28、深程 0.5 米。底係青灰色硬面，壁係紅褐色硬面，底部東有一火種洞，口徑程 0.3、深程 0.4 米，內有灰燼。燋闕底西部有橢圓通風孔，通向戶道，孔徑程 0.3～0.4 米。燋闕口西部與通風坑間設一半圓泥圈，圍於燋闕口前，頂面近平，高出居住面 0.1 米，中段寬程 0.3、北端寬程 0.54、南端寬程 0.42 米。

垣四周未找到垣柱洞，但在窖內當間見 4 個較大力柱柱洞，以方散佈，直徑程 0.34～0.48、深程 0.29～0.4 米，洞口俱有搬遷木柱時挖掘痕跡，底圜，無柱礎等加固設施。

在室東南角，有近方狀坑，係向東擴出所致，東南部雍於 H302，下部近全存，坑南北長程 1.2、東西寬程 1.16、深低於居住面 0.84 米。窟底向南挖進深程 1.35、高程 0.72、口寬程 1.2、內寬程 1.75 米之穹隆頂狀「窖藏」穴洞。洞室底當間係隔垣，故分穴室 2 半。土梁高程 0.15 米、寬程 0.4，挖掘在黃色生土中，穴壁平整，未塗抹草泥。但洞前窟底以草泥塗抹。「窖穴」北部設近橢圓狀階梯狀斜坡通道，東西寬程 0.7～1.3、南北長程 1.46 米。自窟底始，第一階高程 0.15、第二階高程 0.5 米，表面塗草泥。「窖穴西邊也有一片傾斜的居住面，呈半圓，南北長程 0.9、東西寬程 0.64 米，邊緣低於居住面 0.15 米，也可能是一坡形通道」（圖六八）。

《發掘報告》（下冊）附表五記，F303 位於 T301、T303、T304 第 3 層下，覆 H398、H391、H394（附表一無此）、F374，雍於 H302、H303。前二曆闕係第一期期曆闕，F374 係第二期營窟，H302 係第三期曆闕、H303 係第四期曆闕。此營窟係與雍覆遺跡，雍覆遺跡含第一期、第二期、第四期。依期別論，故 F303 乃間覆遺跡。

起出物：盆 AV 型 1 件（殘片）、石刀 C 型 1 件、礪石 D 型 1 件、骨笄 D 型 2 件、骨針 B 型 1 件。

（2）舊圖初考

檢圖六八，營窟底四邊每兩邊平行，但兩組底邊走向不協平面協所系方向。戶道所在邊走向西北——東南，相鄰邊走向西偏南——東偏北。四邊內外俱無柱洞。底面有四柱洞，每長互動位置似能匹配底面四邊。照顧營窟居住面在地平以下，此四柱洞似為方底四角，頗似下凹。戶道入營窟而見通風坑，坑東北即坎壁，壁面橫向不直，而為弧壁。在上面弧線似能關聯圓口窟爟闕之圓曲線。爟火洞位於爟闕底東北方向。

營窟底東南角有一結構，甚複雜。此結構或在地面，或在地下俱向外擴出若干。其下深如曆闕，其步道有階，下而能入東南。

又檢原圖六八，戶向角即子午線 0 度右旋迄 AA'線，此角不足 270°，非發掘者言 295°，測算僅得 240°。

如此，在西偏南與子午線北段交顧發掘者述，此營窟圖見如下難題：第一，東南西北走向西壁之西北段垣頂抹草筋泥，此為何。第二，近戶道入室口部，通風坑口兩側三個長方狀淺坑，未達通風坑底，戶道口東南有兩個近東西向並排。戶道口西北一個靠戶內側。此結構如何解釋。第三，爟闕口西

偏南方向，與通風坑間設弧狀泥條，發掘者言「半圈」不塙。此截泥坎非均敷設於戶道前方，而顯西北長、西南短。如此長短程比例，出自何故？

第四，依平面方向，非此營窟東南角，而在正東有近方狀坑。發掘者以爲，此闕乃向東擴出所致。東南部雍於曆闕 H302，下部近全存。此窟底向東南挖進深程。此爲何？隔梁高程 0.15 米，遠低於此「穴」高程 0.72 米，其寬僅 0.4 米，占內寬程 1.74 約 1／5。此「穴」走向西北——東南，非正北直南，隔梁走向同此。

此係營窟腔曆闕，抑或其它構築？此洞室底當間爲何有隔墻？此隔墻面爲何無草泥？而洞前營窟底以草泥塗抹？

此闕在西北設近橢圓狀階梯斜坡通道，其西邊爲何有斜坡居住面？狀似半圓。此狀寫何？邊緣低於營窟底居住面 0.15 米。此爲何？

檢 F303 東南穴室須命副營窟，定此名之故在於，此結構有居住面，有深入部似坎。西南——東北向垣線以外，能容人貓腰進出。日猶如一些營窟戶道有半人高頂棚，出入者須貓腰進退。此二處於人出入便與不便無異。

### 2）輔畫朱線與星曆義

#### （1）輔畫朱線

畫原圖六八 A'A 連線，此係戶道線走向，此線交子午線角度非如舊述，測交角 240°。畫原平面協所系之子午線平行線 NS，過戶道入營窟口，交戶道線。再畫其垂線，四等分全角，使 WO 線段用如黃經 180°～0°線。此線爲參照線，用於辨識營窟東角副營窟結構。

畫朱線 BB'，線走向即營窟東似穴部中線。此線交黃經度數若干。日自西南射向營窟，故 A 點以南見祝巫加工居住面爲斜面，並向下挖掘。

殘戶道之第四期曆闕 H303 殘部面線爲弧狀，此與戶道入營窟後土臺邊弧線相耦，狀似甲骨文北字。北者，背也，日全食見月去日，此爲北。日在天球上自西偏南而照東偏北，如 F303 戶道線描摹。此乃落日炳照。晨刻，日自東偏北往西偏南炳照，此也爲北（揭前著第 113 頁～第 115 頁，北暨八字考）。

圖見弧狀土坎大部位於戶道中線左邊，故在軌道顯左旋之狀，亦即日自黃經 0°右——左而轉，猶如反時針，而天球弧狀凹面順時針，自左向右旋轉。較之日射線兩側對等，天球軌道反向延長，日有其軌。弧線 KK'爲日行天球局部，若自正東副營窟居住面查看，K 在北而 K'端近黃道。祝巫察天象之橫軸

即黃經 180°～0°。反查即見近處 K'向遠處 K 延伸，愈來愈遠，猶如北極去人遠，近北極後又折向東方。此線係日軌道面側視圖。

　　如此，正東結構曆義顯露：祝巫在居住面察看日過黃經度數增益。而且，日沿此軌道面繼續東移。沿副營窟各邊畫線，見 A1 係傾斜居住面邊線，畫營窟東端點向北連線，得 ON'線段。畫平行於 NS 線之棱邊連線，得 S'N"線段。在入口處外棱邊畫線·C，後畫不在營窟內搭界之下坎部斜線，得 D 線段。後畫 C 線段內收處，使線段伸向 F，走向西北。自副營窟窟底始，第一階高程 0.15、第二階高程 0.5 米，表面塗草泥。副爟闕西邊傾斜居住面有面積，但不能算度當日，故在此處匯日照線若干，唯涉日行度，不涉長寬程度當日。諸線、居住面低斜曆義如前述。

　　再畫 KK'線近黃道處長方狀淺坑邊線延長線，得二線段 G、H。G 線段平行於營窟長邊，能告日射線走向。H 線告日過黃經線之進益，介乎西垣邊線走向與 K 之間。

　　檢副營窟有無星宿，係最難話題。自 2015 年初識此圖迄 2018 年 3 月，反省未休。繪圖整理不下十番。迄今日，我也不敢斷定盡得此圖每一細節。檢此圖星宿有兩部：第一部即營窟中央。第二部即副營窟部。營窟中央星圖不難辨識：關聯此營窟起出石刀，又檢協所系四方，驗證以日照，即知魁四星被涉及。但其次第難辨。何星為天樞，此乃關鍵。辨識此向又須關聯副營窟星曆義。

　　我檢紫微垣星宿多番，終得開導。文昌六星直線邊正對天樞天璇。若文昌星首星與天樞同向，指北極，則得星圖模樣。但若文昌星下潛、隱伏，又當如何摹記？祝巫在此文昌星反向，使首星南指，保守天樞北指。

　　如此，得副營窟星象：文昌星首星告以副營窟地面東南拐角，上行見 N'下星，此係第二星。依次向上，得第三星。頂端西轉前為第四星。東轉見第五星，上收者為第 6 星。再反查下邊星宿，粗算三顆以上。此乃內階星。在文昌星與內階星間有界線。故而祝巫在此副營窟下深部設隔墻。但有穹頂。發掘者以為此處為窖藏所。此乃謬識。內階星、文昌星須別，但無論何途別二星，都在天穹。故須天穹。而隔墻走向又涉及察宿行度。

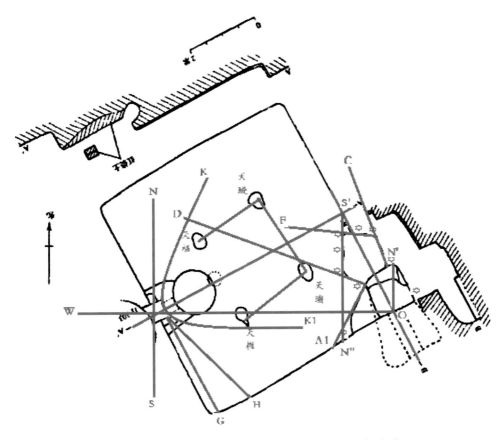

圖四三：營窟 F303 季冬迄孟春見北斗文昌內階諸星

（2）圖見曆術參數

黃經 180°～0°線係參照線，原圖六八 A'A 連線即戶道線，舊給戶道角 295°非是，測此度數為 245°，合日過黃經 210°，此係夕照，謂昏時日照。此乃某季初昏日照之狀，初昏後見星宿具見星圖。依黃經度數計算，日在冬至前，測算節氣為霜降。在冬至前 2 個月，去冬至 60 日。但營窟內 G 線告日過黃經 300°，H 線告日過黃經 317°許。夕照線度數與營窟內 G、H 線告日射黃經度數堪協否，此乃問題。

依原圖畫朱線 BB'即營窟東似穴部中線，交黃經 120°許，告夏至後 30 日，或春分前 60 日。顧副營窟入射，日交黃經 120°。夏至後 30 日。如此，產生協所系兩星區：首區幾主營窟戶道線上原點協所系星區。以 O 為協所系原點之協所系星區。

於星象，若言 BB'線段曆日參數，須言文昌星半隱，或日日半過文昌星。

正東結構曆義在於，祝巫面南察見日過黃經度數增益。日沿此軌道自南偏東、東南、正南過黃經 270°，即 O——N'。副營窟 A1 線係傾斜居住面在營窟邊線。

檢副營窟居住面傾斜，故在日自黃經 210° 東移，迄 270° 須下行 60°，日過黃經 A'A 東轉得此。數階後沿垣及副營窟居住面斜邊，上行過春分線後，行而平行於 S'N"，得日過黃經度 90°。朱線 A1 告日過黃經 60°。後見日過 C 點即日過黃經 70°、過 D 即日過黃經 20°（起點在陰陽線交點）、日過 F 即過黃經 174°。於副營窟日照，日黃經 70° 行迄 174°，計行 104°。

自戶道直對營窟邊 B'以北爲副營窟開挖點，自此點測日過黃經在陰影部以東總計 27°。隔牆僅別此度數爲二部。而且，算此度數之前，有 15° 角未入算。此度數即 B'迄副營窟傾斜居住面邊線與 BB'交角。若自 BB'線交戶道線端點算迄陰影部度數，加未算度數，得 40° 許，此度數即日射副營窟度數變更之和。OS'之東，占 15°，西占 25°。在陰影部行 12°，及中線再行 28°。又即：日黃經 120° 前，先行 108°，後及 120°，再及 148°。此度變俱在第四象限。若孤從此算，面臨煩難：如何協理戶道告日落之所與副營窟日自北一點而射問題。依理，祝巫挖掘副營窟，告日行過黃經，須有時次。

檢戶道內 KK'走向，得知日在副營窟部先動，後昏見日落後魁四星、文昌、內階諸星。如此，營窟戶道線僅告某季節昏時星象、日所。如此，得推算曆志基礎。營窟 F303 星圖要點在於，依一協所系關聯天赤道局部、日落初昏日入射、魁四星、文昌星與內階。

### （3）季冬迄孟春見北斗文昌內階諸星

前考曾見中線爲判，其兩側依附度數匯聚顯有問題。今取時次爲綱，即日沿黃道自西而東，過 270° 後，日在夜行 270° 加 18，加 12° 後加 28°，日在夜位置即日過黃經 328°。如此，日落曆義能配日夜所，及其黃經度數關聯。而且，此處依圖得斷，戶道角 240° 須依日在天赤道位置理解，不得依日行黃經把握。而後，終協兩處日所，及當時星象。檢日過黃經即 328° 即立春後 13 日。此日數非此營窟起算日。

檢此營窟內另外兩線能協此線段，G、H 線告日過黃經恰在 328 度前。G 線謂日過黃經 300 度，爲大寒，屬季冬。H 線告日過黃經 317 度，立春後 2 日。此謂孟春後第 3 日。而 BB'告日過立春後 13 日，仍在孟春。如此，得營窟 F303 星曆：季冬迄孟春，祝巫察紫微垣，見魁四星、文昌與內階。

3）F303 曆體

（1）戶道曆志

殘長程度當日：

0.32÷0.33＝0.96

0.96×3.0416＝2.9

寬程度當日：

0.53÷0.33＝1.6

1.6×3.0416＝4.88

深程度當日：

1.3÷0.33＝3.93

3.93×3.0416＝11.982

小數折算 29 日，計得 359 日。

戶道左側東部通風坑口曆志之長程度當日：

0.3÷0.33＝0.9

0.9×3.0416＝2.7

寬程度當日：

0.22÷0.33＝0.66

0.66×3.0416＝2

深程度當日：

0.06÷0.33＝0.18

0.18×3.0416＝0.553

折合 16.5 日。

左側西部通風坑口曆志之長程度當日：

0.18÷0.33＝0.54

0.54×3.0416＝1.65

寬程度當日：

0.16÷0.33＝0.48

0.48×3.0416＝1.47

深程度當日：

0.11÷0.33＝0.33

0.33×3.0416＝1.01

計得 30.4 日。

右側通風坑口曆志之長程度當日：

$0.24 \div 0.33 = 0.72$

$0.72 \times 3.0416 = 2$

寬程度當日：

$0.16 \div 0.33 = 0.48$

$0.48 \times 3.0416 = 1.48$

深程度當日：

$0.09 \div 0.33 = 0.27$

$0.27 \times 3.0416 = 0.82$

計得 24.9 日。

（2）窟爟闕曆志

直徑程度當日闊：

$1.2 \div 0.33 = 3.63$

$3.63 \times 3.0416 = 11$

$1.28 \div 0.33 = 3.87$

$3.87 \times 3.0416 = 11.8$

深程度當日：

$0.5 \div 0.33 = 1.51$

$1.51 \times 3.0416 = 4.6$

小數折算 18 日，計得 138 日。

主營窟居住面四柱洞曆志之徑程度當日闊：

0.34 米度當 3 日，0.48 米度當 4.4 日。二數均數 3.7 日。

深程度當日之闊：

$0.29 \div 0.33 = 0.878$

$0.878 \times 3.0416 = 2.67$

計得 80 日。

$0.4 \div 0.33 = 1.21$

$1.21 \times 3.0416 = 3.68$

計得 110 日。

四柱洞深程度當日均數 95 日。此日數即日軌道與黃道交角等於 0°或 90°暨 270°±5°之數。或為春分後 5 日，或切秋分後 5 日。或為夏至後 5 日，或為冬至後 5 日。5 日差來自回歸年與璇璣歲日差。陽曆歲長日數未變。

（3）副營窟曆志

南北長程度當日：

1.2÷0.33＝3.63

3.63×3.0416＝11

東西寬程度當日：

1.16÷0.33＝3.51

3.51×3.0416＝10.6

深低於居住面：

0.84÷0.33＝2.54

2.54×3.0416＝7.7

計得 231 日。

窟底向南挖進空間度當日：

1.35÷0.33＝4.09

4.09×3.0416＝12.4

口寬程度當日：

1.2÷0.33＝3.63

3.63×3.0416＝11

內寬程度當日：

1.75÷0.33＝5.3

5.3×3.0416＝16

高程度當日：

0.72÷0.33＝2.18

2.18×3.0416＝6.6

小數折算 19 日，計得 199 日。

南北長程曆算依度當日算術：

1.46÷0.33＝4.42

4.42×3.0416＝13.45

副營窟下一階高程度當日：

0.15÷0.33＝0.45

0.45×3.0416＝1.38

小數折算 11.4 日。

第二階高程度當日：

0.5÷0.33＝1.51

1.51×3.0416＝4.6

小數折算 18 日，計得 138 日。

（4）主營窟三向程曆志

長程度當日：

6.6÷0.33＝20

20×3.0416＝60.8

寬程度當日：

5.88÷0.33＝17.81

17.81×3.0416＝54

深程度當日：

0.82÷0.33＝2.48

2.48×3.0416＝7.55

小數折算 16.7 日，計得 226.7 日。

四柱洞曆算足證北斗七星曆義。餘者不舉。

4）雍覆曆援

（1）間覆曆援

第一，覆前期曆闞 H398、H391 爲曆。此二遺跡俱係狄宛第一期曆闞。H398，橢圓，口徑程 3.3～3.9，深程 1.34 米。起出圜底器多種，瓦線陀、瓦丸等。蝸牛飾。諸物俱能告日旋轉。H398 口徑程闊 3.3 米係 H303 底邊長程 6.6 之半，折合 1 丈。祝巫建造 F303 時曆援 H398 短徑程而倍之。

H391 長方直壁平底。長程 2.72、寬程 1.3、深程 0.4 米。起出多樣瓦器，有圜底缽、圜底盆等。H391 寬程 1.3 米被第二期祝巫承取，曆援以爲戶道深程 1.3 米。

第二，同期覆曆援。F303 覆同期同段營窟 F374。F374 位於 T303 第 4 層下，底狀不清，底長程 3.5、寬程 3.2，深不詳，戶向角 295°。爟闞圓，口徑

1.28、深 0.38 米，起出物：碾磨石 A 型 1 件（殘）、B 型 2 件（殘）、「刮削器」
C 型 1 件（殘）。戶道殘。

推測營窟 F374 底寬程等於 3.3 米，係 F303 營窟底長程之半。其戶道線走
向謂日過黃經 155 度，處暑後 5 日。

### （2）丗期雍援

依附表一，H302 係第三期遺跡。依附表一三，曆闕 H302 係第三期遺跡，
圓曆闕，口徑 1.1 程、深程 1.2 米。起出物多殘。起出物多殘。檢 F303 窟燧
闕徑程 1.2 米被第三期祝巫承取，以爲深程。此乃改向程曆援。

H303 係第四期曆闕。檢附表一九，H303 位於 T301、T303 第 2 層下，雍
F303 戶道，橢圓袋狀，口徑程 2.27～2.68、底徑程 2.9、深程 1.8 米，下全存。
起出鉢、平底碗你、尖底瓶（殘）、夾砂侈口罐、陶彈丸（殘）、「石刮削器」
（第二期）、石斧等。

檢 F303 主營窟底寬程 5.88 之半被承取，第四期祝巫以爲曆闕底徑程 2.9
米。誤差 0.04 米。以上二曆闕口有弧狀，其本乃 F303 摹記日軌道。

### 3. F301 曆體

#### 1）結構與圖見參數

#### （1）發掘者述

F301 係近方底營窟，位於第 IV 發掘區西北部 T300、T302 間第 4 層下，
戶西向，戶向角 297°。

營窟近全存，南北長程 6.24、東西寬程 5.29、殘深程 0.4～0.58 米。西垣
當間設溝狀有階斜坡戶道，戶道長程 2.5、寬程 0.61 米、總深程 1.25 米。戶
道內別三階，自入口處起，第一階深程 0.2、第二階深程 0.2、第三階深程 0.4
米。每階長程 0.6～1 米。底部與戶道內通風坑連通，通風坑寬同戶道寬（0.61
米），稍向室內延伸，深於居住面 0.65 米。居住面、垣內面、戶道壁俱塗草泥，
垣面草泥二次塗成，居住面有褐紅色顏料。

垣四周未見垣柱洞。室內柱洞 16 個，較大當間力柱洞 4 個，如方散佈，
直徑程 0.25～0.27、深程 0.28～0.7 米，口壁整齊，底尖圓，唯東北部一柱洞
南邊緣設一較小外斜向袋狀窖穴，口近方，底橢圓，口邊長程約 0.25、底徑
程 0.35～0.45、深程近 0.15 米，起出一件綠松石墜。

窟爟闕前通風坑兩側，散佈對應 2 個橢圓小柱洞，口徑程 0.1〜0.15、深程 0.07〜0.14 米。兩小柱洞周圍稍低於居住面，東西向呈長方狀階坑，長程 0.35〜0.45、寬程 0.17〜0.2、深程 0.02 米。四周靠窟垣處散佈 10 個小柱洞，直徑程 0.05〜0.09、深程 0.1〜0.12 米、尖底，應係加固柱。戶道內散佈 4 個小柱洞，第二階下兩側各一個，口徑程 0.06、深程 0.05 米，第三階下兩側各一個，口徑程 0.16、深程 0.27 米，應為戶棚遺跡。

爟闕為侈口圓桶狀，位於窟當間直對戶道處。直壁平底，周壁燒成紅褐色硬面，底係青灰色硬面，外口徑程 1.2〜1.25、內口徑程 1.1〜1.15、深程 0.5 米。爟闕底東部設藏火種洞，口小腹大，口徑程 0.2、底徑程 0.25、斜深程 0.4 米。西部開一直徑程 0.3 米通風孔，與戶道內通風坑接通。爟闕口、通風坑間設「半圓形草泥臺圈」，呈扇面狀向爟闕包圍，外弧長程 1.3、內弧長程約 0.9、中部寬程 0.25、兩端寬程約 0.4、臺高 0.06 米（圖七〇）。

起出物：瓦丸 C 型 1 枚、瓦線陀 AII 型 1 件、瓦弓 B 型 1 件（殘）、石刀 C 型 1 件，「石刮削器」A 型 1 件，有關節部骨錐 C 型 1 件（殘）、骨錐殘尖 1 件等。依《發掘報告》，此營窟也起出穿孔蚌殼（上冊，第 96 頁），未知係何等蚌殼。珠蚌、矛蚌表意參差。不言何蚌，難詳其義。檢附表五，F301 覆於爟闕 K302。但檢狄宛第二期爟闕，無一位於 T300、T302 下。依前檢，此爟闕模樣、程度不詳。

（2）舊圖初考

察圖七〇，見第底各邊也不協平面協所系方向。戶道所在邊走向西南──東北，對耦邊走向同樣。鄰邊走向西偏北──東偏南。自戶道而下，坡道甚陡，不便踐階而下。戶道入營窟口即為坎。坎底向東南有小斜坡。此處也能受落日炳照。通風坑東南有壁，此壁上面邊線傾斜，而且在兩端畫弧線而折角，折角後見斜短線，與窟爟闕口沿搭界。發掘者言半圓草泥臺圈。檢此名不搳。此臺非半圓狀，僅有圓周小四分之一。

窟爟闕東南底部有爟火洞。此營窟柱洞別二等：戶道兩邊與營窟內柱洞。戶道兩側近入口處有 2 柱洞。此處係搭棚處。柱洞高幾何，不知。而此處能容日鋪射、點射窟底。入營窟後，見兩柱洞位於戶道入口旁。順底邊散佈小徑程柱洞十個。居住面上，見四個柱洞，徑程稍大。被發掘者記 B'處，有柱洞平面圖頗似位移。此處曾起出綠松石。此柱洞剖面又見深淺之別。其故何在，值得深思。

## 2）輔畫朱線與星曆義訓

### （1）輔畫朱線

依原圖七○，畫 AA'連線，過營窟口、其東南泥臺、窟爐闕圓心而迄 A'。此線交子午線 297°。畫緯線 WO，四等分全角，此線過營窟口邊線、泥臺、爐闕邊緣，及營窟東角。此線當黃經 180°～0°線。爐闕北泥臺西北邊棱局部直，直線兩邊爲弧線。而其東南搭界圓爐闕口沿。此泥臺兩側邊線傾斜。另見爐闕東南有兩柱洞，其一近黃經 180°～0°線。另一維繫西南方向。近黃經柱洞有移動之跡。

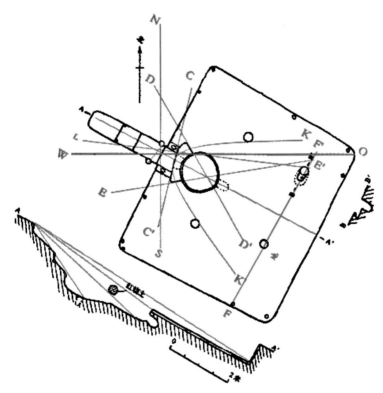

圖四四：營窟 F301 秋分前 5 日晨天王星衝日

營窟口外界戶道兩側，各有一柱洞。此處乃搭建頂棚之所。日能自戶道射入營窟居住面，鋪射時段不長，此前僅點射戶道下坎，後射線爐闕東南口沿。

畫爐闕北泥臺直線部伸長線，得 CC'，此線過黃經度數若干，此線告日照線初在東北。畫泥臺東北短邊斜線伸長線 DD'，使之過爐闕，此線交黃經度數

若干。給對面短斜邊畫伸長線 EE'，此線過營窟西南邊，能交黃經度數若干。畫日軌道局部 KK'。畫 B 延伸線，迄營窟南垣第二柱洞。自 B'畫線，向居住面任一較大柱洞畫線，能越過較大柱洞，而及垣邊小柱洞。此處僅畫 B'向 F 線段。此線穿過較大柱洞。自 E'近旁某星體東北邊緣畫線，過窟爟闕邊緣，交戶道線、黃經而及 L。此線給某天象發生黃經度數。過 K'西南垣內柱洞 F，畫線穿過「地」字柱洞，伸向 F'，此線毌穿三天體，此能爲某天象圖。

（2）星曆參數

AA'連線交子午線 297°，折合日過黃經 153°。節令即處暑後 3 日。在秋分前 27 日。爟闕北泥臺直線部伸長線 CC'過黃經 258°。泥臺東北短邊斜線伸長線 DD'交黃經度數 300°。對面短斜邊畫伸長線 EE'交黃經 190°。爟闕東南兩柱洞連線 FF'交黃經 240°。

窟爟闕西北，即戶道落窟內坎之上，有弧臺壁。此壁左右兩端邊係斜線。照顧兩端邊斜線與有圓點，此圓點即爟闕圓心。如此，能將此平面圖樣視爲扇面。檢窟爟闕口沿小半圈泥坎告扇面，其本狀係天象觀測之星體在星空，日行於軌道。而祝巫畫圓周於地面。若照顧星體位置，即見圓錐狀。左右兩邊長相等，邊長等於此扇面半徑。此扇面弧邊長等於圓錐底面圓周長。此處圓錐頂端遠去底面，故在頂端邊緣向底面垂線與邊線構造銳角角度甚小。此告光源甚遠。光源遠，即日已遠去。

檢 BB'間力柱柱洞表層土寬度大於柱洞徑程，而且向西南開披，如此見柱洞自東北向西南擺動。檢力柱下爲尖頭。尖頭告力柱象徵日照線猶如自地下向地上延伸。日以週旋而照射地上祝巫。如此，日動向堪被柱洞記錄。原圖 B'B 之間見星體行走，即自東北向西南運行。另外，此柱洞起出綠松石墜乃重器。

時次：AA'折合日過黃經 153°，節令處暑後 3 日，秋分前 27 日。L 線告日過黃經 175°，時在秋分前 5 日。此日，發生異常天象。泥臺側短斜邊伸長線 EE'交黃經 190°，寒露前 5 日。爟闕東南兩柱洞連線 FF'交黃經 240°，小雪。泥臺直線部伸長線 CC'過黃經 258°，大雪後 3 日。泥臺東北短邊斜線伸長線 DD'交黃經 300°，大寒。祝巫記連察星象、天象 147 日。

L 線過 E'，此處起出綠松石，其色加之柱洞口壁整齊、底尖圓，今判定此處天象即天王星衝日。當日晨刻發生此時，日在中央，而兩端一爲日、一爲天王星，即見天王星衝日。F 爲天王星，向日運動，自地能見，其色顯藍。E'

爲天王星近日點。依文獻，天王星近日點爲黃經 174°。此時，星象甚亮。

　　3）F301 曆體

　　（1）戶道曆志

戶道長程度當日：

2.5÷0.33＝7.57

7.57×3.0416＝23

寬程度當日：

0.61÷0.33＝1.84

1.84×3.0416＝5.6

深程度當日：

1.25÷0.33＝3.78

3.78×3.0416＝11.52

小數折算 15.6 日，計得 345.6 日。

　　（2）窟爟闕曆志

外口徑程度當日闊：

1.2÷0.33＝3.63

3.63×3.0416＝11

1.25÷0.33＝3.78

3.78×3.0416＝11.5

內徑程度當日闊：

1.1÷0.33＝3.33

3.33×3.0416＝10

1.15÷0.33＝3.48

3.48×3.0416＝10.5

深程度當日：

0.5÷0.33＝1.51

1.51×3.0416＝4.608

小數折算 18 日，計得 138 日。

　　爟闕背靠泥臺外弧長程 1.3 米度當 11.98 日、內弧長程 0.9 米度當 8.3 日、高程 0.06 米度當 16.5 日。邊寬程 0.4 米度當 3.6 日、中部寬程 0.25 米度當 2.3 日。

燿闕底東部燿火洞洞口徑程度當日：

0.2÷0.33＝0.6

0.6×3.0416＝1.84

底徑程度當日：

0.25÷0.33＝0.75

0.75×3.0416＝2.3

斜深程度當日：

0.4÷0.33＝1.21

1.21×3.0416＝3.68

小數折算 20.6 日，計得 110.6 日

（3）居住面較大柱洞曆志

四柱洞之直徑程 0.25 度當日 2.3；直徑程 0.27 米度當日 2.48。深程 0.28 米度當日：

0.28÷0.33＝0.8484

0.8484×3.0416＝2.58

計得 77 日。

0.7 米度當日：

0.7÷0.33＝2.21

2.21×3.0416＝6.45

計得 193 日。

天王星會合日期 369 日。其半等於 184.5 日。誤差 8.5 日。

（4）營窟三向程曆志

長程（東北——西南邊）度當日：

6.24÷0.33＝18.9

18.9×3.0416＝57.5

東西（西北——東南邊）寬程度當日：

5.29÷0.33＝16

16×3.0416＝48.7

殘深程度當日：

0.58÷0.33＝1.75

1.75×3.0416＝5.34

小數折算 10 日，計得 160 日。

（5）驗算

AA'記日過黃經 153°驗算：以爟闕深程度當 138 日加爟闕內徑程 10 日，後加戶道寬程度當 5.6 日。得 153.6 日。以日數爲日過黃經度數，能統一程度。第二算術：爟闕深程度當 138 日加爟闕外徑程度當 11.5 日，再加爟火洞底徑程度當 2.3 日、口徑程度當 1.8 日，仍得 153.6 日。

自 CC' 迄 FF'，諸線段告日在秋分後過黃經度數堪以反向日照驗算。CC'交黃經度數改爲 78°，此數堪以戶道寬程度當 48.7 日加爟闕傍泥臺外弧長程度當 12 日、加其高程度當 16.5 日，加其中部寬程度當 77.2。誤差 0.8 日。

DD'交黃經度數改爲 120°，此堪以爟火洞斜深程度當 110 日加居住面柱洞徑程度當 2.4 日、加戶道寬程度當 5.6 日，加爟火洞 2.3 日，得 120.3 日。誤差 0.3 日。

EE'交黃經改爲 10°，堪以爟闕內徑程度當 10 日佐證。FF'交黃經度數改爲 60°，堪以營窟底長程度當 57.5 日加爟火洞底徑程度當 2.3 日佐證。誤差 0.2 日。

### 4. F714 曆體與曆援

#### 1）結構與圖見參數

##### （1）發掘者述

依發掘者述，F714 底長方而角圓，係「半地穴」「房址」，位於第 VIII 發掘區 T704 第 4 層下，窟除西南角破壞外，其餘近全存。戶西向，戶向角 300°。上被 F701、H701、H705、H710 雍覆。

南北長程 4.95、東西寬程 3.9、深程 0.7 米。西垣當間開一溝狀有階戶道，長程 2.7、寬程 0.54、深程 0.1～0.9 米，別 4 階：自戶道入窟口始，第一階高程 0.1、第二階高程 0.32、第三階高程 0.22、第四階高程 0.26 米，每階長程 0.4～0.78 米不等。

戶道內入口處挖一近圓通風坑，口徑程 0.55、深於居住面 0.55 米。坑底東邊有一橢圓通風孔通窟內爟闕，孔徑程 0.15～0.22 米，底部有灰燼，但無火跡。居住面、窟垣、戶道俱塗草筋泥，窟垣草筋泥厚 0.03 米，居住面草筋泥厚 0.08 米，表面塗紅褐色顏料。東、南、北三窟垣頂向外抹出寬 0.42～0.55 米草泥面，此高程係原窟垣高界。

窟爟闕狀似圓桶，位於居住面當間直對戶道處，係兩番修築，原坑較深，稍小，口徑程 0.84、深程 0.95 米，殘留火燒硬面，見灰燼厚 0.13 米。改造爟闕位於其上，口徑程 1、深程 0.46 米。底燒成黑灰色硬面，壁係橙紅色硬面。爟闕底西開通風孔，通戶道內通風坑。東邊有袋狀火種洞，直徑程 0.3、腹徑程 0.42、深程 0.45 米，殘留較厚灰燼、木炭顆粒。

爟闕後 0.8 米處居住面當間有「特製」圓豎洞，洞口外侈，口徑程 0.18、內徑程 0.13、深程 0.38 米，底圓，鋪墊夾砂紅陶及泥灰陶碎片，夯實，壁以黑灰色細土築成，打磨光滑。黑灰土圈寬程 0.16～0.2 米，「可能放置尖底或圓底器」。

窟室當間有 3 個較大柱洞，北部一柱洞直徑程 0.24、深程 0.42 米，南部兩眼相去不遠，直徑程 0.2～0.24、深程 0.46～0.78 米。窟內東北角散佈 2 個較大柱洞，直徑程 0.22～0.3、深程 0.16～0.36 米。東垣當間有半露於室內之垣柱柱洞 3 個，直徑程 0.12～0.17、深於居住面 0.08～0.14 米。窟垣上外圍散佈 10 個大小不等牆柱洞。東、北垣各有 4 個，散佈不勻，直徑程 0.18～0.2、深程 0.08～0.42 米，西垣戶道南見 2 個柱洞，直徑程 0.28、深程 0.4～0.46 米。垣西北部、南垣未見柱洞（圖七二）。

依《發掘報告》下冊附表五，F714 雍於 H701、H705，覆於 F701、H710。起出物不多：陶銼 BI 型 1 件（殘），石刀 C 型 1 件，拋光面磨石 B 型 1 件，有關節部骨錐 F 型 1 件。

（2）舊圖初考

檢原圖七二，見此營窟戶道甚長，長程近此營窟寬程。戶道位於兩條短邊相交處。兩邊俱走向東北──西南。兩邊交角若干。另外三垣非線狀，看似加寬邊線致外壁線產生。一些垣柱洞位於兩「夾壁」間。類似營窟有 F712。期四壁俱顯夾壁狀，其夾壁納單列木柱。

見此營窟另外三邊，兩寬邊走向參差，略走向東南──西北，產便走向東北──西南。營窟底面有窟爟闕，面西北直對戶道入口。窟爟闕反向，見圓底穴，能放置圓底器。此處又見祝巫以圓底鉢等告天球被截為上下兩半。而且，此處加深曆義：此穴鋪墊夾砂紅陶及泥灰陶碎片，諸物被夯實。小穴壁又以黑灰色細土築成，打磨光滑。黑灰色細土成圈，而且光滑。此狀即黃經圈。此圈一週有宿，故光滑。

其左右兩側係柱洞。圓底洞西南方向有柱洞位移之狀。另有柱洞若干。

一些柱洞靠長垣根，半嵌入垣內。另外一些柱洞位於垣夾壁內。沿外邊線見柱洞。戶道近入口西南，也見二柱洞，言營窟邊南北排列。戶道有弧狀階棱線。近營窟口階棱弧線來自橢圓。營窟南雍於 H701。戶向角關聯何參數，暫不清。

### 2）輔畫朱線與星曆義

### （1）輔畫朱線

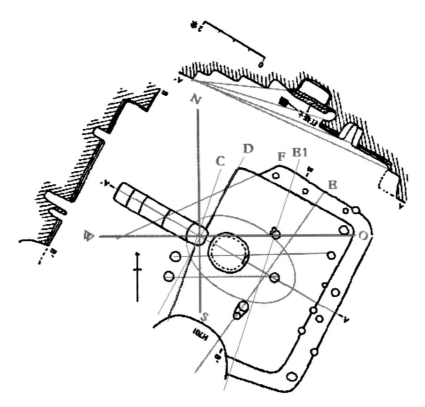

圖四五：營窟 F714 日遠近與處暑晨刻水星凌日

依原圖七二，畫 A'A 連線，過爟闕圓心，伸向爟闕東南，過東南柱洞，及 A。此線即發掘者述戶向角 300°。循原圖子午線，畫其平行線 NS，此線過營窟入口，南及雍遺跡 H701。依附表一，H701 曆關係第三期第 I 段遺跡。

畫子午線垂線 WO，得線段用如黃經 180°〜0°線。此線東過爟闕邊緣、爟闕東柱洞，及營窟東角前較大柱洞。起於營窟西南邊線外北邊柱洞畫延伸線，過爟闕而及柱洞，使此線平行於黃經線，此線長程等於營窟寬程。在此線南畫其平行線，得線段長程等於爟闕圓心迄營窟東南內垣邊線長程。

再畫營窟戶道兩側邊伸長線，使外察自營窟口右側邊線自南偏西走向北偏東，得 C 線交黃經度數若干。使營窟戶道入口自外察左側邊線 D 向南偏西伸長，此線交黃經度數若干。但檢兩線在戶道口西南相交度數小於前兩度數相減數。此告營窟戶道口兩側記日入射線方向迴異。嘗試畫戶道入營窟前弧棱邊走向之全角圖，得橢圓。此橢圓即日行天球軌道。若依此而畫其它橢圓軌道，過兩較大柱洞，至少能再畫兩橢圓軌道。諸軌道皆係日軌道，此處減省。

畫爟闕南徑程較大柱洞與其西南小柱洞外廓線連線 E，向東北及營窟邊線，向西南及雍遺跡。此線交黃經度數若干，而且此線告天象之所。在畫營窟東北外邊線斜邊延長線 F，過戶道而交黃經，告日自東北射，過黃經度數若干。

自外步行，戶道初階迄末階棱邊弧線弧度參差，初階棱邊弧線彎曲不顯，入營窟口階棱弧線彎曲最顯。其故在於，日夜察日於天球上某處，日行於軌上，黎明前漸次上昇，自遠及近。日在遠處弧線軌道移動時，去人太遠，不能察軌道弧線，故弧線邊為直線。但近處祝巫能見軌道弧線。故此，能見日瞬時行及戶道端 A'。向營窟入口每行一階，弧線彎曲愈來愈顯。天球軌道依日軌道定義，而日軌道即軌道任一處能見日照射之處。由此推知，橢圓軌道略過之處，凡見星體，或為日，或為某星體竄入日行道。若見二星體並在日行道，即見某星襲日。前畫朱線 C、D 交於此橢圓上，此處乃日遠近變動之樞紐。日在一歲兩番過此點，但遠近不同，此乃季節變動之兆。

若察 E 線，又須照顧日軌道別所天體。E 線上兩天體有小天體近大天體之狀。但在黃經 0 度線上，見天體似入日。此乃日兩所之狀，但近黃經，祝巫目視更清。故畫朱線 E1，便於測算。

（2）星曆參數

檢舊測戶向角 300° 折算日過黃經 150°。C 線交黃經能為 69°。D 線交黃經 60°。E 線交黃經 55°。E1 線告日過 71.5°。F 線過戶道而交黃經，告日自東北射，過黃經 25°。諸線告日行次第：日過黃經 25° 以 F 線，節令穀雨前 5 日。過黃經 55° 以 E 線，節令立夏後 5 日。過黃經 69° 以 C 線，節令芒種前 6 日。過黃經 71.5° 以 E'線，芒種前 4 日。過黃經 150° 以 AA 線，處暑。

圖見日軌道上兩處存可疑日運動，此狀況即日行受擾。其一為 E 線上星體擾日。某星體自西南行將及日軌道而襲日。祝巫以構圖告此事：此星體外廓小於軌道上柱洞當日外廓。兩天體相近之狀猶如遠而直視主動軸、從動軸以皮帶連動。圖上兩星體相聯之外廓弧狀告此運動狀。第二處，E1 告此擾動

在 E 之後，16.5 日。此乃日軌道上天象發生之證。初推測此天體係水星，地球內行星之一。

此事也被狄宛第三期祝巫以營造圓曆闕、埋藏曆志證物旁證：E 線西南有冊期遺跡 H701。若自北向南察此遺跡，見其在足下，其面甚大，遠大於祝巫立足點。此面須視爲陰影。即祝巫曾於晝見陰影。此乃日全食之象。檢附表一三，H701 面橢圓，長徑程 3.38，深程 2.5 米。此遺跡起出穿孔圓頂珠蚌 3 枚、石球、砥磨石等。諸物告天體砥礪，而穿孔圓頂珠蚌告日全食輪返見日珥。日全食輪返，天地渾黑，此乃黑影，猶如地表下深，口面甚大，人臨而恐懼。但黑帶運動，晝過弧線而去。此曆志又關聯 F714 一結構細節。發掘者見爟闕後居住面有「特製圓豎洞」，圜底、壁以黑灰色細土築成，打磨光滑。光滑謂有光，星空位於黃道帶是也。其壁有黑帶，此謂日行有陰影，狀黑。此黑帶係祝巫造口沿黑帶紋瓦器思向之源。以日擾動而認知此題，此謂祝巫知曉三星體之所堪以線述，猶如日全食一般。180°角差被察知。日、它天體、地球三天體之所念頭已建立。

倘使沿營窟垣外邊 F 點畫此邊延長線，此線與此垣內邊伸長線能在東南遠處相交，度數在 5°許。由此能見，祝巫設計此營窟垣內外邊時細分日過黃經度數。自外邊拐角測此垣內邊，見其走向交黃經線內角 30°，折算過黃經 150°。外邊線交黃經 145°。此角度變遷係祝巫設計戶道走向之源。

起出石刀告祝巫曾面北參照北極星。起出有關節部骨錐，此物告兩線夾角小，也告關節部弧如日行天球軌道弧線一截。

### 3）F714 曆體

#### （1）戶道曆志

長程度當日：

$2.7 \div 0.33 = 8.18$

$8.18 \times 3.0416 = 24.8$

寬程度當日：

$0.54 \div 0.33 = 1.63$

$1.63 \times 3.0416 = 4.9$

至深程度當日：

$0.9 \div 0.33 = 2.72$

$2.72 \times 3.0416 = 8.295$

小數折算 8.8 日，計得 248.8 日。高程差記錄日軌道遠近，及日差。

第一階高程 0.1 米度當 27.6 日。

第二階高程 0.32 米度當日：

$0.32÷0.33＝0.96$

$0.96×3.0416＝2.94$，

小數折算 28 日，計得 88 日。

第三階高程度當日：

$0.22÷0.33＝0.66$

$0.66×3.0416＝2.0277$

小數折算 0.8 日，計得 60.8 日。

第四階高程度當日：

$0.26÷0.33＝0.78$

$0.78×3.0416＝2.39$

小數折算 11 日，計得 71 日。

每階平均長程度當日：

$0.4÷0.33＝1.21$

$1.21×3.0416＝3.7$

（2）通風坑曆志

圓通風坑口徑程度當日：

$0.55÷0.33＝1.66$

$1.66×3.0416＝5$

深程等於：

$0.55＋0.7＝1.25$

$1.25÷0.33＝3.78$

$3.78×3.0416＝11.521$

小數折算 15.6 日，計得 345.6 日。

（3）窟爌闕曆志

口徑程度當日：

$0.84÷0.33＝2.54$

$2.54×3.0416＝7.7$

深程度當日：

0.95÷0.33＝2.87

2.87×3.0416＝8.7

小數折算 22.6 日，計得 262.6 日。

（4）近窟燋闕圜底小坑曆志

燋闕後圓豎口徑程度當日：

0.18÷0.33＝0.54

0.54×3.0416＝1.6

內徑程度當日：

0.13÷0.33＝0.39

0.39×3.0416＝1.1

深程度當日：

0.38÷0.33＝1.15

1.15×3.0416＝3.5

小數折算 15 日，計得 105 日。

東邊袋狀燋火洞曆志有三參數。直徑程度當日：

0.3÷0.33＝0.9

0.9×3.0416＝2.7

腹徑程度當日：

0.42÷0.33＝1.27

1.27×3.0416＝3.8

深程度當日：

0.45÷0.33＝1.36

1.36×3.0416＝4.14

小數折算 4 日，計得 124 日。

（5）營窟三向程曆志

底長程（東北——西南邊）度當日：

4.95÷0.33＝15

15×3.0416＝45.6

寬程（西北——東南邊）度當日：

3.9÷0.33＝11.81

11.81×3.0416＝35.9

深程度當日：

0.7÷0.33＝2.12

2.12×3.0416＝6.45

小數折算 13.5 日，計得 193.5 日。

（6）驗算

驗算之途有二：第一，依度當日算術得日數，覓得對照數，或加或減，得數係日過黃經度數。此驗算難免誤差。譬如：戶道長程度當 24 日加燵闕內徑程度當 1 日，得 25 日。當 F 線過黃經 25°。營窟長程度當日 45.6 加戶道寬程度當 4.9，得 50.5 日，當 E 線過黃經 50°。燵闕深程度當 262.6 日減營窟深程度當 193.5 日，得 69.1，當 C 過黃經 69°。圜底坑深程度當日 105 加營窟底長程度當 45.6 日，得 150.6 日，當戶道線過黃經 150 度。

第二途依日過黃經度次，見樞紐數，對照水星行天參數，能得佐證。並算柱洞深程度當日參驗。檢 E'線告日過 71.5°，此度數乃擾日天體近日點黃經度數。檢文獻，唯水星近日點黃經度 77.2°近此數。誤差僅 5.7°。以迄近日，故能清睹。

北部一柱洞曆志之直徑程 0.24 米度當 2.2 日。深程度當日：

0.42÷0.33＝1.2727

1.2727×3.0416＝3.87

計得 116.13 日。此數堪視爲天體繞日某參數。

南部兩根柱洞之一係直徑程 0.2 米柱洞，度當 1.8 日。粗者度當 2.2 日，如前。此告兩所見天體係同天體。發掘者未告此二柱洞所在，無以辨識何者曆日告水星擾日。今逐個計算。深程度當日閾：

0.46÷0.33＝1.3939

1.3939×3.0416＝4.2398

小數折算 7.19 日，計得 127.19 日。

0.78÷0.33＝2.36

2.36×3.0416＝7.1892

小數折算 5.67 日，計得 215.67 日。

準乎日行軌道，E、E1 俱告星體近日。故須以南柱洞曆日大數爲日行參

數。日行黃經度及日行天球度差每回歸年誤差 5.24 日。若以日行黃經 360 度論每度當 1 日，對照水星繞日運轉，差數不大。故見：

215.67－127.19＝88.48

又檢前算北柱洞深程度 116.13 日。此二參數塙係水星運行參數：水星會合日率 115.8 日。前算多 0.33 日（度）。水星繞日輪返日率 87.96，較之前算寡 0.52 日。此證今番天象爲水星凌日，事在某年處暑日晨刻。此星圖告祝巫已將星宿與行星異等看待。水星凌日能見日斑。日異於水星瞬時被認知。

### 4）丗期雍覆曆援

#### （1）雍曆援

雍曆援遺跡有二：F701、H701。前者係第三期第 I 段營窟，後者係第三期第 III 段曆闕。

依附表一一，F701 近全存，底長程 5.65、寬程 5.1、殘深程 0.4 米，戶向角 258°。此謂日照線在黃經 180° 以南 12°，折合黃經 192°，即秋分後第 12 日。

戶道長程 2、寬程 0.65 米。窟爟闕圓，口徑程 1.1～1.35、深程 0.34 米。窟內大柱 2，垣有小柱 12。起出物：碗、罐（殘）、瓦線陀 BI 型 1 件（殘）、石錛 B 型 1 件，礪石 E 型 2 件、石球 D 型 1 件、骨笄 B 型 1 件，近圓柱體骨鏃 B 型 1 件（殘），石刀 C 型 1 件。案，檢 F714、F701 兩營窟戶道、爟闕、底面三向程俱無等參數或半參數，甚至近似參數。但此處不得判二者無曆援。此二營窟俱準乎戶道線營建，此結構源於祝巫察日行道。F714 起出磨石、石刀。石刀出自祝巫留存，彼等以此告日過黃經 150° 涉及北極星，關聯北極星，而天樞恒指北極星。石刀四角乃北斗七星天樞、天璇、天璣、天權四星連線。F701 也起出石刀。石球能告較大天體。石球告較大天體。此營窟又起出殘瓦線陀，此物告某年於臨界日全食發生日見日偏食，秋分前 2 日。F701 起出石球告某星犯日，時在秋分前後。日食即日光被月遮蔽。

既述秋分前、後，此二營窟之後者承襲前者日過黃經度數。其證：F714 日行軌道受擾圖含天球局部。F701 告日過黃經 192°，此日曾發生某天象，其事類日食。此營窟起出殘瓦線陀爲證。

依附表一三，H701 雍 F701、F714，雍於 H705，近全存，橢圓，口徑程 2.22～3.38、深程 2.5 米，起出石球 B 型 1 件、穿孔圓頂珠蚌 3 枚（殘）、瓦弓

多型 11 件、骨環 1 件、「尖底瓶」BII 型 2 件殘片。此曆闞深程度當 691.27 日。此時段近乎四番關聯節氣，即自去年秋分迄今歲春分，自今歲秋分迄來年春分，自來年春分迄後年秋分，及後若干日。毌期曆援在於，第三期營窟 F701 依日過黃經 180 度關聯第二期 F714，第三期曆闞 H701 又依日全食發生於秋分前 2 日關聯同期前段遺跡 F701。涉 H701 曆闞訓釋，揭前考。

（2）覆曆援

H710 係第三期第 III 段曆闞，H705 係第四期第 II 段曆闞。

依附表一三，H710，近全存，雍於 H705，覆 F714。H710 係圓曆闞、口徑程 0.86、深程 0.64 米，圜底。起出瓦刀 D 型 1 件、穿孔圓頂珠蚌 1 枚（殘）、瓦弓 C 型 1 件（殘）DII 型 1 件（殘）等。圜底曆闞前著已訓。此等曆闞能摹寫天球，而且於其各程度為效時，乃曆算基礎。若其口面傾斜，能放寫天球傾斜，反映日軌道傾斜。此曆闞起出穿孔圓頂珠蚌至少旁證曆援。前言 F714 述日過黃經 150°，含日過黃經 90°，今見 H710 起出石刀，其義乃日過黃經 90°迄日過黃經 190°。天樞關聯北極星乃其信息。

另外，H710 深程 0.64 米不合舊效程。推算祝巫掘此曆闞深 0.66 米，折合 180 日，依陽曆補日得 182.5 日，依陰曆 180 日，合朔曆算依陰曆。此參數可為旁證。此曆闞既起出穿孔圓頂珠蚌 1 枚，至少發生日偏食。輪返日即秋分前 2 日。此也係曆援旁證。總之，H710 毌期覆援 F714 之證在取用日過黃經 90°。

H705 係第四期第 II 段曆闞，毌期曆援第三期第 III 段曆闞 H710。其證在於，H705 起出物含瓦線陀 1 件。此物旁證第四期祝巫曾援 H710 記日食輪返於某年秋分前 2 日。

依附表一九，第四期曆闞 H705 雍 F701、H701、覆 F714，不規則、口徑程 2.52～4、底徑程 1.7～3.4、深程 2 米，全存。起出同期物：瓦線陀 BI 型 1 件 CII 型 1 件、骨梭狀器 1 件、礪石 B 型 1 件、骨笄 B 型 2 件（殘）C 型 4 件（殘者 3 件）、瓦弓等；起出第二期器物：石刀 C 型 1 件（殘）、細頸壺 AI 型 1 件、骨笄 A 型 1 件（殘）；第三期器物：盆 BIV 型殘片、「尖底瓶」BIII 殘片、殘骨笄等。

此曆闞納第二期石刀，此證 F714 石刀記日過黃經 90°被援引。毌期曆援如此之久，足證後世狄宛祝巫曆教嗣承久遠。

## 5. F605 曆體與曆援

### 1）結構與圖見參數

#### （1）發掘者述

《發掘報告》述，F605 係長方底「房址」，左後設土臺，位於第 VII 發掘區當間 T602、T603 間第 4 層下。南垣東段雍於 H602，戶道殘破，餘者近全存。戶北向，方向角 340°。

窟室呈橫長方圓角，東西長程 6.58、南北寬程 4.8、殘深程 0.1～0.35 米。垣與居住面俱在夯實基礎上，並塗抹黃色草筋泥。

爐闕前居住面設橫條狀泥坎，東西長 0.85、南北寬 0.4、高程 0.08 米，表面抹平。爐闕位於窟室當間直對戶道處，圓桶狀，直徑程 1、深程 0.4 米。壁燒成磚紅色，底係黑灰色硬面。

底部東南設一袋狀火種洞，口徑程 0.18、內徑程 0.24、深程 0.36 米，周壁磚紅色，納灰燼。戶內入口處在「後期被破壞成一橢圓形土坑」，「或初建成」通風坑，坑口徑程約 0.95～1.1、深於居住面 0.1 米。

窟垣四周未見柱洞，僅窟室東西向散佈 2 個柱洞，西部一個為圓狀，直徑程 0.3、深程 0.54 米，東部有一橢圓柱洞，口徑程 0.3～0.38、深程 0.48 米，周邊係原土夯實，底部呈圓錐狀（圖七五）。窟室西南角建一方狀草泥平臺，南邊長程 2.85、北邊長程 2.45、東邊寬程 2.2、西邊寬程 2.36 米，高於居住面 0.06 米，表面塗抹平整，應為當時的土床臺面。起出石刀 C 型 1 件、骨鏃 A 型 2 件、骨錐 1 件等。

#### （2）舊圖初考

依原圖七五，營窟 F605 底面狀似長方，戶道所在邊走向東北──西南。其西南鄰邊走向西北──東南。入口以外戶道殘缺。入營窟即見下坎。坎西南為臺。此臺界坎部為弧狀。反向即窟爐闕。爐闕底東南有爐火洞。此洞斜向東南。爐闕正東有柱洞一眼。自此柱洞向西南畫線，能見另一柱洞。此柱洞位於司景臺一邊上。司景臺位於營窟西南角，其兩邊與用營窟鄰邊局部。司景臺另一邊在居住面上，自 A 以西斜向西北，連司景臺有柱洞一邊。戶道不容日射入光線。

發掘者言橫條狀泥坎即爐闕旁泥臺。其東西兩邊線走向值得考究。而入室後見坎為何有弧壁，也值得深思。司景臺兩斜邊走向關聯前題。剖面圖不容日光來自戶道。日不能鋪射窟底。依此知日落點甚高，時在夏至後。

### 2）輔畫朱線與曆義參數

#### （1）輔畫朱線

依原圖七五，畫 A'A 線段，過營窟口下坎弧邊中線，過土臺後過圓燿闕圓心，伸向 A。發掘者言 340°，測得此線交子午線 337 度。依原圖子午線畫 NS 線段，過戶道殘去痕跡線之東角，過營窟口下坎弧邊交 A'A 線段。再畫 NS 垂線，得緯線 WO，當 180°～0° 黃經線。此線過營窟西北邊。

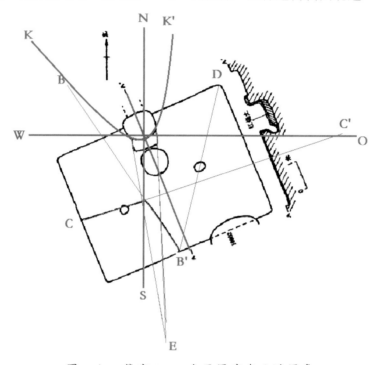

圖四六：營窟 F605 金星曆度與比地曆象

畫司景臺斜邊，向戶道直對垣延伸，得 BB'，此線交黃經度數若干。畫棱邊有柱洞司景臺邊線 CC'，此線交黃經度數若干。此二處受火俱堪被坐臥於司景臺者察知。位於司景臺底端，近 A 者能察 D 線段，此線自營窟東北角伸向 B'。此線交黃經度數若干。此線過營窟東部柱洞。而後，畫燿闕西北泥臺斜邊延伸線兩條，交於 E，此處為軌道上日運行起點。自此點移動，日行迄戶道線 A'A。此線於祝巫為居住面上交線，交點在垣壁外。垣壁可視為地。故此點為日在地下或地中點。若自交點 E 畫線，及坐標原點，得線段過黃經度數若干。末畫營窟口內坎南弧棱邊曲線，見 KK'弧線。此線乃夏至後昏刻日落墮入地中之狀。

（2）曆義參數

檢 AA'線告日過黃經 113°，即節令小暑後 5 日。KK'告日落印證日出軌道，即目視日在東南出，但日軌道降而偏轉，自夏至日最高點向左降低。自司景臺察日射，知其軌道變遷：自日在正北而西遊。日在夜而入 E 點，晝移向戶道直對處而出。落山前自戶道炳照。此即夏至後數 20 日日照。

此營窟起出石刀告祝巫察日軌道高攀，近北極星。祝巫以石刀四角告北斗七星天樞、天璇、天機、天權四星，而且天樞恒指北極星。假途石刀，祝巫告夏至日直北極。

檢 BB'線交黃經 145°，CC'線交黃經 20°，DB'線交黃經 76°。爟闕西北臺兩側斜邊深長線在 E 似乎以 8°或 9°相交。但此點為目視日在蒼穹向戶道線移動前角差。此乃日視運動狀況，若欲知地上日射線移迄戶道線，須察 E 端向北兩線與戶道線角差。地上測角為涵角。

測 E 點向北邊射線兩條之東邊線交戶道 20°，交點位於爟闕口沿。折合日過黃經 110°。E 點向北兩射線之西邊線交子午線 5°，折合日過黃經 95°。二者角差 15°。由此得知，日在天際位於黃經 95°，後及 110°。末了，日行及戶道線，日過黃經 113°。節令次第：清明後 5 日、芒種後 1 日、夏至後 5 日、小暑後 5 日、大暑前 7 日。

檢日過黃經度數次第：CC'線交黃經 20°、DB'線交黃經 76°、E 點向北兩線告日在天際位於黃經 95°、後及 110°、A'A 線告日過黃經 113°。CC'線與 DB'線過柱洞告天體，其曆義難見。後測算證此二處乃協所系同星體行度，此星體即金星。此星體係地球內星系。祝巫以司景臺圈限行星軌道。其一邊見此星體，此乃佐證。

3）F605 曆體

（1）泥坎曆志

東西長程度當日：

0.85÷0.33＝2.57

2.57×3.0416＝7.8

南北寬程度當日：

0.4÷0.33＝1.21

1.21×3.0416＝3.6

高程度當日

0.08＋0.35＝0.43

0.43÷0.33＝1.3

1.3×3.0416＝3.96

小數這算 28.8 日。計得 118.8 日。

（2）戶道曆闕曆志

坑口徑程度當日闕：

0.95÷0.33＝2.87

2.87×3.0416＝8.7

1.1÷0.33＝3.33

3.33×3.0416＝10

深程度當日：

0.35＋0.1＝0.45

0.45÷0.33＝1.36

1.36×3.0416＝4.14

小數折算 4 日，計得 124 日。

（3）司景臺曆志

長程度當日闕：

2.85÷0.33＝8.63

8.63×3.0416＝26.2

2.45÷0.33＝7.42

7.42×3.0416＝22.5

寬程度當日闕：

2.2÷0.33＝6.66

6.66×3.0416＝20

2.36÷0.33＝7.15

7.15×3.0416＝21.7

高程度當日：

0.06＋0.35＝0.41

0.41÷0.33＝1.24

1.24×3.0416＝3.778

小數折算 23 日，計得 113 日。

（4）**窟爟闕曆志**

徑程度當日：

1÷0.33＝3.03

3.03×3.0416＝9.2

深程度當日：

0.4÷0.33＝1.21

1.21×3.0416＝3.68

小數折算 20.6 日，計得 110.6 日。

（5）**營窟三向程曆志**

長程度當日：

6.58÷0.33＝19.9

19.9×3.0416＝60.6

寬程度當日：

4.8÷0.33＝14.54

14.54×3.0416＝44.2

殘深程度當日：

0.35÷0.33＝1.06

1.06×3.0416＝3.22

小數折算 6.7 日，計得 96.7 日。

（6）**驗算與毌期曆援**

此驗算別二踣：首踣見日過黃經度次、次踣見金星曆日。而後者乃祝巫謀告星曆細節。

首踣：CC'線交黃經 20°（或 180°加 20°），DB'線交黃經 76°。E 點向北兩線告日在天際位於黃經 95°，後及 110°。A'A 線告日過黃經 113°。前各度數參差，依次見日行黃經每截淨度數：56°、19°、15°、3°。總計 92°。

檢日行度數 92°加節點 4 日，得 96 日。營窟深程度當 96.7 日匹配。E 向北兩線告日在天際位於黃經 95°也被此數涉及。誤差來自日行度查看者晝察夜察之差。爟闕深程度當 110 日配黃經 110°。司景臺高程度當 113 日，配戶道線過黃經 113°。依此推斷證實，發掘者記錄戶道角 340°墻誤差 3°。CC'

線交黃經 20°匹配司景臺寬程度當 20 日。DB'線交黃經 76°來自營窟深程度當 96.7 日減司景臺寬程度當 20 日。

營窟 F605 係丑期雍援曆志。雍援遺跡係 H602。依附表一三，曆闕 H602 係第三期第 III 段曆闕，位於 T602 第 3 層下，雍 F604、F605，近全存，橢圓，口徑程 1.54～1.8、深程 0.7 米，起出小陶杯 V 型 1 件。

檢 H602 深程 0.7 米，營窟 F605 深程 0.7 米。二者爲倍數，即祝巫在修造 H602 時曆援 F605 深程，二倍此數，而掘 H602。

次跬基於二等曆日省察：星體行度與黃經度省察、加地球行度省察。此處有前置回歸年參數之缺省算術。比而省察，顯祝巫高等曆算術成熟。

檢營窟內兩柱洞謂金星。算得東部橢圓柱洞口徑程 0.3～0.38 米度當日閾 2.7、3.5。深程度當日：

$$0.48 \div 0.33 = 1.4545$$

$$1.4545 \times 3.0416 = 4.42$$

計得 132.72 日。

又檢金星近日點黃經 131.3 度。故 132.72 謂黃經度數。又檢 DB'線過此柱洞，此線交黃經 76°。檢文獻述金星昇交點黃經 76.5 度。此二數誤差僅 0.5 度。

西部圓柱洞直徑程 0.3 米度當 2.7 日。深程 0.54 米度當日：

$$0.54 \div 0.33 = 1.6363$$

$$1.6363 \times 3.0416 = 4.977$$

計得 149.31 日。

此日數也堪視爲黃經度數。又檢 CC'線過此柱洞，此線交黃經 20°。視兩線俱告金星行度，乃協所系曆度，故堪算一星體行度。

$$76 - 20 = 56$$

此謂金星行黃經 56 度。

金星與地球繞日率數比率：

$$224 : 365 = 0.6$$

金星行 56 度折算地球行度：

$$56 \times 0.6 = 33.6$$

此謂地球僅行 33.6 度，當 33.6 日。此日數爲璇璣歲日數。

兩柱洞度當日數差乃辨識地球行度依據：

149.31－132.72＝16.59

此數謂金星行 56 度，地球日數僅爲 15.56 日。而 15.56 日折合一個節氣日數。

### 6. F250 曆比與覆曆援

#### 1）結構與圖見參數

##### （1）發掘者述

F250 係底長方，垣用板構造，位於第 III 發掘區中偏北 T201、T212 間，第 4 層下營窟 F245 居住面下。垣被 F245 雍。戶東向，方向角 105°。

營窟底南北長程 6.8、東西寬程約 5 米，居住面低於 F245 居住面 0.36 米，填土係 F245 地基夯土，無垣殘留痕跡。居住面保存近全，以黃色草筋泥抹成，厚 0.1 米許。居住面中部南北向揭露 2 個柱洞，直徑程 0.26～0.3、深程 0.4 米，底圓，一圈有夯實黑色土。四周垣柱柱洞係橢圓，長徑程 0.15～0.3、寬徑程 0.06～0.1、深程 0.44 米，內外兩層樹立，或直對或斜對，也見失對者。對應間距 0.06～0.12 米，左右間距 0.35～0.5 米，拐角處斜置轉圓。南垣兩排總計 10 個，北垣兩排總計 9 個，西垣兩排總計 16 個，東垣中部設戶道，戶道以北總計 10 個，以南以 F245 爟闕破壞殘存 5 個。戶道北側有 2 個。其南側破壞，未見柱洞。存垣柱洞 52 個。發掘者推測此遺跡係一座以木板牆柱構造之房屋，垣壁可能建在兩層牆柱間。

爟闕位於居住面中央直對戶道處，係圓桶狀，直徑 1.2、深 0.44 米，周壁燒成磚紅色，底部係青灰色硬面。底東開一通風孔，西部設有一袋狀火種洞，口徑程 0.2、內徑程 0.3、深程 0.4 米，內存灰燼與木炭顆粒。

戶道設於東垣當間，係溝狀斜坡底，東西殘長程 1.35、寬程 0.85、深程 0.2～0.34 米，出口處有兩階，每階高 0.1～0.2 米。戶道內端開長方狀通風坑，南北長程 0.7、東西寬程 0.6、深於居住面 0.54 米。底西邊開通風孔，穿通爟闕，孔徑 0.15、長 0.25 米，內無草泥塗面（圖七六）。

依附表五，起出物瓦丸 B 型 1 件（殘）、「石刮削器」B 型件（殘）、近圓柱體骨鏃 A 型 1 件、無關節部骨錐 C 型 1 件（殘）E 型 1 件、骨笄 A 型 1 件（殘）B 型 1 件、穿孔圓頂珠蚌 2 件。

##### （2）舊圖初考

清理 F250 外廓於發掘者曾係難事：若干柱洞走向與樹立方式毫無次第，發掘時須耐心覓求痕跡。與此對照，直線狀營窟垣邊便於清理，此乃不爭之

事。此營窟結構貌似一眼即能透視。無論於當年清理者，還是於我等檢討者，匱乏辨識曆義把柄。謀得此等把柄係首務。

原圖七六結構清白：唯見戶道、營窟入口內坎、窟燵闞，燵闞下燵火洞，燵闞口西南、西北柱洞各一眼。

戶道非直，似曲線而北微拱起。戶道端爲階棱，狀弧曲，進階同樣。此告兩等考察。居住面柱洞等程，不連戶道又不連窟燵闞，曆義不清。周邊柱洞皆橢圓，而且不連。柱洞間堪以弧角相聯，各局部相聯能呈橢圓狀。附著而遮蔽木柱諸物不存，舊貌有無曆義，絕難設想。戶道入營窟後見長方通風坑，曆義不明。發掘者摹記軸線似不盡合結構圖。發掘者取戶道軸線西端向柱，但圖顯軸線過燵闞圓心西穿燵火洞上地平。

欲逐個檢討周遭柱洞，此念難以致公。此營窟結構細部致疑多處，不得草率看待：若在北端、南端覓得邊緣柱洞，各畫直線，在東、西端同樣畫邊線，能得似長方底面。但營窟無垣邊，故見圈界，不見線界。如何辨識圈界底開結構圖，此乃營窟星曆考古難點。

### 2）輔畫朱線與曆義參數

#### （1）輔畫朱線

畫原圖七六 A'A 連線，爲戶道軸線，過燵闞後西北向而及某柱洞。再畫原圖子午線平行線 NS，協通風坑中央，交 A'A 於坎內。後畫 NS 垂線 WO 爲緯線，爲日過黃經 180°～0°線。於是得協所系，並見 NS 過 F245 燵闞。

畫朱線 B 過通風坑東南角、協所系原點、走向北偏西，交 N 線若干度。過通風坑東北角，畫朱線 C，此線交黃經若干度數。戶道線告日過黃經 335°。戶道線告時在雨水後 5 日。

顧柱洞橢圓狀而連諸柱洞，故繪橢圓。此橢圓乃日赤經圈，橢圓喻遠近。日行此道，與地軌交角乃地上寒暑之源。天赤道沿途或內外各有柱洞，或內有柱洞，或外有柱洞。柱洞橢圓謂星宿軌道或小大變動。星體視小大有變闊，視運動有遠近，觀象者知之。遠方能有目力不及星宿，故橢圓外能見空缺。發掘者強以戶道某處連線關聯係偏北柱洞，故在不知祝巫原圖使戶道軸線伸向無宿處。此點乃中性點。依諸星體在天赤道左近位置，得斷彼時祝巫至少朦朧知距星。星宿去人遠近乃便易話題。

依戶道端階、進階爲準，畫兩橢圓，見某種圖樣能並過燵闞西南、西北柱洞。而此二柱洞當星體。而二橢圓軌即其行道。顧戶道平面東西呈弧狀，

此乃星體行進之狀。此星體行進時能交雙橢圓過星體。而且，二星體繞此圖某處旋轉。辨識此點乃舊圖溯跡樞紐。

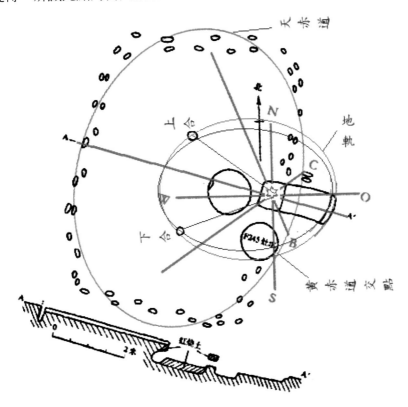

圖四七：營窟 F250 天赤道日心水星上下合地軌

　　檢自弧狀坡道入營窟者爲日。戶道線告日照線，而日自遠而近。戶道既爲日道，自能爲曲。此點恰係此營窟星曆圖堯典。顧爟闕類日火。爟闕周邊火爲日行黃道之火。此火須有源。此源在日。如此，營窟戶道口以下長方坑乃日入之所。此又係協所系原點。

　　如此，給長方坑畫星，象日。圖免誤會，此處不褐色線志日所。以褐線志天赤道、地軌，如前考。檢此星體乃太陽系行星之一，又係地軌內行星，非水星即金星。檢圖即知，此行星能連地、日。如此，得知兩地軌上行星乃同行星，此星象即行星會合。行星會合別上合、下合。上合謂水星去地球最遠，下合謂水星去地球最近。圖見地軌線過上星體中央，但此軌線僅過下水星外籓。如此，能別上合下，故志以褐線並漢字。此星體爲太陽系水星，詳後考。

（2）曆義參數與星曆天文史義

戶道走向線過黃經 335°，去來年春分 25°。線段 B 位於黃經 0° 線以下 65°，即日在軌道上過黃經而為 295°。C 述日在軌道上過黃經 35°。日自線段 B 端北行，迄 A'A 過黃經 335°，後過黃經 0°，再行往 C，日行 100°。F250 諸線節令：大寒後 5 日、雨水後 5 日、穀雨後 5 日。

前圖見日與某星上合、下合，此謂星體與日赤經度等同。長方坑之外廓為地之象。日在地下，類坎內。立於黃道線上，知地軌連日位置。依文獻述，於春分節令，日位於春分點。於莅日者，地球位於日心天球秋分點。日在黃道動向（上下合）反映地球繞日動向。此謂地在日心天球上移動〔註44〕。莅日即設擬在日上。前圖樞紐在於，坎方乃祝巫入營窟須入之所。設擬此結構部為日所，此點故係祝巫莅日之所。依此又能考知，莅日念頭乃「帝」念之源。此圖乃東方最早日心說之證。

3）曆體

（1）戶道與通風坑曆志

戶道殘長程度當日：

$1.35 \div 0.33 = 4.09$

$4.09 \times 3.0416 = 12.4$

寬程度當日：

$0.85 \div 0.33 = 2.57$

$2.57 \times 3.0416 = 7.8$

深程度當日閾：

$0.2 \div 0.33 = 0.6$

$0.6 \times 3.0416 = 1.84$

小數折算 25 日，計得 55 日。

$0.34 \div 0.33 = 1.03$

$1.03 \times 3.0416 = 3.13$

小數折算 4 日，計得 94 日。

戶道首階高程度當日：

$0.1 \div 0.33 = 0.303$

〔註44〕揭前註 40，第 87 頁～第 88 頁。

$0.303×3.0416＝0.92$

折合 27.6 日。

次階高程度當日：

$0.2÷0.33＝0.606$

$0.606×3.0416＝1.84$

小數折算 25 日，計得 55 日。

戶道內通風坑曆志之長程度當日：

$0.7÷0.33＝2.1$

$2.1×3.0416＝6.45$

寬程度當日：

$0.6÷0.33＝1.81$

$1.81×3.0416＝5.5$

深程度當日（至大深程）：

$0.54÷0.33＝1.63$

$1.63×3.0416＝4.97$

小數折算 29 日，計得 149 日。

底西邊開通風孔，孔徑程 0.15 米度當 1 日。長程 0.25 米度當 2.3 日。

（2）窟爐闕與爐火洞曆志

爐闕曆志之直徑度當日：

$1.2÷0.33＝3.6$

$3.6×3.0416＝11$

深程度當日：

$0.44÷0.33＝1.33$

$1.33×3.0416＝4.055$

小數折算 1 日，計得 121 日。

袋狀爐火洞口徑程度當日：

$0.2÷0.33＝0.6$

$0.6×3.0416＝1.8$

內徑程度當日：

$0.3÷0.33＝0.9$

$0.9×3.0416＝2.7$

深程度當日：

$0.4 \div 0.33 = 1.21$

$1.21 \times 3.0416 = 3.723$

小數折算 21.6 日，計得 111.6 日。

（3）窟底三向程曆志

長程度當日：

$6.8 \div 0.33 = 20.6$

$20.6 \times 3.0416 = 62$

寬程度當日：

$5 \div 0.33 = 15.15$

$15.15 \times 3.0416 = 46$

深程度當日：

深程$= 0.7 + 0.36 = 1.06$

$1.06 \div 0.33 = 3.2$

$3.2 \times 3.0416 = 9.76$

小數折算 23 日，計得 293 日。

（4）驗算

檢圖示日行起於黃經 295°，及 A'A 告日行黃經 40°，再行 25° 而及春分，後行 35°，及 C，日行總計 100°。

日行總度數 100° 堪以爟火洞深程度當 111 日減去爟闞徑程度當 11 日，得 100 日，換算爲 100°。

檢營窟深程度當日 293 日，加底西邊開通風孔長程 0.25 米度當 2.3 日，得 295 日。戶道深程度當日闞數相減，即深程變闞，即 94 減 55 日，得 39 日。以此數爲度數，加 295°，得 334 日，較之 A'A 述日過黃經 335° 僅差 1 度，爲誤差。

依其結構樣貌，居住面中部兩柱洞述同星體。算其一即知細節。直徑程 0.26 米度當 2.3 日。直徑程 0.3 米度當 2.7 日。

深程度當日：

$0.4 \div 0.33 = 1.2121$

$1.2121 \times 3.0416 = 3.686787$

小數折算 20 日，計得 110.6 日。

檢水星會合日率 115.8 日，前算日數即水星合日率，誤差

自下合點畫朱線，及上合點，見下合點水星過黃約 79 度。此點乃水星近日點黃經度數。

### （5）F245 覆援

F245 底方，近全存，底長程 8.5、寬程 7.9、殘高程 0.5～0.7 米，方向 125°。戶道長程 1.8、寬 0.9 米，1 階。窟燫闕圓，口徑程 1、底徑程 0.92、深程 0.5 米。營窟有大柱 4，小柱 31。居住面有紅顏料。起出物：平底盆 DIII 型 1 件，碗 D 型 1 件，內彩殘片 1，陶彈丸 A 型 B 型各 1 件（殘），瓦線陀 AI 型 1 件，陶弓、「石刮削器」D 型 1 件 E 型 1 件，石核 1 件、石刀 C 型 1 件（殘），碾磨石 A 型 1 件（殘），礪石 C 型 1 件（殘），無關節骨錐 B 型 1 件，骨笄 A 型 1 件 B 型 3 件（殘）。覆 F250。

檢發掘者述 F245 戶道線 125°實測 124°，折合日過黃經 326°，較之 F250 戶道線述日過黃經 335°度，差 9°。

曆援細節：第一，F245 規劃出自 F250，故在 F250 子午線係 F245 戶道走向規劃基準。第二，F245 窟底居住面高於 F250 居住面 0.36 米平面。此謂 F250 窟底以上 0.36 米處係雍援開端。此點係縱向雍援開端。第三，F250 戶道內長方通風坑南北長程 0.7 米被視為 F245 殘深程 0.7 米殘損前效程。此處存在改向程曆援。

依前圖，F245 曆援 F250 故在祝巫察知日行天球，天球曲面弧邊，圖見其一恰告日能在彼曲線。日在此線即日在天球行走。而營窟戶道記日過黃經度差僅 9°。於 F250 而言，F245 曆算係補算。

## 7. F712 曆體與曆援

### 1）結構與圖見參數

#### （1）發掘者述

F712 係木骨泥垣營窟，底長方，位於第 VIII 發掘區南部 T704 及西擴方第 4 層下，戶向西，方向 310°。上覆 F701、F702、F705、F713、H716。

營窟內結：前窄後寬，南垣斜弧。此營窟「穴壁」出自複雜加工。先挖成「穴壁」，內側開一圈基槽，槽內樹立小牆柱，用黑灰色土夯築至居住面等高，再用草泥填充包裹，構造一道「木骨泥牆」，故有內外兩層穴壁。外圍東壁長程 4.55、西壁長程 4.1、東西寬程 3.4、垣殘高程 0.55 米許。內

層壁東邊長程 4.05、西邊長程 3.6、東西寬程 2.8～2.95 米，木骨泥牆殘高程 0.06～0.08、寬程 0.15～0.2 米。內壁磨光，居住面草泥厚 0.05 米，表面抹平。

戶道位於西垣當間，向外開一溝狀斜坡道，戶道兩端稍殘，存長程 1.5、寬程 0.55、至深程 0.7 米。戶道內段挖一長方通風坑，坑長程 0.55、寬程 0.4、深於居住面下 0.5 米，底部稍內收。東邊與窟爐闕穿一通風孔，孔徑程 0.22 米。通風坑與爐闕間用草泥築一「凹」狀平臺，兩側與前垣相連，南北長程 0.98、曲面寬程 0.2～0.38、高程 0.08 米，表面抹平。

爐闕位於營窟當間，直對戶道，與通風坑相去 0.4、距草泥高臺 0.2 米，係圓桶狀，直徑程 0.96～1、深程 0.54 米，周壁燒成磚紅色，底部係青灰色硬面。爐闕底有一通風孔，與爐闕前通風坑貫通，爐闕東部埋一夾砂罐，爲火種罐。其口徑程 0.2、內徑程 0.23、高程 0.3 米，納灰燼與小木炭塊。

室內當間僅有一根大力柱，位於爐闕北部，柱洞橢圓，直徑程 0.6～0.7、深程 0.3 米，原土夯實，底圓。室內西南角及東垣沿線散佈 6 個較小柱洞，係加固柱洞，直徑程 0.15～0.2、深程 0.24～0.46 米。垣內木骨泥垣柱洞 49 個。散佈於周圈，散佈不均，間距不等。東西兩垣密置，東垣見 23 個，西垣見 19 個，北垣散佈 4 個，南垣被晚期圍溝破壞，僅見 3 個，直徑程俱在 0.1～0.15、深 0.12～0.56 米（圖七九）。

依《發掘報告》（下冊）附表五，此營窟起出物不少：碗 B 型 1 件、圜底盆 BIV 型 1 件（殘片），鼓腹深罐 AIV 型 1 件，淺腹罐 BIII 型 1 件，石斧 B 型 1 件、石刀 A 型 1 件、「石刮削器」G 型 1 件。

（2）舊圖初考

檢圖七九，見四邊有夾壁狀，夾壁納力柱。四壁之短壁走向東南──西北，長壁走向東北──西南。而且，短邊走向角度差顯著。又檢戶道端在西北，狀似教皇帽頂，或圭端三角去頂角而爲弧狀。兩邊線向東南近平行延伸，及戶入營窟口處見階棱邊。此邊棱呈弧狀。弧口向東南。

戶道底及通風坑。界坑線爲弧線，弧口向戶道開端。通風坑與爐闕間草泥臺。此草泥臺平面圖兩側有短邊，短邊傾斜。短邊走向東南盡頭折拐相迎，連線爲弧。弧線東南係窟爐闕。爐闕東偏北有發掘者識得「柱洞」，此洞圓底。檢營窟柱洞，頻見力柱柱頭爲尖而入地中，以告地外有日照。此處柱洞底圓，

非同類。推斷圓底告圓底器之大者能置於此，顯天球邊緣甚大，目睹星體近者猶在較小半天球上，遠方星體位於此天球向外擴張部。如此，此遺跡直徑程 0.6～0.7、深程 0.3 米俱有曆算義。檢討此圖曆義難點在於，通風坑、爐闕間草泥築臺面向爐闕部曲面有何含義。

**2）輔畫朱線與曆義參數**

**（1）加三色畫圖**

輔畫朱線 NS、OW，前者爲子午線，後者爲緯線，當黃經 0°～180° 線兩端。旋轉原圖七九，使子午線直北，畫剖面圖日入戶道，鋪射居住面，點射爐闕底，點射營窟戶內通風坎底。日入射即日落入射。射線即日照線，此線即 A'A，此線交子午線度數即發掘者言戶向角。剖面圖見戶道端以下棱坎垂直而下，此告日影近垂直。

輔畫原圖子午線平行線 SN，在畫其垂線 WO，得平面直角協所系。緯線即黃經 180°～0° 直線。顧通風坑東南邊緣乃弧狀。畫弧線一截 K，其兩端盡在東北、西南垣上。此線乃天球局部。日自天球，而炳照營窟居住面。東南 AA' 線以西，垣邊線以北有垣外柱洞四眼，三柱洞能爲星宿。循此線向東北行，見另一柱洞。畫西——東柱洞連線，使之間斷，此線似平行 180°～0° 黃經線。此二者或係同天體，在黃道線以南。於祝巫，爐闕口沿之南謂黃道線南。天球或天體圖樣不便在平地展開，故致天球圖頻記於營窟內。此舉致訓釋艱難。再畫戶道口入通風坎弧邊棱曲線，得 K1。此線背 K 弧線。此二線告日在兩端間移動，非謂晨刻日出東南而炳照西北。

顧垣壁爲夾壁，此狀能涉及日行度少變，如前考營窟 F714，故畫四垣各邊朱線：BB1 告西北——東南走向牆體，爲黃道協所系 S 所指。日自西北射來。此牆體對耦牆體係 CC1。在此，能見牆體 BB1 內邊 B 不平行於牆體 CC1 之 C 邊。而且，牆體 BB1 內邊 B、外邊 B1 走向參差。西南——東北走向牆體係 EE1，對耦牆體係 DD1。此二牆體內邊不平行。若依日過黃經度數論，此二牆體內邊述日過黃經度數參差。日過黃經度變印記祝巫連察日行天球舊事。

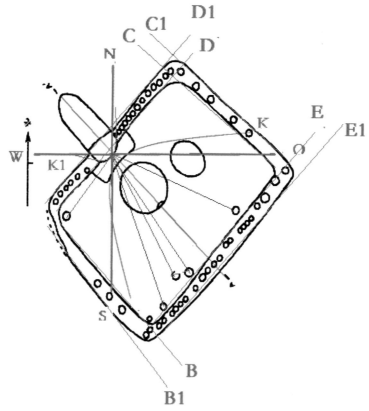

圖四八：營窟 F712 立秋參隱暨地軌內水星金星西而東旋

前加畫朱線未顧營窟內較小柱洞星曆義。今辨諸星體爲三者：南偏東拐角柱洞乃地球之象，不須摹記。剩餘五所，俱係地軌內行星。地軌內行星甲 2 所志以褐線，地軌內行星乙 3 所志以藍灰線。褐線志星體自近處及垣，而藍灰線志行星沿營窟邊沿向東偏北移動。目視其在等遠處移動。今斷此二者乃金星與水星。

（2）曆義參數

測舊圖諸線，戶道中線 A'A 線過緯線西與子午線 N 端中線，去北極 45°，即 270°加 45°，合 315°。舊記 310°，寡算 5°。如此，A'A 告日過黃道135°。日在天球行，而每見日射線，此線恒能及天球曲線。K1 係 K 之反，即天球看似反向，故在祝巫須以有限地面並顧日於今在天球運行之東南——西北端點。西北向弧線摹記日軌道傾斜之對偶端。此端位於東南。而今見斷即戶道以內，當下受照射狀況。故此，遠者爲晨。近者爲傍晚。傍晚見日西

北墜，此刻大而今晨已往。小大之辨存於此背反弧線，而兩線曆義相聯。是日，太陽軌道西北——東南爲端點。

　　居住面即平面，日在居住面下即日墜。若言居住面有日運行——譬如以柱洞象之——此謂日自某處運動迄此處，後滑落入戶道。入坎後起自坎，猶如晨刻自坎而昇。依原圖七九，F712 無臺階，日不攀升。日不昇即日在北極，後斜下降。故日在西北，時在夏至後。剖面圖戶道內日照營窟口戶道下深棱邊有直下之狀，此告日近似直射北邊。

　　垣內壁、外壁夾道有柱洞若干，疏密不等。營窟居住面東南——正南近營窟南角處有四柱洞。每兩壁夾道柱洞相近，未詳何宿。正南夾壁內三星相連，須是西垣七宿之參宿局部。

　　此營窟牆體係內夾壁狀似營窟 F714，祝巫造此營窟夾壁柱洞不多。但在此營窟內壁、外壁間用柱多而密。兩營窟四面夾壁寬程不等。此狀背後存在祝巫故爲。若僅察營造細節，如此佈置牆體與力柱，不能影響結構穩定。建築史研究者雖曾檢討仰韶時期圓底周柱營窟，但依營造方式檢討。未別內外壁夾力柱牆體與邊連續佈置力柱而施加遮蔽物爲牆體。《中國建築史》圖 1－1－3 援《西安半坡》圖二五，第 22 號遺址，而不顧此營窟圓底與周遭佈置木柱關聯〔註45〕。依此得知，兩牆面夾力柱構造之牆體起源於中國建築史研究乃一疑問。

　　前圖見正北柱洞密、南偏東柱洞密。顧日出之象爲戶道入營口弧線，其東北柱洞密，告日出前能察東北星宿密，此處見東垣星密於日出前。而東南柱洞密顯此處星密。日西北落，昏刻後見東南天區星密。此乃關聯查看前夜見日處所之技巧。日昨日昨夜處所關聯今晨處所，後關聯今日日落後處所，此即連察日行天區唯一途徑。

　　營窟孤線程垣邊若變爲兩線程邊，而且走向少改，兩邊雖爲營窟某一方牆體，但曆義有增：兩邊各處寬程不等，即謂曆算變動，走向參差即告日過黃經度數闊。前考營窟 F714 時已展陳此題。此處見營窟四壁俱爲牆體。

　　垂直下移協所系，測 B 黃經 50°，B1 交黃經 55°於第 II 象限。以日自西北射向東南，得 140°、145°。CC1 牆體之內邊 C 與 C1 看似平行。測 C 記日行交緯線內角 40°，C1 線告日交緯線內角 43°。以此牆體爲日東南照之記錄，即見時在冬至後，春分前。C 述日過黃經 320°，C1 述日過黃經 317°。

〔註45〕趙海濤、陳華鋼：《中外建築史》，同濟大學出版社，2010 年，第 4 頁。

　　檢 DD1、EE1 西南邊窄，東北邊寬，故判定 DD1 與 EE1 俱述日自西南向東北照射。檢 D 交緯線 48°，D1 交緯線 50°；E 交緯線 52°，E1 交緯線 49°。顧日自西南照，須加黃經 180°，故得 D 述日過黃經 228°。D1 告日過黃經 230°。E 告日過黃經 232°。E1 告日過黃經 229°。

　　如此，營窟 F712 記日照次第：A'A 告日過黃道 135°，墻體 B 告日過黃經 140°、B1 告日過黃經 145°。D 述日過黃經 228°、E1 告日過黃經 229°、D1 告日過黃 230°、E 告日過黃經 232°、C1 述日過黃經 317°、C 述日過黃經 320°。

　　自日過黃經 135° 起算，日行計得 185°。此度數堪視爲璇璣歲日數。日行黃經度數總計 8 階，每階行度數：5°、5°、83°、1°、1°、2°、85°、3°。節點日數等於 8 日。

　　營窟內褐線志行星行度：

　　35＋180＝215

　　215＋30＝245

　　行度計得 65 度。

　　藍灰線志行星行度：

　　20＋270＝290

　　35＋290＝325

　　67＋325＝392

　　行度計得 102 度。

（3）天球星曆術算比例尺考

　　發掘者言戶道中間柱洞圓底，此言有誤。立柱者，撐穩上構之謂也。圓底者，底弧面也。立柱圓頭者，便滑動也。工匠以圓頭木料立於弧面地坑，將有爲覆之險。祝巫寧死而欲驗柱底弧面滑而柱傾梁塌乎？

　　今檢此處夯實、弧面，乃祝巫摹記天球下半也。猶如放置圓底瓦缽圓底一般，唯它處圓底坑尺寸小而已。此處徑程與深程曆義非如尋常，有星曆爲算效程義。類似《禹貢》里程數源。我曾多番檢討，禮制里程源於大禹自設，抑或舊存效程。文獻無記，學者不考。檢遺跡乃大禹里程之源，《周髀算經》晷影測算若干基礎皆關聯此題，明末以降學者不曾重視此題（《中國天文學史》第 106 頁～第 109 頁）。

圓底坑直徑程度當 6.5 日，不足以獨告祝巫掘徑如此之故。而且，此數或含誤差。今依圓周算術求曆義。其圓周長等於：

0.7×π＝2.199

2.199÷0.33＝6.66

依此得知，狄宛祝巫以 6 尺 6 寸 6 分喻黃道周長，其半乃 3 尺 3 寸 3 分。此數關聯日行周天度數。其率數顯狄宛比例尺：

360：6.66＝54.054

此謂狄宛祝巫別球體滿經度爲 6.6 絡，每絡 54.054 度，日行黃經西東、北南得其半，則：

54.054×3.33＝179.99

約算 180 度。此數近似現代半圈度數。此猶今日人算經線一分配長一海里。赤道長程等於 60 海里乘以 360 度。

推測發掘者測算此圓底坑深程 0.3 米不塙，誤差 0.03 米。此數之源乃狄宛第一期祝巫效深程。此深程度當秋分——春分關聯節氣。舊深程 0.33 米乃效深程，此深程爲狄宛 1 尺，1 尺度當 91.248 日。2 尺當 182.5 日。高 2 尺謂地底到黃極高程。爟闕深程用此數即告冬至迄夏至日數。由此推算得知，狄宛祝巫依其知地表凸出而知地球在天際轉動，而且里程之設乃定速之故。非依此不能功於遊獵、探訪。而探方之地能南及蜀、北及今內蒙古、東能及渭水下游乃至今山西、河南。前著考證狄宛祝巫遷徙動向，俱關聯行程預計，非偶然而爲。

3）F712 曆體

（1）戶道曆志

長程度當日：

1.5÷0.33＝4.545

4.545×3.0416＝13.8

寬程度當日：

0.55÷0.33＝1.66

1.66×3.0416＝5

深程度當日：

0.7÷0.33＝2.12

2.12×3.0416＝6.45

小數折算 13.5 日，計得 193.5 日。

（2）通風坑曆志

通風坑坑長程度當日：

$0.55 \div 0.33 = 1.66$

$1.66 \times 3.0416 = 5$

寬程度當日：

$0.4 \div 0.33 = 1.21$

$1.21 \times 3.0416 = 3.7$

深程度當日曆算須依塙數，此數求算：

$0.7 - 0.55 = 0.15$

此數加此坑下陷深即其深程：

$0.15 + 0.5 = 0.65$

$0.65 \div 0.33 = 1.96$

$1.96 \times 3.0416 = 5.99$

小數折算 29.7 日，計得 179.7 日。

（3）窟爟闚曆志

直徑程度當日闚：

$0.96 \div 0.33 = 2.9$

$2.9 \times 3.0416 = 8.8$

$1 \div 0.33 = 3.03$

$3.03 \times 3.0416 = 9.2$

深程度當日：

$0.54 \div 0.33 = 1.63$

$1.63 \times 3.0416 = 4.97$

小數折算 29 日，計得 149.3 日。

（4）營窟三向程曆志

其一，外圍壁三向程曆志。

外圍東壁長程度當日：

$4.55 \div 0.33 = 13.78$

$13.78 \times 3.0416 = 41.9$

西壁長程度當日：

4.1÷0.33＝12.42

12.42×3.0416＝37.78

東西寬程度當日：

3.4÷0.33＝10.3

10.3×3.0416＝31.3

垣殘高程度當日：

0.55÷0.33＝1.66

1.66×3.0416＝5.069

小數折算 2 日，計得 152 日。

其二，內層壁三向程曆志。

內層壁東邊長程度當日：

4.05÷0.33＝12.27

12.27×3.0416＝37.3

西邊長程度當日：

3.6÷0.33＝10.9

10.9×3.0416＝33

東西寬程度當日閾：

2.8÷0.33＝8.48

8.48×3.0416＝25.8

2.95÷0.33＝8.93

8.93×3.0416＝27

外內壁長程度當日差有三參數：第一，內壁東邊長程度當日 37.3；外圍東壁長程度當日 41.9，相差 4.6 日。第二，西邊長程度當日 33；外圍西壁長程度當日 37.78 日，相差 4.78 日。第三，東西寬程度當日閾：25.8～27；東西寬程度當日 31.3，相差 5.5～4.3 日。

（5）驗算

其一，基於戶道深程度當日曆算。戶道深程度當 193.5 日折合日行 185°加 8 個節點日，誤差 0.5 日，折算日過黃經半度，合祝巫夜察星宿。推測狄宛祝巫依日出計始。日行度 185 等於營窟殘深程度當 152 日加內壁長程度當日閾之 33 日。圜底柱洞深程度當 83 日。此數匹配日行第 3 階，行 83°。

日行度總計 320 度等於通風坑深程度當 179.7 日加爟闕深程度當 149.3 日，減去爟闕徑程度當 9 日。依此計算得知，日過黃經 135°非測算它度參數，而係眾參數運算旨的。

其二，六柱洞驗算。

發掘者述室內西南角及東垣沿線散佈 6 個較小柱洞，係加固柱洞。此言不塙。諸柱洞舊所乃祝巫曆算之所。前考營窟內 6 柱洞之拐角柱洞告地球。其餘 5 柱洞以褐線指 2 柱洞係同星體異所。藍灰線指 3 柱洞係同星體異所。

顧發掘者唯別舉 6 柱洞尺寸，僅言直徑程 0.15～0.2 米、深程 0.24～0.46 米。今檢二等如後：

直徑程 0.15 米度當 1.38 日。0.2 米度當 1.8。深程 0.24 米度當 66 日，深程 0.46 米度當 127 日。

文獻記水星近日點黃經 77.2°，水星繞日信期 87.96 日。金星近日點黃經 131.3°，繞日信期 224.7 日。

基於同圖同度，依水星繞日信期短，而金星繞日信期長，今推斷此圖褐線告水星行度，而藍灰線告金星行度。今見褐線志甲星行 65°，不堪視為水星繞日週期 87.96 日。藍灰線志乙星為金星。金星行 102°。邊界度數又可換算為此星在第 IV 象限昇上，在彼處近日。在彼所，金星過黃經 157°。此前過近日點黃經 131°。戶道線西北端即近日點。此二等柱洞深程發掘似有不小誤差。

### 4）同期與丗期覆曆援

#### （1）同期覆曆援

依附表五，F713 係第二期第 II 段營窟。F713 底長方、近全存，底長程 3.66、寬程 2.7，深程殘：0.1～0.35 米，戶向角 314°，戶道殘長程 0.14、寬程 0.48 米。窟爟闕圓，口徑程 0.76、深程 0.35。起出瓦丸 B 型 1 即見、石球 C 型 1 件等，內有大柱洞 3。

檢 F713 底長程 3.66 米來自 F712 內壁長程 3.6 米，二者差僅 0.06 米。F712 戶道述日過黃經 135°。而 F713 戶道述日過黃經 136°，在秋分前。二營窟戶道線過黃經度數僅差 1°。如此，二營窟曆援之跡顯。F713 戶道中線走向出自 F712 戶道中線走向。營窟 F713 係 F712 體變而來。

H716，第二期第 II 段，T704 西擴方第 4 層下。圓，圜底，口徑程 1.5、

深程 0.5 米。起出瓦丸、礪石、石球、瓦刀、骨笄。檢 F712 戶道長程 1.5 米，此數係 H716 口徑程 1.5 米之本。此處存在同向程曆援。於 F712 為平面程度，此程度今用如 H716 平面程度。F712 起出石刀，H716 起出瓦刀。其曆義相通。

（2）丗期覆曆援

檢附表一一，F701、F702、F705 俱係第三期第 I 段營窟。各營窟參數依次如後。F701，底方，底長程 5.65、寬程 5.1、殘深 0.4 米。戶向角 258°。戶道寬程 2、深程 0.65 米。窟爟闕圓，口徑 1.1～1.35、深程 0.34 米。起出石刀、瓦線陀 BI 型 1 件（殘）、石球 D 型 1 件、碗 AI 型 1 件、罐 AII 型 1 件（殘）、碾磨棒 B 型 1 件（殘）。

戶向角 258° 合日過黃經 192°，在秋分後。起算點係秋分前。此曆義存於 F712 戶向線與黃道交角。二者曆義次第：先有 F712，後有 F701 續之。F712 起出石刀，F701 也起出石刀。祝巫造此二營窟曆義承襲。此外，F701 戶道深程等於 F712 通風坑深程，俱係 0.65 米。此乃同向程曆援。F701 殘深程 0.4 米或初等於 0.48 米，同 F702 深程。

F702，底不清，戶向不清。存爟闕，圓，口徑程 0.6、深程 0.48 米，起出碾磨棒 B 型 1 件。檢營窟 F702 窟爟闕口徑程 0.6 米來自營窟 F712 內圓底柱洞直徑程 0.6 米。此曆援係同向程曆援。F705 底面不清，無戶道、窟爟闕參數，細節難檢討。

### 8. F238 曆體與曆援

#### 1）結構與圖見參數

##### （1）發掘者述

F238 圓底遺跡，位於第 III 發掘區中偏東探方 T212 當間第 3 層下。覆 F245、F250，覆於 F236、F237 覆。戶向西南，方向 245°。

底南北徑程 3.7、東西徑程 3.1、殘深程 0.15 米許。居住面與垣面抹草泥，厚 0.05 米。戶道破壞於晚期，僅存入口處一橢圓通風坑，長徑程 0.6、短徑程 0.3，深於居住面下 0.15 米。坑東壁向室內爟闕通達一孔，頂部坍塌，殘存溝槽長程 0.35、寬程 0.2、深程 0.15 米，無燒痕。

爟闕位於居住面西，直對戶道，橢圓狀，南北徑程 0.76、東西徑程 0.64、深程 0.3 米。西部有通風孔貫通通風坑。東部設火種洞，頂部坍塌，口徑程 0.19、腹徑程 0.22、深程 0.26 米，納灰爐，爟闕壁面磚紅色，底呈青灰色硬

面。室內柱洞 4 個，中部南北向散佈三個，東北部有一個，直徑程 0.2～0.22、深程各 0.2 米，底尖圓，生土夯實（圖八一）。

室內堆積層較薄，淺灰色，含陶片，及小件器物，譬如石斧、研磨器、陶刀、骨錐等。

依附表五，F238 覆 F245、H250，覆以 F236、F237，故 F238 係間覆營窟。起出物有深腹罐 AII 型 1 件、瓦丸（殘）、瓦刀（殘）、礪石 B 型 C 型各 1 件、石錛殘塊 1 件，碾磨石 A 型 1 件（殘）、近圓柱體骨鏃 A 型 1 件（殘）、骨笄 A 型 2 件 B 型 1 件等。

（2）舊圖初考

檢圖八一，營窟 F238 模樣如立卵，卵邊緣僅見戶道口一處遺跡。此圖頗單純，但曆義難以剖析、展陳。戶道階棱邊為何須呈弧狀，此乃疑問。

此外，爟闕口面模樣為何似此營窟輪廓，此疑問也須澄清。營窟內四根「力柱」位置怪異，毫無營造技巧可言：東北邊力柱多，而且自東南向西北有三柱洞位於一條線上。東北部僅有一柱洞。諸柱洞何曆義，也須澄清。此圖多處與前考 F250 新繪圖樣堪為對照。依此可澄清 F238 曆義。

2）輔畫朱線與曆義

（1）輔畫朱線

依原圖八一畫子午線 NS，見北極。畫緯線 WO，為黃經 180°～0°。A'A 線即日照線，此線係日落前走向線，自第三象限向東北延伸。發掘者自 A 畫線，滿足照顧剖面圖之念。此舉又出自不知戶道曆義。後圖出自舊圖轉動，舊標誌顛倒，已不能免。自平面圖北起算，此線直 245°。

以戶道近營窟口弧線為天球外廓邊線，此外廓乃橢圓狀，南北極間距較長，而且偏轉。偏轉後西南——東北徑程短。營窟內有徑程參差柱洞三眼：黃經線以北近處柱洞小。此處近爟闕，北、東北柱洞象徵兩星遠爟闕，其體大於近爟闕星體。而且西偏北柱洞粗，此告星體大。

靠近日軌道有柱洞，此柱洞面圓。循天球而下，能及戶道，墜入營窟戶道下坎內。由此推斷，此柱洞寫記日所，日行天球而左旋下，行天球得投影為黃道圈，以營窟內爟闕象之。

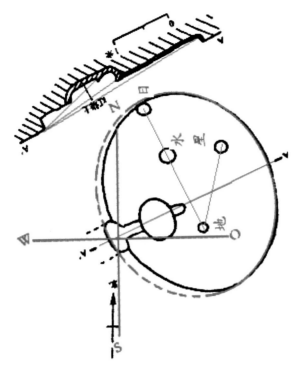

圖四九：營窟 F238 霜降昏時水星上合豫冬

爟闕右側黃經線上柱洞謂星體。此星體小。顧此所在戶道以來爟闕邊線之上，此處乃立足處。祝巫不得近日，但能近爟闕。祝巫不能無參照而察某星，故須照日。不知今所自，故須察來者。如此，營窟內柱洞當星體之義明朗：近爟闕細柱洞謂地球。祝巫立於此處，察某行星。而此行星自東向西移動，東所直黃經度數若干，迄西所直黃經度數若干，行度清白。及西而與地、日在一線。此處見行星會合。此行星顯係地軌內行星。

（2）星曆參數

依圖顯協所系，戶道線在此為星行度參照之效。檢戶道線折算日過黃經205°，節令霜降前 5 日。依此得知，某天象發生日在某年霜降前 5 日，約當狄宛曆 9 月 20 日許。

祝巫查看居住面二星體位置依北極星，即 N。能證祝巫察北極星之證在北斗七星或其局部。此營窟起出瓦丸，此物係祝巫類比魁四星之器。既有天樞，須見北極星。

察三星體連線，以日在北偏西，它星體在下。檢行星東所直黃經 78°，此謂此處始見此行星。此星西行，即繞日運動時，與北偏西所之日在線上。

此線直黃經 117°。此二參數告此行星乃水星。檢水星近日點黃經 77.2 度，會合信期 115.88 日。以會日線黃經度爲日數，得 117 日。此日數大於會合信期 1.12 度，爲視運動角誤差，不算大。

依此曆算能斷，此星體即水星，又即圖見 2 星體線某星體在東向西運動。此告二所與告一行星，此行星乃水星。依此考加漢字依志。

3）F238 曆體

（1）通風坑曆志

通風坑長徑程度當日：

0.6÷0.33＝1.81

1.81×3.0416＝5.53

短徑程度當日：

0.3÷0.33＝0.29

0.29×3.0416＝0.9

深程度當日：

0.15＋0.15＝0.3

0.3÷0.33＝0.9

0.9×3.0416＝2.76

小數折算 22.9，計得 82.9 日。

（2）窟燫闕曆志

南北徑程度當日：

0.76÷0.33＝2.3

2.3×3.0416＝7

東西徑程度當日：

0.64÷0.33＝1.93

1.93×3.0416＝5.8

窟燫闕深程同戶道深程，故其度當日同，即 82.9 日。

（3）燫火洞曆志

燫火洞口徑程度當日：

0.19÷0.33＝0.57

0.57×3.0416＝1.7

腹徑程度當日：

0.22÷0.33＝0.66

0.66×3.0416＝2

深程度當日：

0.26÷0.33＝0.78

0.78×3.0416＝2.3

小數折算 11.8 日，計得 71.8 日。爆火洞口徑程度當 1.7 日加腹徑程度當 2 日，加深程度當 71.8 日，計得 75.5 日。

（4）營窟三向程曆志

長程度當日：

3.7÷0.33＝11.21

11.21×3.0416＝34

寬程度當日：

3.1÷0.33＝9.39

9.39×3.0416＝28.5

深程度當日：

0.15÷0.33＝0.45

0.45×3.0416＝1.38

小數折算 11 日，計得 41 日。

居住面上柱洞深程 0.2 米度當 55 日。

（5）季秋水星繞日信期 86 日及會合信期 110.6 日

水星繞日輪返有兩參數：通風坑徑程度當日均數 3.215，加深程度當日 82.9 等於 86.115 日。窟爆闕徑程度當 6.4 日，加深程度當日 82.9，計得 89.3 日。此二數均數等於：

82.9＋89.3＝86.1

此數小於水星繞日輪返 88 日之效。此二數相差 1.9 日。

又檢營窟中部三個柱洞直徑程 0.2～0.22 米。依圖，直徑程小者為地球、大者為水星。兩柱洞告協所系水星所變。

深程 0.2 米度當 55.3 日。此二日數相加謂會合日數：

55.3＋55.3＝110.6

檢文獻記水星會合信期 115.88 日。此處誤差 5.27 日，此係觀星目視受擾之果。此擾動非謂祝巫不能，無光學器械，而出自大氣層擾動。此狀況後被 W. Herschel（A.D.1733～1822）等人察知〔註46〕。

倘若依第一赤道協所系訓釋此圖，水星去黃經線之角度可視爲緯度，而非餘緯。此言本乎祝巫依天赤道、地平（黃道）夾角知曉，水星位置堪視爲仰極高程〔註47〕。遠古無今日設備，也無複雜代數計算，僅以目視觀象、度當曆算，得此認知，其匠工之能使人觀止。

在此，廢「公轉」名，存「自轉」名。以繞日信期代替「公轉」。以免三代以降「公」倫理學含義滲入自然科學，詳術語考釋。

（6）《易》北水說本乎「鉤」主冬暨庖犧氏定鉤考

《史記·天官書》：「察日辰之會，以治辰星之位。曰北方水，太陰之精，主冬，日壬、癸。……。是正四時……。」諸言有本，而且「正四時」之曆算瑕疵爲狄宛祝巫知曉，而彼等依斗口方向反轉檢誤差。而檢算之證在於以深腹罐爲平準器，其蒼穹之象乃斗口向上與斗口反轉180°。此營窟起出深腹罐。罐乃盛水器。前曾言，祝巫營造以罐納水平置於地取水平。蒼穹北斗斗口上下告容水、覆罐墜水。參照斗柄反指，旁證季節逆轉。此營窟起出瓦刀，瓦刀象徵北斗七星天樞等四星。

察司馬遷此記源於其父，而其父受天官於唐都。而唐都之學非一人之學，而係古學嗣承。其源甚至堪溯跡狄宛祝巫建造 F238 時曾爲星曆圖。及秦漢，字繁而圖殘。涉古學，司馬遷諸言限於三者：「日辰之會」、「北方水」、「主冬」。「日辰之會」者，前圖水星行而與日行直線。「北方水」者，依北極星察知水星向左下行，會季秋日過黃經 205°，日南遷而熱往。寒氣凝結爲霜，此謂水汽今形。北方熱氣薰蒸，水蒸發速，故物面無水漬。季秋以來，目睹水汽凝

---

〔註46〕 王正明：《天文光干涉測量》，科學出版社，1996 年，序言。

〔註47〕 檢漢語教科書，有「仰極高度」術語。此名有縮略義，能致誤會。依察星者察地上、天極下某星去人狀況，察星者自足下去星遠程以光年計。但此星或宿在天穹上，欲定其位置，須引入天穹弧線，述其所。再引入觀者足踐地平向遠方延伸線。目視星所與目之間畫直線，此直線與足下地平線相交。即得一斜邊、一平邊。此時，目測此星高程，不得以遠行地平實現。以天頂去地平 90°角參照。直角須減角度即此星去地平交角。此角是仰極高程角，但不是仰極高度。仰極高度爲已知數，但仰極高程角可爲未知數。高程角測量後度數爲仰極高程度。此名可略爲仰極高度。仰極高程角堪摹畫，但仰極高程角度須測量而得。

結。此謂水形。論水形以質，即爲水。小及草葉，大及湖面水汽沈降，俱堪言水。此又係《易》北方卦水之本。

　　此時節，日行漸遠，祝巫知日將及最遠處。「主冬」者，炳照於蒼穹。既知日在最遠處，何如夏日炳照？設使冬日照耀，夏至寧不照耀乎？「主」字關聯它事。檢「主」謂燈芯燃燒，於星曆謂「使日炳照某行星以合，預告水將形（於處所）」。水形者，露結爲霜、水凝成冰也。此乃北方冬日物象，臺北、海南島俱無。霜雪冰三者俱爲陰精，本乎水形。言其本，故言水也。

　　又檢司馬遷言「日辰之會」，未言日水之會。辰名源值得考究。《甲骨文編》（卷一四）錄第一期甲骨文「辰」，狀爲⿰尸勹〔註48〕。此字含三角，三角斜線指向類此星曆圖水星上合象。推測辰字今韻本乎申戎氏時代，狄宛第一期、第二期第Ⅰ段無此韻字。狄宛語音貴鳥韻，今依此韻推測祝巫以鉤命之，以其有三角狀。史傳庖犧氏持矩，我以爲此物本相即瓦器刻三角或三角兩邊之刻畫。幼時見家父用矩，斜視見拐角兩邊，即可減省一邊。發掘者曾在 F17 起出寬帶紋缽片，上刻「7 字形符號」。推斷此刻畫即鉤。祝巫檢哈雷彗星依其所知水星上合之所。察此彗星以昏時，察此星上合也以昏時。節令參差，但時分相同。故用象徵鉤星定所爲度數，以告見哈雷彗星之天所。言此星名鉤，乃庖犧氏時代星名，其證殘存於漢末。《天官書》張守節案引皇甫謐言水星「或曰鉤星」（《史記》第 1327 頁）。皇甫氏此言是。檢此名存狄宛 F238 圖樣傳承殘跡：「鉤星」之「鉤」謂某星曲行而以平黃道堪爲參數。曲即行道曲，繞行日故曲。準乎其線交黃道，此爲祝巫取準度而曆援。唯於是星行迄某所交地平而能得度數。相交之狀爲鉤。

　　鉤星之鉤係「勾股弦」「勾」名源。日行軌道非直行，欲檢水星行道，謀算未來冬至，依三角摹記行度，能得冬至日。此即鉤。後世言勾股弦之「勾」俱本《周髀算經》，而此書用名早不過虞夏或嗣世。《周髀》「周」謂圓底圓頂球體。此算書述「勾股弦」甚細，又言此術本乎庖犧氏、大禹。此說堪信。大禹、后稷先輩俱本西土。鉤名甚早。而二人傳《大荒西經》記「不周山」證其先輩知曉狄宛舊事。考《周髀算經》言「周天」，而《大荒西經》記「不周山」。二者對偶，即顯某處天體不滿。我檢此山即狄宛斷崖以內高地。不周者，不徧周也，天球狀之截球斜置是也。狄宛斷崖內有壕溝摹記天球，其側

---

〔註48〕中國科學院考古研究所：《甲骨文編》，中華書局，1965 年，第 561 頁。案此條下若干字非「辰」，有旁字誤入此部。

係斷崖。斷崖黃道與天赤道交以 23.5°許，右下傾斜。於協所系，此走向東南。立於黃道見地傾斜向東偏南。《原道訓》記共工「觸不周之山，使地東南傾」。何寧引高誘注「不周山，昆侖西北」（《淮南子集釋》第 44 頁）。此言非是。

《周髀算經》「折矩以爲勾廣三，股修四，徑隅五」。趙君卿注：「橫者謂之廣，勾亦廣〔註 49〕。」趙氏以「橫」注「廣」，此即《九章算術》「廣從」之「廣」。明代顧應祥《勾股論說》逕言：「勾股之法，橫曰勾、直曰股、斜之爲弦〔註 50〕」。在此，見鉤變爲勾。而《曉庵新法》目錄卷一有「句股」，其後僅見「勾股」〔註 51〕。此證「句」、「勾」二字通用，而句字能通鉤。此字韻讀出自鳥韻，發音不難，合於狄宛文言草創水準。

陳遵嬀先生言，（中國）「五星」記載，雖然很早「就有了，而真正加以認識和研究」，「在戰國時代」（《中國天文學史》，中冊，第 580 頁）。今據狄宛第二期 F238 星圖與曆算，得斷中國古人知曉金星、水星、地球爲行星，諸星繞日運轉之念萌芽於時在狄宛第一期，第二期第 I 段迄第 II 段，以星圖摹記此觀測。

4）間覆曆援

（1）覆曆援

營窟 F238 覆 H250、F245。此時，存在間覆曆援。H250 係第二期第 I 段曆闕，面長方，長程 0.8～1.7，0.7～1.5，深程 0.6 米。祝巫能在建造 F238 時承取 H250 度數。

檢 H250 寬程 0.7～1.5 米之閾值 1.5 米能被祝巫建造營窟 F238 時承取，祝巫倍之以爲 F238 寬程 3.1 米。誤差 0.05 米，曆算不足半日。此外，祝巫造 F238 時，能承取 H250 深程 0.6 米，以爲此營窟通風坑長程，此乃改向程曆援。

檢 F245 參數如後：戶道角 124°，折合日過黃道 326°，戶道長程 1.8、寬程 0.9、深程 0.55 米。窟燿闕口徑程 1、底徑程 0.92、深程 0.5 米。窟底長程：8.4、寬程 7.9、垣深程 0.7 米。

檢 F245 戶道長程 1.8 米。顧發掘細微誤差，此數係 F238 營窟底長程 3.7 米二分之一。誤差日數 0.46 日。誤差小於 0.5 日。承取之義明顯。

〔註 49〕 《周髀算經》，中華書局，學津討原本，1936 年，第 2 頁。
〔註 50〕 顧應祥：《勾股算術二卷》，《續修四庫全書》第 1044 冊，第 1 頁。
〔註 51〕 王錫闡：《曉庵新法》，商務印書館，1936 年，目錄第 1 頁、卷一第 1 頁。

（2）受覆曆援

F238 覆於 F236、F237。於 F238，F236、F237 曆援乃覆曆援，於 F238 即受覆曆援。F237 位於探方 213、212 第 3 層下，屬第二期 III 段遺跡，覆 F238、H250、M223、F249、F245，殘 H249、M219、M220，覆以 F242、F236，方底，壁長程 4.2，壁寬程 3.6，壁殘高程 0.2～0.3 米，戶向 86°，有圓口竈穴，無出土物。

F238 戶向角 245° 折合日過黃經 205°。F237 戶向角 86° 折合日過黃經 4°。此數堪訓爲鉤星（水星）繞日旋轉近半佐證，即自黃經 180° 行及黃經 4°，用時約 40 餘日。依祝巫察鉤（水）星論此題，此處存在察星承取關係。而且，F238 窟竈闕深程 0.3 米同 F237 殘高程 0.3 米。此又證曆援。此深程、高程度當 83 日，係鉤星輪返日效。營窟 F237 殘高程取自 F237 窟竈闕深程無疑。

營窟 F236 係第二期第 III 段營窟，底面不清，底殘長 2.3、殘寬 2 米，窟竈闕圓，口徑、底徑俱爲 0.9、深程 0.1 米。檢 F238 營窟深程 0.15 米。F236 窟竈闕深程 0.1 米。此二者係同向程參數。推測 F236 竈闕殘深程本乎 F238 殘深程。

## （三）第 III 段營窟曆體與曆援

### 1. F1 曆體與曆援

#### 1）結構與圖見參數

#### （1）發掘者述

營窟 F1 係方底圓角半地穴遺跡，位於第 I 發掘區東北角 T1 內第 3 層下。戶向東，105°。西垣被 F2 戶道覆壓。

窟底南北長程 4.7、東西寬程 4、殘深程 0.2～0.4 米。東垣當間開有弧斜坡，其底見溝狀戶道，長程 2、寬程 0.48～0.6、深程 0.1～0.6 米。戶道入口處向內延伸 0.2、低於居住面 0.54 米，底西邊向內竈闕開有直徑程 0.28 米通風孔，孔當間向下斜深 0.36 米，呈一折角。垣、戶道、居住面俱塗抹草筋泥，其下夯實。居住面兩次抹成，表面平整。窟當間偏後，別南北向散佈 2 個力柱柱洞，直徑程 0.22～0.28、深程 0.15 米，周壁整齊，底圓，無加固。

竈闕位於窟當間偏東直對戶道，距戶道口 0.7 米，近圓，直徑程 1～1.14、深程 0.46 米。底部燒成黑灰色硬面，壁爲淺灰色，口部磚紅色，較堅硬。底

東邊開有通風坑，直徑程 0.2 米。西邊斜下挖袋狀火種洞，口徑程 0.25、內徑程 0.38、深程 0.75 米，內呈紅燒土壁，殘留些許灰燼（圖七三）。窟內堆積層深灰色，質地鬆，含較多陶片，有彩陶「弧三角紋盆」、斂口缽、尖底瓶、夾砂罐。緊貼居住面有房屋倒塌時壓碎器若干件，諸物多位於爟闕東南部及窟西垣。

依附表五，F2 覆 F1，二營窟俱係第 III 段營窟。F2 起出物細節：缽 2 件，AIII 型 1 件、BIII 型 1 件。彩陶盆有 4 件：圜底盆 BIV 型 2 件、平底盆 A 型 2 件。夾砂罐 2 件：鼓腹深罐 AVI 型 1 件、淺腹罐 AIII 型 1 件。石斧僅 AII 型 1 件。研磨石 A 型 2 件。「石墜」C 型 1 件。石丸 3 件：A 型 1 件 B 型 2 件。

（2）舊圖初考

檢舊圖七三，戶道走向在營窟之東微偏南。自東端西行有弧狀棱坎，西行見戶道愈來愈寬。戶道入營窟口兩側垣邊線走向不一，兩線相交於戶道口某處，交角度數若干。戶道線越爟闕直對垣走向南偏西——北偏東。兩寬邊走向東偏南——西偏北。柱洞 2 眼，似平行西垣散佈，去窟爟闕距離不等。剖面圖見日光能自戶道口射入應窟底面，鋪射初點在西垣，鋪射邊線在爟闕係棱邊，日昇高後光線遠去。

戶道東端弧線兩端向東能夠延伸，而且弧線棱邊似垂直下深。沿戶道近營窟口前行，而通風道與戶入營窟處一體，無一處有下深垂直之狀，俱係緩坡。入營窟無深坎。此處存在日照方向牴牾，即戶道端日照在戶道線上無續。

舊圖數碼並器物位置：1～4 係彩陶盆、5 係彩陶缽，6～8 係石斧，9 與 15 係石研磨器，10～12 係石丸，13 與 14 係夾砂罐。爟闕下東北方有瓦片、西南方有石丸。原圖體全瓦器朝向難辨。

舊圖存疑有五：第一，戶道口左右兩側垣邊線為何相交於戶道上。第二，石丸 12 為何處於窟爟闕下西南方，西邊近垣石丸為何與爟闕底石丸在同向程上。第三，而瓦器殘片位於爟闕底東北。第四，彩陶盆 4 似抵近爟闕西南邊，在爟闕與此盆之間，為何有石斧。第五，彩陶盆 4 抵近爟闕，彩陶盆 1 遠去爟闕。盆 4 大於盆 1，而且二者擺放方向似乎相反。此反向與去爟闕遠近有何含義。

## 2）輔畫朱線與曆義

### （1）輔畫朱線

畫 A'A 連線，畫原圖七三子午線平行線 NS，再畫其垂線 WO，為黃經 180°～0°。測 A'A 走向 111°，大於發掘者給 105°，計 6°。檢此角度數折合日過黃經 349°。此線告日照近春分，抑或唯為參照，便於祝巫圖告天象、或星象，須深入檢討。此舉足以解答前舉 5 問。

畫 B 線段，起於戶道口內北邊通風坑邊與戶道口被垣交點，伸向彩陶盆 1 東。此線交黃經 140°，在黃道以北 50°。自通風坑南端橫頭在戶道口南垣起點畫線，伸向 C 點。C 線交黃經 111°，在黃道北 21°。

後覓南橫頭鄰垣邊斜線，畫 D 線，交黃經 227°，在黃道南 47°。B、D 兩線段為營窟底面眾遺跡邊線。再畫營窟戶道口南垣邊線 E，此線伸向北偏東。此線交子午線約 22°，折合日過黃經 68°。後畫戶道北垣邊線 F 伸向南偏西，此線方向角 10°，折合日過黃經 80°。續之，畫戶道端 A'西見弧線狀階棱邊 K。末畫黃經直線南北瓦器走向線，交於戶道線上。終畫石丸 11 自西向丸 12 延伸線。

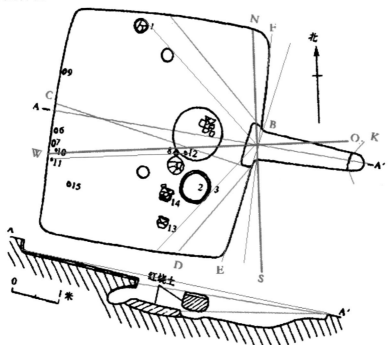

圖五○：營窟 F1 日遠地冬至日黃赤道交 23.5 度暨金星凌日

　　K 線告日在遠處。若自戶道端 A'畫橢圓，得橢圓近扁平，而且長軸線長程短於戶道端迄爟闕東邊沿長程。此橢圓傾斜。此圖樣使人察覺地面傾斜，天頂向東偏轉。準此，檢剖面圖輔畫朱線，知日照線甚長。察戶道兩側無柱洞，日在東昇，能近平鋪射，時在日短之時。四季唯冬至日影最長。由此推知，F1 述時節須涉冬至。

　　又測盆 1 邊緣線伸向戶道線，交黃經 139°，合此物在黃道北 49°。而盆 2 邊線伸向戶道線，交黃經 224°，折合角距 44°。丸 11 自西向東見其去黃道距離增大傾向，此乃遠小近大之狀。由此推斷，此天體自西向東行，入於爟闕。

　　（2）星曆參數

　　以 N 爲北極，以 E 線北端爲黃極，見兩線度數差 22°。此度數即黃道、赤道夾角。誤差 1.5°。黃極在東偏北，此告日照在赤道南 22°或 23.5°，於前者，時在冬至後 2 日。於後者，時在冬至。而戶道線非日射線之摹記，而係赤道面偏轉後側視圖。此線不得爲驗算基準。

　　此圖似乎爲 F349 之對應，此處見冬至日照或冬至 2 日後日照。而 F238 述夏至日照。

　　欲見圖述天體，須以黃經線爲黃道面。戶道口戶道線與子午線交點爲界點。東爲陽、西爲陰。東有日照，西爲夜景。夜見日行於天穹，故能得赤經圈之投影黃道圈。爟闕爲圓，此述黃道圈爲圓。黃道圈非如戶道東部可畫橢圓，故在東部扁平橢圓述日遠去，唯告時在冬至（或其後 2 日）。而戶道內諸物能述天象志。天象以昏後察得。冬季日照短而日影長。日未落山而光線暗，故星體早見於西天。察水星、金星俱可在昏時。東部見 E 線在北交北極角度小於 23.5°，故在天亮遲，能延時察行星於東天，似乎天亮時分早於冬至日 1.5°。既欲察天體於天穹，西部不須用赤經面扁平爲圖樣基準。檢 OW 線爲星體在黃道南北界線，北檢盆 1 能當金星，而連線東南柱洞當水星。繞日諸星，水星最近。以爟闕圓點爲日所在，測算盆 1 去圓心距離等於此點沿盆 2 邊緣伸向營窟在 E 處端點距離。或自爟闕圓心到 D 點或其西邊朱線端點距離。如此，爟闕爲圓出自祝巫繪日行圓投影。若自爟闕圓心畫線，過盆 2 西邊，沿盆 2、罐 14 夾縫向南偏西延伸，此線爲爟 13 中線之延長線。此線長程如前。水星在黃道北向南向東轉，在黃道南見另一柱洞象徵水星。但金星位於何處，甚難判定。金星最大距離在黃道南，其去日距離與爟闕圓心去 D 端或去 D 西朱線端相當或大於此線段。如此，金星逸出此圖。

　　僅一處存疑：丸 11 運動、丸 12 位於爟闕下。此二丸乃孤在之丸，抑或爟闕內一丸係其南越黃道而入黃道圈之果，須依故斷定。

　　檢圖上瓦器 1、4 俱係瓦盆，放置方向參差，小大參差。若祝巫在戶道線西端爟闕旁，盆 1 當金星去人遠。南行而東，近人，故顯大。兩盆放置方向相反，以告金星轉動後方向變動。最後抵近爟闕，衝進黃道，有抵日之狀。此即金星衝日。金星衝日之出發點在黃道西偏北某處。沿營窟西邊南下，過黃經線東行，自丸 11 向東運動。黃道圈之黃道線在此拉長，星體隨比例變動變小。後隨著入黃道圈。黃道圈周邊為日行軌跡。日遠去，故日小。今以日在爟闕圓心深處，而金星近人，故顯大。盆 4 象之。此天體入黃道圈。最後自黃道圈內西南向圓心逼近。

　　爟闕內瓦器殘片 5 中央與丸 12 連線交黃經約 50°。此線過爟闕圓心，此線連盆 4 中央。此位置聯繫能告爟闕內丸 12 塙來自盆 1。

　　如上圖景屬特別天象，又含時節指示，非孤在時節圖樣。今須訓釋天象，須自金星合日開端，不得猜測火星天象。火星、木星等屬地外行星，唯地內行星如水星、金星能被涉及。

　　我推斷此番天象係中國歷史上首番目察金星凌日，而且此番凌日係金星昇交點凌日。圖誌金星凌日時段為凌初內切。此番金星凌日發生於冬至或冬至後 2 日，約當狄宛曆法之 11 月 22 日或 11 月 24 日。此時節日照不強，而凌日時段 6 小時能自午後綿延迄傍晚 18 時後，便於查看。裸眼見之，不為怪異。

　　據研究，金星凌日發生時，金星、地球、太陽位置關係類似日食發生時月球與地球、太陽位置關係。自地察，日似有痣。凌日時段：凌初外切、凌初內切、凌甚、凌終內切、凌終外切。曆日時段能長達 6 小時。

　　金星凌日別二等：降交點金星凌日。昇交點金星凌日。降交點金星凌日發生於陽曆 6 月 8 日前後。金星由北往南過日面。過日面即過黃道。生交點金星凌日發生於陽曆 12 月 10 日前後。金星由南往北過黃道，留下黑點在日面。生交點凌日時，金星去地球較近，3947 萬千米。以頻率論，金星降交點凌日頻率更大〔註 52〕。查看金星凌日者難得凌甚記錄。僅能記錄凌初內切、凌終內切、凌終外切〔註 53〕。

〔註52〕楊達：《耀眼的「鑽石」——金星》，中州古籍出版社，2014 年，第 54 頁～第 55 頁。

〔註53〕蘇山：《天文學基礎知識入門》，北京工業大學出版社，2013 年，第 134 頁。

　　據記載，阿拉伯哲學家法拉比（西元後 870～950 年）係目察金星凌日第一人。他記其觀測於羊皮紙，其記錄被譯爲「太陽面上一粒胎痣」。有人推算，此番凌日發生於西元 910 年 11 月 24 日。在人類金星認知史上，德國天文學家開普勒最早依運算預告 1631 年 12 月 7 日將見金星凌日。後世以天文望遠鏡查看金星凌日。濾色後，太陽面上黑點甚清〔註54〕。

### 3）曆體與曆援

#### （1）戶道曆志

戶道長程度當日：

$2 \div 0.33 = 6$

$6 \times 3.0416 = 18$

寬程度當日閏：

$0.48 \div 0.33 = 1.45$

$1.45 \times 3.0416 = 4.4$

深程度當日：

$0.6 \div 0.33 = 1.81$

$1.81 \times 3.0416 = 5.53$

深程 0.6 米度當 165.9 日。

#### （2）窟燫闕曆志

直徑程度當日閏：

$1 \div 0.33 = 3.03$

$3.03 \times 3.0416 = 9.2$

$1.14 \div 0.33 = 3.45$

$3.45 \times 3.0416 = 10.5$

深程度當日：

$0.46 \div 0.33 = 1.39$

$1.39 \times 3.0416 = 4.23$

小數折算 7 日，計得 127 日。

通風孔直徑程度當日：

---

〔註54〕鄔全俊：《太空知識與空間技術》，吉林人民出版社，2010 年，第 168 頁～第 170 頁。

0.28÷0.33＝0.84

0.84×3.0416＝2.5

孔斜深程度當日：

0.36÷0.33＝1.09

1.09×3.0416＝3.318

小數折算 9.5 日，計得 99.5 日。

袋狀爞火洞口徑程度當日：

0.25÷0.33＝0.75

0.75×3.0416＝2.3

內徑程度當日：

0.38÷0.33＝1.15

1.15×3.0416＝3.5

深程度當日：

0.75÷0.33＝2.27

2.27×3.0416＝6.91

小數折算 27 日，計得 207 日。

（3）營窟三向程曆志

長程度當日：

4.7÷0.33＝14.2

14.2×3.0416＝43

東西寬程度當日：

4÷0.33＝12.12

12.12×3.0416＝36

殘深程度當日：

0.4÷0.33＝1.2

1.2×3.0416＝3.68

小數折算 20.6 日，計得 110.6 日。

柱洞度當日：

較粗柱洞徑程度當日：

0.28÷0.33＝0.84

0.84×3.0416＝2.58

細柱洞度當 2 日。

二柱洞深程度當日：

0.15÷0.33＝0.45

0.45×3.0416＝1.382

小數折算 11.47 日，計得 41.47 日。

（4）驗算

前曆算堪逐條驗證如後：戶道諸程度當 188 日，此日數當盆 4 與黃道南水星連線過黃經度數。爥闕諸程度當日總計 136.8，此日數合黃道北金星、水星圓面內側連線走向戶道線交點過黃經度數。此二線未畫於前圖，但前考圖樣時已述。

通風孔度當日計得 102 日，此數堪當地球近日點黃經度數。袋狀爥火洞諸程度當日計得 212.8，此日數堪當金星繞日輪返日數。營窟三向程度當日總計 189 日，此數用如戶道諸程度當 188 日。二者差 1 日出自此處算初日。殘深程度當 110 日堪當 F1 日自黃經 349°行迄黃經 90°。誤差 1 日出自減算初日。

柱洞深程度當日加柱洞徑程度當日得 43.47 日。此數合乎圖見其自北轉南角度約等於 180 度之象。此日數爲水星繞日行半圈日數，故須倍之即爲水星繞日週旋用日數，此數等於 86.94 日。水星繞日週旋之效用爲 87.969。二數差爲 1.02。較之 F238 圖志水星繞日輪返日數去輪返之效誤差 1.9 日，F1 曆志水星繞日週旋日數之效誤差僅有 1 日。觀測經度提高 1 日。

金星凌日觀測致祝巫察知，金星繞日輪返日數爲 213 日。此數較之 F238 曆志金星繞日輪返之效 210 日增 2 日，誤差減小 2 日，F1 曆志金星繞日輪返日數較之輪返之效 224.7 日僅差 11.7 日。此二處曆算進益告狄宛第二期第 III 段水星、金星觀測水準精進。

（5）同段營窟 F2 覆援

F2 位於 T1 第 3 層下，係二期第 III 段營窟，覆 F3、F13、F1，底方，近全存，底長程 3.93、寬程 3.7、殘高程 0.15～0.41、戶向 103°，戶道長程 1.4、寬程 0.8 米。爥闕圓筒狀，口徑程 0.92、底徑程 0.92、深程 0.4，營窟中央有大柱洞 2，垣廓上有小柱洞 11。起出物：缽 AIII 型 1 件、「尖底瓶」IV 型 1 件、內彩殘片 1 件、瓦線陀 A 型 1 件、瓦弓 A 型 2 件（殘）、石錛 AIII 型（殘）、「石刮削器」A 型 1 件、石鑿 B 型 1 件，石球 A 型 1 件 B 型 2 件、礪石 C 型 1 件（殘）、近圓柱體骨鏃 A 型 1 件（殘）。

案，F2 覆援 F1 之證：F1 記日過黃經 349°，去黃經 0°差 11°而已。F2 記日過黃經 347°。二者僅差 2°。日先照射 347°，後照射 34°。而祝巫先記錄證日冬金星凌日。後造 F2。較之 F2，F1 有更大天象觀測史價值。此外，祝巫建造 F2 依 F1 時次，二者 2°差依璇璣歲略當 2 日。此營窟起出瓦線陀 A 型 1 件，此物告狄宛臨界日全食發生於秋分前，此時段乃今春分前之逆時段。在黃道附近西端見日食。

F2 底長程 3.93 米近須來自 F1 底寬程 4 米。發掘誤差 0.07 米。F2 殘高程最大 0.41 米近 F1 殘深程 0.4 米。

### 2. F207 曆體與曆援

#### 1）F207 結構與圖見參數

#### （1）發掘者述

F207 位於第 III 發掘區西北探方 T202 與 T208 間第 2 層下，被同時期 K208、H209、H210 覆或雍，北部後被破壞，依殘存部分居住面與爐闕及通風坑位置推斷，此遺跡係圓「房址」，方向 117°。

殘存垣東西長程 8.6、南北寬程 5.5 米，半月狀，係此營窟南半部。草拌泥塗抹於居住面，厚約 0.03 米。依殘居住面與爐闕及通風坑東西中心線為中軸，推測此遺跡復原室後東西徑程 8.6、南北徑程 9.7 米。

東部居住面掘一橢圓爐闕，東西徑程 1.24、南北徑程 1.44、深程 0.37 米。爐闕壁係紅燒土硬面，底係青灰色硬面。爐闕底西面有火種洞，洞口徑 0.25 米，內呈袋狀，斜向深 0.58 米，納草木灰及木炭顆粒。爐闕底東開一直徑程 0.28 米通風孔，通爐闕東通風坑。依通風坑東西長程 1.3、南北寬程 0.9、深程 0.58 米推算，此營窟戶道寬約 1 米。

此外，營窟南部居住面上發現兩個橢圓「灰坑」，編碼 H209 與 H210。二者殘居住面。H209 位於居住面東南，東西徑程 1.25、南北徑程 1.15、深程 1.3 米，底圓，納深灰色填土。H210 位於居住面西南部，東距 H209 約 2 米，東西徑程 1.05、南北徑程 0.95、深程 1.5 米，底不甚平整，填土深灰色，較鬆軟。發掘者依其位置推斷，此二遺跡係 F207 內中央力柱柱洞遺跡。北部也應有兩個大小相似柱洞（圖八〇）。

依附表五，K208 覆 F207、F207 雍 F232、F229、F215、F213、F246。受雍於 H209、H210。

（2）舊圖初考

此遺跡用第二期第 I 段遺跡，係辨識狄宛第二期各段營窟菹程系關聯，以及狄宛第二期第 III 段菹程系平面圖基礎。

圖八〇僅係 F207 殘部加發掘者溯跡。此營窟殘部有東南、西南、東、西居住面殘部。西北、東北、正北殘去。居住面存柱洞 2 眼，外廓大半爲泥坎幫邊。燧闕底向西北有燧火洞。殘戶道端有弧狀，後見兩邊線向內收縮。殘存面邊緣微橢圓。柱洞口徑甚大。

此營窟圖不見垣邊、垣外柱洞，此似營窟 F238。祝巫爲何知曉營造支撐，爲何在 F238、F207 垣邊不用木料。彼等欲節用木料，抑或出自他慮，難窺端倪。

自戶道向對邊望去，視線越過窟燧闕而及營窟殘邊，此線長程短於自正南向正北畫線。若察此遺跡剖面圖，能見底面近似位於平地上。其底面與底面如此關係異乎前考任一營窟底面模樣。若察底面近方或近圓，依此類別營窟底模樣，F238 底面最似 F207 底面。儘管如此，F207 底面落於平地之下。而此處見 F207 底面幾乎平行於營窟外地面。又檢狄宛第一期三座營窟底面，無一似此營窟底面。由此推知，第二期第 III 段 F207 係全新星曆圖樣，不得視爲它圖孳乳。

依前對照，此營窟看似在平地構築之判斷本含若干疑問。而訓釋諸疑須從此面貌獲端，由端得線後能得祝巫本圖基礎。

2）輔畫朱線與曆義

（1）輔畫兩色線

謀繪點、線、圓之便，移動原圖子午線於樞紐部，存舊子午線端「北」字便於對照。後伸長子午線，得線段 NS。

後畫 NS 垂線，爲 WO，爲黃道平面。此線西東當黃經 180°～0°線。便於察日所。依發掘者誌徑程甚大橢圓柱洞，近燧闕者係曆闕 H209、遠燧闕之曆闕爲 H210。畫戶道線 AA'，見其過戶道口前過錐體鈍銳部、後過燧闕、其底燧火洞上面，伸向 A'。

畫圓合大半圈泥棱外簷，並使之在西北、西偏北、正西滿度，得小圓周。畫錐體部橢圓殘部弧線 K，如前諸例，以關聯日行道。輔畫泥棱兩邊緣向燧火洞虛線在燧闕處，得扇面兩邊。由此知祝巫能造全泥棱爲圓，但祝巫減省此部，有一旨的。

　　畫錐體近燧闕兩側斜線伸長線，得戶道口南線段伸向 C，戶道口北線段伸向 H210，而且，此線與黃經線相交。在東部、細部各有 5°差。最後，如辨識 F238 一般，在此營窟周邊覓得恰當邊線，從戶道線某點獲得圓心，畫橢圓，使長軸、短軸長程差甚小，得近似圓周之橢圓。剖面圖不堪畫日照線，故在此營窟底面去營窟外地平無幾。

　　依此營窟殘存部堪畫線、圓而論，發掘者給模擬圖去祝巫初圖不遠：營窟外廓幾乎盡等於星曆圖外廓。推測發掘者自殘存部長軸、短軸圓點獲得模擬基礎。而發掘者在營窟北邊設擬二柱洞爲耦屬多餘。

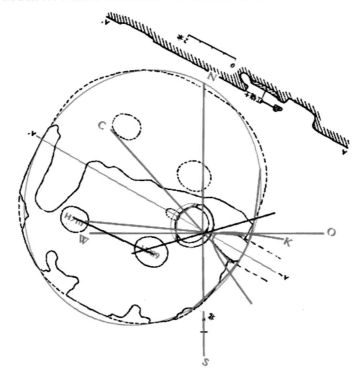

圖五一：營窟 F207 日環行黃道滿度與赤經圈俯視及回歸年照歲星

　　再畫兩 H210 與 H209 連線，及其圓心。而後畫兩遺跡圓心迄協所系原點連線。末二線段志以棗紅色。得圖如上。

（2）星曆與參數

　　檢 AA'走向角 119°，非發掘者述 117°。此度數折合日過黃經 331°。圖見日行道三等係此圖範程系辨識基礎。第一日行道曰天穹日行道。第二日行道曰日繞行道。第三日行道曰縮微日行道。

　　第一日行道之證在於此營窟外廓最大橢圓圈。第二日行道即黃道圈。第三日行道即曆闕 H209 自黃道以下右轉，偏轉之後，行進而迄黃道以北，爲曆闕 H210，近乎週旋。二者能爲日行軌道對照圖。

　　第一日行道告日在天行，第二道即日繞行道告日運行方向與查看歲曆即回歸年。此處結構細節即第一日行道投影，祝巫依此爲爌闕與其泥棱圈太半。此二者俱能述日行道，故外廓橢圓。祝巫在地平上放寫最大日行道，地表齊整即可，不須下深。如此，大面不須下深。依此，得知營窟建造者本在地表摹略，此營窟殘破難免。

　　以形土下深述星曆，故見戶道口模樣、爌闕模樣、通風坑模樣。而第二行道與第一行道比例之內能容納其餘曆爲。

　　爌闕乃祝巫摹記日行道後所得黃經圈，故爌闕猶如查看日行何處之比例尺。它有日行道之義，但能告滿度行道。戶道口弧線與爌闕述日呼應。此呼應以位置關係圖顯。K 遠而爌闕近，K 東向而敞開，爌闕西向敞開。祝巫不能在天察日，在地察日西向。而在地察日之所即爌闕西北、正西、西南。此三向凸顯日行方向。日行天穹，倒影爲黃道圈。日行猶普照。普照如火有無、光強弱、熱盛衰。賦予黃道圈高倍數比例尺之功，在正西東北望、東南望，能得一歲日行樞紐，即春分點。日東北行能及日昇行之端，自東北而迄正西頭頂，時在夏至迄秋分。自頭頂迄東南，日過黃道東行而迄立春，後昇行，迄春分點。以目耦日東西行，得秋分迄春分日數。此即爌闕西部泥棱不全之故。

　　第三日行道裂變爲二處軌道對照。此二者即曆闕 H209、H210，而樞紐即東南 K 告日在西偏北運動，下行而過黃道，又能東行。

　　若顧曆闕 H209、H210 模樣，見其狀橢圓。以二橢圓爲遠觀日行天穹二圖，此二圖即第一圖演變而得第二圖，非孤在二圖，能見 H209、H210 曆義關聯。爌闕述黃道圈，藏對照度數。而黃道北曆闕與黃道南曆闕述日經天某種行進速率，或速度比。速度比包含日過黃經 360° 匹配回歸年。

　　此述又含日去地球遠近之變。檢兩曆闕，H209 橢圓面大於 H210 橢圓面。依此得知，H209 述日近，此近告祝巫移步於黃道南。H209 近而 H210 遠。顧黃經線在西邊，H210 與 H209 各在黃道一側。自 H209 圓心畫線，伸向諸線交點，得線段交黃經 20 度許，加黃道北 H210 走向線交黃經 6°，總計 26° 許。此域乃日行度數增加之域。但此度數不得爲術算依據，故在此處存在軌道傾

斜。畫兩橢圓圓心連線爲棗紅色，此線過黃經交 23°許。此度數乃黃赤道夾角。以此二曆闕爲大星，自北而南移動，而且在北小，在南變大。此時自協所系原點測算，得此二曆闕行度 30°。若畫 H209 圓心向原點直線，能見此線過黃經 15°或 195°。準乎日在東軌道，星在西，即得此星直近日點。此度數合木星近日點黃經 14.7°。夜見此二星曆義補足爝闕泥棱與東部戶道口 K 弧線表意虧欠。依發掘者給二曆闕深程，H210 深程大於 H209 深程。發掘者給圖顯 H209 徑程大於 H210 徑程。其故在 H209 近日。

此營窟遺跡雖殘，但蘊藏圖形力顯著。在地察天見日行道位於天穹，摹寫於地。此爲一類圖樣。在地察天，見赤經爲圓，投影於地，摹略見日照強弱，形土爲誌，爝闕、曆闕爲證。此係第二類圖樣。見日遠近，別爲夜察、晝察。察見赤經爲環與日環天投影之環，並見二環交線參差，此乃第三類圖樣。此圖含第三類圖樣係後世天象圖見黃赤道線交叉之鼻祖。

此二等線段又以回歸年基準爲春分日旁證。此圖黃道範程系之見日軌道 K 在平面正東與 O 線段有夾角。此夾角度數不大。檢正東即日過黃經 0°。又測此線與 K 夾角約在 5°～6°。O 線段爲日軌道弧線切線。直線述靜止線、弧線述瞬時運行。如此，得知春分日瞬時能見每歲日經天滿度與過黃經滿度日數差等於 5～6 日。

3）F207 曆體

（1）戶道曆志

寬程度當日：

1÷0.33＝3.03

3.03×3.0416＝9.2

長程殘去，不得爲算。圖見戶道寬程不及 K 弧線任一點。

（2）窟爝闕曆志

東西徑程度當日：

1.24÷0.33＝3.75

3.75×3.0416＝11.4

南北徑程度當日：

1.44÷0.33＝4.3

4.3×3.0416＝13.2

燋闞深程度當日：

0.37÷0.33＝1.12

1.12×3.0416＝3.4

小數折算 12 日，計得 102 日。

燋火洞口徑程度當日：

0.25÷0.33＝0.75

0.75×3.0416＝2.3

斜向深程度當日：

0.58÷0.33＝1.75

1.75×3.0416＝5.345

小數折算 10 日，計得 160 日。

（3）通風坑曆志

通風坑東西長度當日：

1.3÷0.33＝3.93

3.93×3.0416＝11.9

寬程度當日：

0.9÷0.33＝2.72

2.72×3.0416＝8.2

深程度當日：

0.58÷0.33＝1.75

1.75×3.0416＝5.34

小數折算 10 日，計得 160 日。

（4）二曆闕曆志

依前考，此營窟內曆闕 H209、H210 非雍此營窟，乃係祝巫故為。祝巫恃此告日過黃道某度。以顯日過黃道度閾。如此，此二曆闕曆算須入曆體。

H209 位於居住面東南，東西徑程度當日：

1.25÷0.33＝3.78

3.78×3.0416＝11.5

南北徑程度當日：

1.15÷0.33＝3.48

3.48×3.0416＝10.5

徑程度當日均數 11 日。

深程度當日：

1.3÷0.33＝3.93

3.93×3.0416＝11.98

小數折算 29.4，計得 359.4 日。

H210 位於居住面西南部，東西徑程度當日：

1.05÷0.33＝3.18

3.18×3.0416＝9.6

南北徑程度當日：

0.95÷0.33＝2.87

2.87×3.0416＝8.7

徑程度當日均數 9.15 日。

深程度當日：

1.5÷0.33＝4.54

4.54×3.0416＝13.8

小數折算 24.7 日，計得 414.7 日。

（5）營窟二向程曆志

南北徑程度當日：

9.7÷0.33＝29.39

29.39×3.0416＝89.4

東西徑度當日：

8.6÷0.33＝26

26×3.0416＝79.2

此二數之和等於 138.6 日。

（6）驗算

如前述，戶道線在此用於參照，戶道方位角 119° 折合日數，得 119 日。爟闕徑程度當日均數等於 12.3，加深程度當日 102 日，等於 114.3°。此度數加營窟口 K 切線與 K 走向度數差 5°，得數即 119°。此度數另有一源：

曆闕 H210 深程度當日 414.7 日加兩徑程度當日均數 9.15，計得 423.85 日。H209 深程度當日 359.4 加南北徑程度當日均數 11 日，計得 370.4。此二曆闕述日軌道變動，變動日數等於：

423.85－370.4＝58.45

此日數跨春分前後，以黃經 0°爲界，須二分此數：

58.45÷2＝29.225

折合黃道度數，春分前日須行 29.225°。此度數用 360°減此度數，得 330.7°。約 331°，此度數係戶道線走向折合日過黃經 331°之源。

曆闕 H209 深程度當日 359.4，誤差 0.6 日。推算舊深程 1.3019 米。發掘誤差約 0.002 米。此數告日環黃道行 360°。此日數加此曆闕兩徑程度當日均數 11 日，計得 371 日。此數破得 360°加 11°。360 日爲常數，每年見日過黃經 360°。連續兩年在日行黃道 0°察得赤經上行 11°。均攤於二歲，回歸年日數約爲 365.5 日。若年內春分日察日照，5 日爲界，加 5 日係曆算預設。

最後，須述此 H210 與 H209 星曆義。前檢此二者當木星。察見此星體行 30°，約算一年，堪對照日前歲清明後，歷今歲驚蟄（日所黃經 345 度）見木星，迄今歲清明周歲滿。歲星行 30°。戶道線志日過黃經 331°，約取其間。於第二期第 III 段祝巫，此題非鮮。前考第 I 段營窟 F229 已含此題。

（7）雍曆援

F246、F229 俱係第二期第 I 段營窟，前已考。F232 係第二期第 II 段，F215 係第二期第 II 段營窟。F213 第二期第 III 段營窟。諸營窟俱遲於 F246、F229。而且諸營窟俱依黃赤道交角 23.5 度關聯。

K208 雍 F207。K208 係圓燴闕，第二期第 III 段遺跡，口徑程 0.95、底徑程 0.9、深程 0.35 米。F207 通風坑寬程 0.9 米被曆援。

## 3. F355 曆體與曆援

### 1）F355 結構與圖見參數

#### （1）發掘者述

發掘者記，F355 有室內「窨穴」，係「半地穴式房址」，位於第 IV 發掘區南部 T336、T337 間第 3 層下。戶道向北稍偏東，戶向 26°。

營窟內近全存，方底，東西長程 6.9、南北寬程 5.9、殘深程 0.35～0.4 米。北垣當間開一溝狀斜坡底戶道，戶道長程 2.3、寬程 0.5、深程 0.4～0.6 米。居住面、窟垣、戶道垣俱以草筋泥塗抹平整，未見塗紅顏料痕跡。

　　營窟當間東西排列 2 個大柱洞，直徑程 0.64～0.85、深程 0.76～0.8 米。爨闕前散佈 2 個柱洞，東邊柱洞較大，直徑程 0.3～0.4、深程 0.2 米。西邊一個較小，直徑程 0.12、深程 0.15 米。又見 6 個小柱洞，散佈於東、西、南三面窟垣，直徑程 0.1～0.2、深程 0.1～0.18 米，推測係一種加固小柱。另外，戶道入口處底部兩側對稱散佈 2 個小柱洞，直徑程 0.08、深程 0.2 米。

　　爨闕位於居住面北邊直對戶道處，上口稍大，圓桶狀，外口徑程 1.1、內口徑程 0.9、深程 0.56 米，壁四周係堅硬紅燒草泥面，底係青灰色硬面，無火種洞。爨闕底北開一直徑程 0.2～0.26 米之橢圓通風孔，與戶道內半圓狀通風坑貫通。通風坑東西長程 1、南北半徑程 0.6、深於居住面 0.58 米。爨闕、通風坑間設一凹字狀草泥圈臺，當間平直，兩端微弧，寬程 0.3～0.35、高於居住面 0.1 米，表面抹平。

　　在室東南處（即右後方）掘袋狀坑，其原編碼 H373，其口一半在營窟內，一半擴出東垣，口徑程 1.4、底徑程 1.8、深程 1.2 米，掘於生土層，壁、底光潔。居住面與穴口處草泥相聯。發掘者以爲，此遺跡係「室內窖穴」（圖六九）。

　　此「窖穴」內有鬆軟填土，灰色，雜陶片及小瓦器。起出殘紅陶缽 1 件、殘陶銼 1 件、殘石斧 1 件、殘陶環數件。營窟填土起出黑邊彩陶缽 1 件，石斧 1 件、陶銼 1 件、骨錐 1 件，以及一些對三角彩陶卷沿盆殘片。另依附表五，F355 起出物含「石刮削器」A 型 1 件，蚌墜 1 件。此營窟覆 F383。此營窟係第二期第 I 段遺跡。

　　（2）舊圖初考

　　檢原圖六九，戶道走向北偏東——南偏西。戶道兩側近入口有柱洞，柱洞各爲邊線開端。兩側邊線不在同向，兩線相交。入口以內爲坎，坎棱迄坎底似直壁，此足顯日在北回歸線之象。通風看壁左右呈弧狀，且此弧平面中點非對偶戶道中線。有扭曲之象。戶道走向線越過爨闕直對邊也有傾斜狀，但細一條直線，走向東偏南——西偏北。對偶寬邊平行。剖面圖戶道端見頭階棱邊下深垂直。此告日近直射。而戶道口見小柱洞，此告頂棚爲圭臬。

　　居住面有小徑程柱洞 7 眼，較大徑程柱洞 3 眼。諸柱洞佈置前提不清。柱洞與柱洞連線難以關聯。曆義基礎不清。泥臺相背方向有直線、也有弧線，而其關聯點不清。營窟東南角腔底、壁光潔之故不清。

　　2）輔畫朱線與曆義

　　（1）輔畫朱線

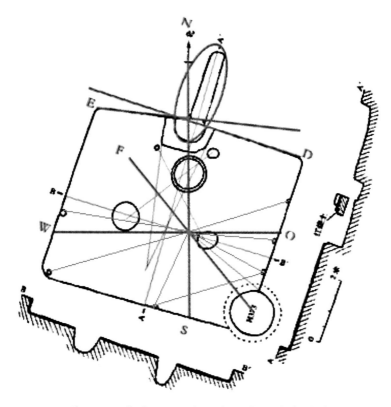

圖五二：營窟 F355 水星金星火星信期並見

移動原圖子午線而不改指向，使之指向戶道口西側柱洞，及柱洞與垣邊拐角。得 NS 線段。畫其垂線 WO，當黃經 180°～0°線。

畫 BB'連線，毌黃道南北兩柱洞之間，交黃經度數若干。此二柱洞當星體，非星宿。再畫 A'A 連線。此線交黃經度數若干。

畫戶道內通風坑上土臺平面弧狀線之拓展圖，得橢圓。此橢圓告祝巫形土爲圖前取日軌道南北軸爲長軸之念，而土臺中點不在戶道線上，西邊面積更大，東邊面積少。自土臺在垣邊起點畫深長線，過黃經，得兩線相交於黃道南，得三角形銳角，度數若干。此兩線在土臺近爟闕處間隔土臺拐角柱洞。此二柱洞是星體。若自二星體畫線相交，得大小柱洞匹配。爟闕西南最大柱洞越爟闕而連東北向柱洞。而爟闕南偏東柱洞關聯土臺拐角最小柱洞。此等交線被祝巫施彩作畫於瓦片，先嘗試記其曆象，後竭力動土營築。後著將考證瓦片（器）彩畫體統。諸柱洞爲星體，依線段見位移。黃道北邊大星體在轉動半圈後及土臺東南拐角。而黃道東南星體轉動半圈後及土臺西南拐角，在此處變小。依此大而小變動之狀，知祝巫察宿之中央在爟闕南偏西某處。

　　畫營窟北垣邊線，得 D、E 兩線段，此二線段交黃經度數不等。畫 H373 圓心，連線迄子午線與黃道線原點，其東邊目視線折合過黃經度數若干。畫營窟北戶道口兩側垣邊伸長線，此二線過柱洞。末畫垣邊細柱洞向原點線段，得六條長短不等線段。而東南不明曆義曆闕 H373 不涉任一線段。畫原點南、東南兩柱洞連線，見此線界 H373 於柱洞之外。

　　此圖線夥不便加字顯之，讀者記三星體之所，即能循後考察知圖義：H373 告火星所。最大柱洞告金星、近協所系原點者為水星。

　　（2）星曆參數

　　A'A 連線交黃經 76°。BB'線連黃道南北兩柱洞，此線交黃經 18°。此二柱洞當行星，非恆星。狄宛第一期營窟圖見祝巫以徑程粗細相近柱子述日直星宿。抽去木柱存柱洞徑程相近，一柱洞當一星宿。而此處如前考 F238、F349 等，營窟內柱洞告行星。

　　戶道內通風坑上土臺平面弧線拓展而得橢圓。此橢圓告彼時祝巫曆為局部：形土為曆象前，祝巫取日軌道南北軸為長軸，故祝巫設想立於南面某處，遠視天球赤道。土臺中點不在戶道線上，戶道線西邊面積更大。戶道口兩側垣邊線走向 D 線交黃經 20°許，E 線交黃經 10°許。對照橢圓正南北走向、戶道口兩側垣邊線走向 D 線、E 線，見圖樣有向右或向東扭曲之狀。向東扭曲，擠壓東邊既定向程，致其減小，故東邊面積少。此狀出自行星西移、南行、向東轉動。

　　自土臺在垣邊起點畫得二線段，此二線段過黃經而為三角形，銳角在黃道南，內角約 20°。在土臺兩側斜邊拐角處有二柱洞，為行星。以其徑程小而知其於祝巫不為亮星。若自二星體畫線相交，切爟闕邊緣或近半切爟闕平面，此二線段各斜伸向較大柱洞，即貌似更大行星。對照天赤道遠而斜，以泥臺北、南圖樣迥異而別兩域，天赤道不參與此處圖形，此處唯顧行星運動。既知行星運動，而且兩交線之每一交線能告星體運行 180°，故此二線段僅告二行星各運動 180°。二者繞日轉動。晨察日行或昏察行星，準乎黃道線，此二行星抵近黃道。而祝巫在此處察頭頂，故見其甚明。如此，以原點為祝巫察星體立足點，最近者為水星、居住面最大柱洞即金星。水星行 180°線交黃經約 53°（自東邊線），金星交黃經 40°（自圓心畫線）。

　　如此，祝巫以立足點替代地球，在原點四周畫察天、夜察天。晝不能得天象得之於夜。六條長短不等線段即祝巫移步之所。東南曆義不明曆闕 H373

不交任一線段。原點南、東南垣邊兩柱洞連線界 H373 於柱洞之外。而此線乃訓釋 H373 基礎。

自南偏西察，日去地愈來愈近，此告地繞日轉而近日。時在黃經 270°後。顧 H373 去爟闕有間，爟闕不炳照此營窟，但升焰能在此曆闕壁反光。以爟闕火為日照，H373 能反光。此即祝巫所知。依此腔底、壁光潔而斷，此腔為星體。此星體異於星宿，為行星。

行星繞日而行，腔H373 在下能移動。祝巫為袋狀之故在於，晝察猶如地上察，晝小。夜察猶如在下察，即此星在日落之後。日落後更大。如此，此星夜繞日行。黑暗行即行於天穹。立於爟闕南邊面南而察，此腔象徵之星向東，走向垣邊而上。自目不睹之處而入視域，而後東北而行，過黃道，繞日行進。東行繞日非逆行。自此星體圓心畫線迄原點附近祝巫立足處，此為一線段。此星體邊緣迄原點也有連線。此處缺省。此線過黃經 320°許。

又檢此行星位於地球繞日軌道以外，南偏西與東南小柱洞告祝巫隨時動而察天象之處。自南偏西迄東南，地球繞日運行。兩點連線伸向營窟外遠方，交黃經約 15°。此線告日去地將遠，也告東南最大行星在此線以外交黃道。此線即地球繞日在天穹界線，此線以內水星、金星為軌內行星（inferior planets）。此線外行星乃地軌外行星（superior planets）。火星、木星、土星等俱地球外行星。文獻記火星繞日輪返用 686.98 日，火星與地球繞日輪返會合用日 779.9 日〔註55〕。

3）F355 曆體與曆援

（1）戶道曆志

戶道長程度當日：

2.3÷0.33＝6.96

6.96×3.0416＝21

寬程度當日：

0.5÷0.33＝1.51

1.51×3.0416＝4.6

深程度當日：

〔註55〕范懷超、羅明雲：《行星地球概論》，成都電子科技大學出版社，2006 年，附錄十，第 296 頁。

$0.6 \div 0.33 = 1.81$

$1.81 \times 3.0416 = 5.53$

小數折算 15.9 日，計得 165.9 日。

（2）窟爐闕曆志

口徑程度當日：

$1.1 \div 0.33 = 3.33$

$3.33 \times 3.0416 = 10$

深程度當日：

$0.56 \div 0.33 = 1.69$

$1.69 \times 3.0416 = 5.16$

小數折算 4.8 日，計得 154.8 日。

（3）通風坑曆志

通風坑東西長程度當日：

$1 \div 0.33 = 3.03$

$3.03 \times 3.0416 = 9$

半徑程無參照義，不計。深程度當日算術須照顧總深：

$0.58 + 0.4 = 0.98$

$0.98 \div 0.33 = 2.96$

$2.96 \times 3.0416 = 9.03$

小數折算 0.97 日，計得 270.97 日，毛算 271 日。

（4）腔曆志

口徑程度當日：

$1.4 \div 0.33 = 4.24$

$4.24 \times 3.0416 = 12.9$

底徑程度當日

$1.8 \div 0.33 = 5.45$

$5.45 \times 3.0416 = 16.5$

深程度當日：

$1.2 \div 0.33 = 3.63$

$3.63 \times 3.0416 = 11.06$

小數折算 1.8 日，計得 331.8 日。

（5）營窟三向程曆志

東西長程度當日：

$6.9 \div 0.33 = 20.9$

$20.9 \times 3.0416 = 63.5$

南北寬程度當日：

$5.9 \div 0.33 = 17.87$

$17.87 \times 3.0416 = 54$

殘深程度當日：

$0.4 \div 0.33 = 1.21$

$1.21 \times 3.0416 = 3.68$

小數折算 20.6 日，計得 110.6 日。

（6）驗算

其一，金星、水星繞日輪返日率爲參數驗算。營窟底面柱洞諸程度爲驗算參數。燵闕較粗柱洞平面視爲水星，柱洞直徑程度當日：

$0.64 \div 0.33 = 1.93$

$1.93 \times 3.0416 = 5.89$

深程度當日：

$0.76 \div 0.33 = 2.3$

$2.3 \times 3.0416 = 7.0048$

計得 210.1 日。

更粗柱洞平面視爲金星，其徑程度當日：

$0.85 \div 0.33 = 2.57$

$2.57 \times 3.0416 = 7.8$

深程度當日：

$0.8 \div 0.33 = 2.42$

$2.42 \times 3.0416 = 7.37$

小數折算 11 日，計得 221 日。

燵闕北邊東側柱洞諸程度視爲金星轉動 180° 後參數。直徑程度當日之閾：

$0.3 \div 0.33 = 0.909$

0.909×3.0416＝2.7

0.4÷0.33＝1.21

1.21×3.0416＝3.68

深程度當日：

0.2÷0.33＝0.606

0.606×3.0416＝1.84

小數折算 25 日，計得 55 日。

西邊徑程較小柱洞當水星，其徑程度當 1.1 日。深程度當 41.47 日。

金星繞日信期用日 224，其半等於 112 日。221 日即祝巫察知金星繞日輪返日率。目睹金星向南運行用日 221。此數較之金星繞日信期日率 224 日誤差僅 3 日。曾於前番睹之於此處。自此點繞日行半圈，用日 110.5。用其二分之一為比例，得日數 55 日。

水星行 210 日之數來源：與地球會合用日 115.8 日。相會後轉行日數等於 94.2 日。此日數含水星繞日輪返日率 87.9 日，多餘 6.3 日。水星行 41.7 日約當水星繞日信期日率 87.9 日之半，誤差 2.25 日。

其二，地球外行星火星等運行參數。

戶道諸程度當日數總計 191.5 日。此數為日行度數，其倍數即 383 日。推測此數係木星與地球會合日率 398.8 之誤差，差日數 15.8 日。

通風坑深程度當日數告日過黃經 270°，日近地球。此時，祝巫察繞行日水星、金星、火星顯大。子午線與黃道原點恰證此事。

腔深程度當 332 日。檢文獻記火星繞日輪返日率 686.98，昇交點黃經 49.4°，近日點黃經 335.7°。圖顯火星東南外沿穿原點交子午線 51°許。自黃經 270°計算，火星過黃經 321°，誤差 14°。若依深程度當日為準，計得火星繞日輪返日率之半 332 日。較之現代輪返日率之半誤差日數：

343.49－332＝11.49 日。

誤差 11 日半。深程、圖顯火星過黃經度數幾無誤差。

其三，祝巫觀象用夜景。

爟闕深程度當日顯祝巫察天象之夜察不超過半歲。若加徑程度當日，祝巫察 165 夜天象。

其四，依某窟爟闕深程度當日數告此爟闕述日過黃經度數。此度數不須等於基準度數 180°，即 270°～90°。

窟燈闕深程度當日加口徑程度當日，計得 164.8 日。此數當日行黃經度數，其去日過黃經基準度數堪驗算而得：

180°－164.8°＝15.2°

戶道角折算日過黃經 74°。此度去夏至日過黃經 90° 等於：

90°－74°＝16°

此度數去前算得度數僅察 0.8°。此度數差出自發掘誤差，換算璇璣歲大半日。如此，得窟燈闕功用之證如前。

（7）覆援 F383

F383 係第二期第 I 段營窟。壁長程 5.7、寬程 4.7、殘深程 0.3～0.4 米，戶角向 340°。戶道殘長程 1、寬程 0.55 米。燈闕瓢狀，口徑程 1～1.2、深程 0.2 米。此營窟居住面有二粗柱柱洞。起出石鑿、陶銼、缽、甑，罐與彩陶盆殘片，居住面有紅顏料。戶向角折合日過黃經 110 度。

F338 壁長程 5.7 米被視如 F335 壁寬程設計基礎，F355 寬程少 0.2 米而已。F355 戶道深程 0.6 米源自第二期第 I 段曆闕 H3121 深程 0.6 米。F335 燈闕口徑 1.1 米本乎 F338 口徑程 1.1 米。F338 底面有 2 粗柱洞，此二粗柱洞係 F335 燈闕南粗柱洞佈置之源。由此間知，F338 圖樣含水星、金星繞日輪返日率計算。此計算被第三期祝巫承襲。換言之，地內行星水星與金星非爲狄宛第二期祝巫認知，而係其先輩。而此認知被承襲，在第二期第 I 段迄第三段進益。

### 4. 營窟 F709 曆體與曆援

#### 1）F709 結構與圖見參數

##### （1）發掘者述

F709 係方底圓角營造遺跡，位於第 VIII 發掘區西北，T710、T711 間第 3 層下。近全存，唯居住面被現代墓殘破。戶道向北，戶向 20°。營窟底面前寬後窄，殘存垣高低參差，底面東西長程 7.8～8.25、南北寬程 7.2～7.4、殘深程 0.1～0.53 米。室北垣當間有一溝狀坡底有階戶道，戶道殘長程 3.2、寬程 0.71、深程 0.15～0.7 米，其北端三階各高 0.15 米。居住面、戶道、垣俱在夯實基礎上塗抹草筋泥。

居住面厚 0.1 米許，表面塗細泥，呈光潔面。垣草泥厚 0.01 米。推測營窟內原有 4 個中央力柱，依方面四角樹立，其一被現代墓破壞，今存 3 根，直徑程 0.4～0.65、深程 0.24～0.4 米。

戶道直對窟內圓桶狀爟闕，存少半，餘者被現代墓破壞。推測其直徑程 1.2、深程 0.46 米，底部係青灰色硬面，其壁係紅褐色硬面。爟闕底南邊開一斜向火種洞，直徑程 0.13、深程 0.25 米，納木炭灰燼。北邊開直徑程 0.3 米圓通風孔，通達戶道內通風坑。通風坑開於戶道內側偏西，底部呈斜坡，坑口近方狀，邊長程 0.65、深程 0.4 米，西邊稍殘。爟闕邊緣稍高於居住面，似成爟闕泥圈。

營窟內東北角設橢圓小火塘，在居住面上以草泥圈起高 0.1、寬 0.1 米泥棱，火塘直徑 0.5～0.6 米，底係褐紅色硬面，殘留些許灰白色灰燼。「整個室內及穴壁」「被燒成紅色，可能為失火所致。」

在營窟垣上未發現柱洞，但在垣內側散佈小柱洞，間距不等，也不對稱，似為後立加固柱，清理出 28 個，直徑程 0.1～0.2、深程 0.1～0.25 米。另在戶道兩側清理出 3 個較大柱洞，西側 2 個，東側 1 個，似有一個被現代墓被破壞，原應有 4 個，其直徑程 0.15～0.2、深程 0.3～0.8 米，各距戶道邊 0.4 米許，應係戶棚力柱柱洞。

此外，在居住面靠南垣處有一條不規則下陷溝槽，長程約 1.3、寬程 0.1～0.15、深程 0.14～0.34 米，圜底，內積草木灰，推測係鼠洞殘跡。窟底、穴壁堆積高低不平紅燒土塊，垣底堆積厚。西南、東南堆積 0.55 米。紅燒土塊夾雜不少草木灰、木炭塊。居住面有一層近均勻草木灰，東部殘存木炭快最多。最長者 1 米、寬程 0.25、厚程 0.1 米，位於南部力柱柱洞北，推測係房梁（過火）殘留。

窟內西側居住面見兩具兒童骨殖（原編碼 M702、M703），一具位於前垣，較凌亂，另一具位於西南角，頭南面東，側屈而置，保存較好，「可能是房屋倒塌致死」（圖六五）。

依附表五，此營窟起出物：缽 BIII 型 1 件、盂 AIII 型 1 件、平底盆 B 型 1 件，「尖底瓶」V 型 1 件（殘）、淺腹罐 AIII 型 1 件，AIV 型 1 件、BV 型 1 件，缸 AII 型 1 件、甕 AIV 型 1 件、小陶杯 1 件、瓦線陀 DII 型 1 件、陶環 C 型 1 件（殘），石鏟 B 型 1 件，碾磨石 B 型 D 型各 1 件，石球 C 型 1 件、礪石 B 型 1 件、骨笄 A 型 1 件（殘）、B 型 1 件（殘）、骨錐殘尖 1 件。又據《發掘報告》述，起出物有石斧、平底盆係彩陶盆、「骨體石刃器」。

涉此營窟辨識，于璞依嚴文明先生「關鍵時要看室內佈置」說。于氏將 F709 納入 Ba 型，言其有組合「竈、面積較大」﹝註56﹞。此為冗言。有無「竈」

---

﹝註56﹞ 于璞：《試論大地灣遺址二期房屋的分類》《草原文化》2016 年第 1 期。

依發掘起出或揭露。面積小大依測算。遺跡面貌為何如此，或某物為何擺佈，此乃舊事，係考古本事。諸題迄今未被考古界重視。

（2）舊圖初考

戶道口殘，餘者似等寬。戶道有階，階別線直，平行於戶道口線。戶道直向底邊。東北無拐角，僅有圓弧邊向兩側延伸線，此二線段構造此營窟南偏西走向北偏東，以及東偏南——西偏北垣邊線。此處圖樣有何曆義，未知。

戶向角 20°，合日過黃經 70°。圖上數碼指物：1 瓦缽、2 石斧、3「尖底瓶」、4 泥甕、5 夾砂缸、6 磨石、7 陶盂、8 夾砂弦紋罐、9 夾砂罐、10 夾砂弦紋罐、11 彩陶盆、12 與 13 小孩骨架、14～16 木炭塊。

戶道三階，各 0.15 米高，計得深程 0.45 米，去戶道底餘 0.35 米。戶棚頂多高，不清。但頂棚自戶道中段向營窟垣延伸。依圖，正午時分，日能直射首階棱邊以下，即地二階平層北邊。日照近直射北回歸線。小燿闕位於東北角。此位置與用火能告某曆義。我檢骨殖 12、與 13 位置非同尋常。而發掘者推測房屋倒塌致死。此言含或然難題：謂倒塌後重物壓死，或謂倒塌致缺氧窒息而死。若言重物覆壓傷損頭部致死，須見重物殘跡覆於骨殖。今不見木料或它物殘跡覆骨殖，前一推測無證。於後者，須言空氣稀薄之證。發掘者揭露此營窟舊貌，骨殖 12 近戶道口，此處無物堵塞。故須斷空氣暢通。如此，至少骨殖 12 非以缺氧致死。若言煙薰窒息而死，此處不見木料受火之證。今認定，發掘者舊說無據。

燿闕邊緣稍高於居住面，似成燿闕泥圈。此泥圈即祝巫模擬黃道圈之物。其旁證在於模擬，燿闕位於黃道 0°～180° 線上。窟燿闕西有「尖底瓶」，此物有何曆義，今不知。涉此物功用，不少人曾檢討。此器乃狄宛二期頻埋於葬闕瓦器。後卷將深入檢討。

2）輔畫朱線與曆義訓

（1）輔畫朱線與參數

先畫 AA' 連線，得線段過戶道、越戶道口坎、窟燿闕、伸向西南。此線即發掘者述戶向角 20° 線，折合日過黃經 70°。移動原圖子午線於戶道西邊，畫其延伸線，顧其走向過戶道，而且須連窟燿闕，得 NS 為子午線。畫其垂線 WO，為緯線，當黃經 180°～0° 線。此線段西及較大柱洞，東及小火塘，毌窟燿闕。

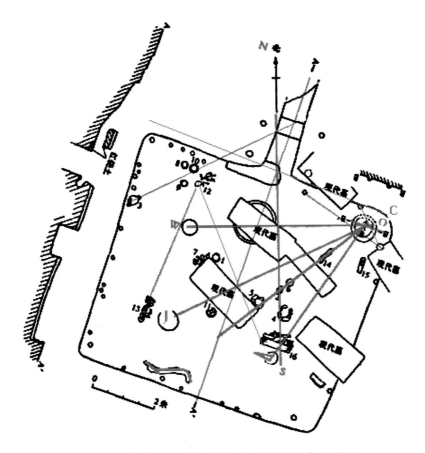

圖五三：營窟 F709 熒惑冬至逆行鬼宿參照歲星

此線段能交其它朱線。自此處東西偏北走向垣邊畫朱線 C，伸向西北。C 線交戶道線，折合日過黃經度數若干。此營窟底面傾斜，決於此處。畫小火塘東南小柱洞延伸線，先連火塘西北近處柱洞。此柱洞靠垣邊。再畫朱線連戶道口內東側小柱洞。此兩線俱越黃經 0°。

再畫兩骨殖連線，使居住面最大柱洞旁骨殖 M13 顱骨部為朱線端，自此伸向骨殖 12 顱骨。此線段交黃經度數若干，骨殖 12 面顱朝向爟闕東南之向立顯。畫此線段臨近營窟東南柱洞。此柱洞旁存最大木炭塊，而小塊木炭 15、14 各在此柱洞向小爟闕連線一側。

骨殖 13 面顱朝居住面最大柱洞 J。自此柱洞畫朱線伸向小火塘，見數器位處：石斧 2 位於黃經 270°～90°朱線上，側置泥甕 4 西部被 NS 線切割，最大木炭塊 16 被此線切割。磨石 6 位於石斧 2 旁。夾砂缸 5 與石斧 2、磨石 6、木炭塊 14 在一條線上。自小火塘畫線，畫此線過彩陶盆 11 之南，及戶道

線。此線自小火塘射出，其西南端去西南最大柱洞有間。在此，見小火塘伸出三朱線，在冬至——夏至線之西，逐點向西偏北擺動。在西垣北段覓得瓦器 3，自其口向東北畫朱線，此線在瓦器 9 之北、瓦器 10 之南穿過，而及戶道線及其與首階交點，交黃經度數若干。

戶道直對垣之西邊，垣內有地槽。發掘者以為此係鼠洞殘跡。察此處若初為鼠洞，不須有圓底。而且鼠類不須草木灰入洞。幼時缺糧，每逢秋季參與挖掏鼠洞，得些許糧食之念頻繁落空，偶而能見鼠洞納糧。糧庫、糞便異處。但無一處見草木灰。依此認知推測此地槽絕非鼠洞，而係營築遺跡。而且，此結構有圓底。圓底告轉向。平面水平轉向別正、反轉。球體能側轉並繞行。此地槽橫向表達環繞。如此，畫朱線顯其走向。

垣內柱洞佈置思向同營窟 F355，在西北向、西垣向南偏西延伸方向，柱洞甚夥。在戶道直對垣內，柱洞不密。在其東拐角向東一邊，柱洞最少。此處曆日間隔較大。

（2）星曆初考

測算 BB'交黃經 18°。東北弧之下，現代墓西北端殘柱洞向西北垣邊柱洞畫線，此線過黃經 65°。同起點西邊搭戶道內地面柱洞連線過黃經 38°許。C 線交子午線 112°許，折合交黃經 22°或 23°。自火膛 O 向最大木炭塊引線迄東南較大柱洞，此線交子午線 37.5°，折合日過黃經 52.5°。西邊線交子午線 55°，折合日過黃經 35°。O 伸向最大柱洞 J 朱線交子午線 67°，折合日過黃經 23°。三線過黃經度數依次變小，自黃經 52.5°迄 35°，退 17.5°。自黃經 35°退迄 23°，退行 12°。退行度數計得 29.5°。今斷定此退行之宿為火星。此處見火星逆行。逆行時節依 C 線交黃經 22°許推算，須在日照南回歸線次日。日照南回歸線即冬至日。

骨殖 12 面顧視線交黃經 90°加 20°。自西北算日過黃經，得 110°。骨殖 13 向東北延伸線交骨殖 12 向東南延伸線以內角 46°，柱洞 W 向骨殖 12 連線交黃經 67°。此度數即夏至日在北回歸線角度。又即骨殖 13 能在踐足處向東北查看，見夏至日照。瓦器 3 交子午線 65°，在第 III 象限。即黃經 270°減 65°。論冬至時節，此處當日落 205°。

南邊地槽模樣怪異：在東有北行之狀，後拐向西邊，而後北行。即東行中斷，後向西行，又有偏北行之傾向。檢此結構係狄宛祝巫放寫天河之圖。天河即銀河，地上察銀河系投影為即天河。此溝槽有圓底，故在圓底象徵天

球下半截如圓底缽。依曲線在東下曲，在西上揚，故繞行天球能連接。此言之證在於：馬王堆帛書《五星占》有一圖樣，底色泛黃織物上有兩圖構造一圖：在外廓如蒜頭一側，見兩股曲線呈同向同程狀。將此圖體由縱向變橫向，得模樣如後：

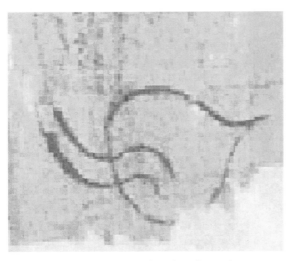

圖五四：馬王堆帛書《卦象圖》之冬至天河

　　此圖被整理者名爲若干「卦象圖」之一。此圖位於當頁橫排第三行，近行尾。此圖左有畫，別二部，其右部「年」字。檢整理者此言非出自考證。整理者自承：「卦象圖。長 48 釐米，寬 51.5 釐米。三號墓出土。分十行規整地排列著上百個大同小異的土星，多用黑線勾勒，間填以朱色。惟底下第 3 行中有一個『年』字。圖像無完全相同者，其意不明，但因與占卜得卦具有相似之處，故暫名之《卦象圖》」〔註57〕。

　　檢此帛片有三處相似圖：第一行有蒜頭狀圖樣、第三行另有蒜頭狀圖樣並扭曲雙線圖、第六行有此狀圖樣一處。第三行另一圖樣與此圖之別僅在雙線扭曲走向不同。今依前著、此著頻用繪圖涉及天球解釋此圖細節。檢此圖蒜頭狀本係橢圓。此橢圓出自赤經線摹記，而且傾斜。另外三幅圖樣外廓似此。右側軌跡線被擴張，後相聯，歸於一點。此圖述冬季日照。冬季之後，爲春季。節氣樞紐即春分。右邊銳線述春分日照。而此時仍在冬季。圖西段見雙線弧曲一致，在東端稍下垂，似彎曲。在西端上揚。倘若將橢圓設想爲球體，此線將繞過球體，與東南端相連。如此可斷，此圖爲天河圖。前著曾

〔註57〕傅舉有、陳松長編：《馬王堆漢墓文物》，湖南出版社，1992 年，第 162 頁。

考，馬王堆帛書《易》乃鬲（利）氏《易》本（第 496 頁），今考得帛書有天河圖，此圖本乎狄宛營窟 F709 天河圖。此考塙證鬲氏乃西部舊族在漢初傳人。其《易》別於文王《易》出自傳承有別。

　　檢得退行星體非恆星，而係地軌外行星火星。其證在於：瓦器 11 係祝巫誌地球之器，瓦器 1 象徵水星，象徵金星之器不見。第 11 器係彩陶盆。盆底盆口沿能平行，告春秋分平，或冬夏至平。此物口沿向上，能喻半天球下半之中緯度。口沿喻黃道圈或黃道線。以日過黃經度數自 180°向 0°變動論，行星繞日轉動猶如在地平線作上下移動。此處之內即地內行星。此處之外即地外行星。瓦器 1 係瓦缽，側置即能轉動。瓦器 5 及其東北向見若干器，諸器能告退行度數字朱線向北移動，夾砂缸 5 係口沿向西北指告星體退行方向。瓦器 4 殘破，貌似顱骨去顱頂，存兩側顴骨狀。此處恰係南垣七宿中央所在。

　　或許磨石 6 象徵金星，此物磨礪而光。恰在某退行星體退行道上。退行發生時節在冬至前後晨刻前。C 線堪爲佐證：此線告日照線在東南，射向西北，此線交黃經 23°許，此告赤經面、黃道面交 23°。時在冬至。

　　依前考今斷小火塘直指最大柱洞象徵火星逆行所及，此處爲木星。木星以 4332.598 日繞日運轉。古人目視以爲，此星體 12 歲往還，故 12 歲爲信期。而此信期以黃經 360°察得每歲行僅 30°。此度數即前考。火星逆行迄此處不再西行，返而東行。逆行度數總計 29.5°。

　　火星逆行於星象學不爲怪異。依文獻述火星逆行之故在於，自地上查看，火星繞日輪返線速度減小，但去日距離增加。在以衝日爲中心較長時段內，出現如此速度差異。此速度差異自地面查看即表現爲火星逆行。又即，地外行星在衝日前後發生逆行。此圖東北小火塘爲日。衝謂火星與日角距離爲 180°。衝日，即行星去地球最近，而且能在一條線上。地球在此線上，但在火星界內。火星逆行發生於南天區。1977 年 12 月迄 1978 年 3 月，火星逆行 3 個多月。在地心天球上，在巨蟹座附近逆行。約在黃緯＋20 度迄黃緯＋27 度附近逆轉〔註58〕。巨蟹座含鬼宿，鬼宿有四星入巨蟹座。星團積尸氣屬之。

　　此時，骨殖 12 顱骨後瓦器 10，即夾砂弦紋罐一線充當黃極。此器不靠垣

〔註58〕 揭前註 40，圖 3－48，圖 3－51，第 90 頁～第 92 頁。

邊，猶如懸置空中。其弦紋即弧線。黃極在天。天穹爲弧線，故用此器。骨殖12位於黃道北，類日照底面，晝不能察火星，故須自彼處移足罐器5處，面日而察，即見火星與日處於一線。而且，三根粗朱線俱能對應垣邊小柱洞。此時地球位於日、行星之間，成直線。於地外行星，衝日謂最近地球。弦紋罐8、9述黃極隨著日照擺動。如此，須判定狄宛第二期第 III 段某年 11 月 20 日許（狄宛曆）發生火星逆行，時在冬至日當日或次日。此圖係人類星曆史上最早火星逆行志。

自此考堪得一全新認知：狄宛祝巫已知曉木星繞日運行，而且算得其繞日信期爲每歲 30 度。彼等查看金星凌日、火星逆行，能測算其繞日輪返。F355 訓釋宣告，祝巫知曉火星繞日運行。

（3）熒惑冬至犯輿鬼凶占源考

《天官書》記「熒惑」「反道二舍以上」。反道即逆行於軌道。《孝景本紀》景帝二年秋，「熒惑逆行，守北辰」。前考星圖熒惑犯南天區諸宿。天文學文獻記熒惑逆行巨蟹座即熒惑犯輿鬼。依《中國天文學史》（上冊）附表 7（中西星名對照表），巨蟹座（Cancer）納鬼宿四星及其增星十九顆、爟宿二星及增星十一顆、積尸一星及增星三顆、柳宿增星、軒轅、水位四星等（第 452 頁）。火星逆行天區既在巨蟹座，鬼宿、爟宿、積尸柳宿能被涉及。依前圖與文獻，斷定此番火星逆行在冬至時節，而且熒惑犯輿鬼所。

《天官書》云：「輿鬼，鬼祠事；中白者爲質。」《史記集解》引晉灼曰：「熒惑入輿鬼、天質，占大臣有誅」（《史記》，第 1303 頁）。熒惑犯輿鬼，此爲天象。占大臣有誅，此爲人事。《開元占經》匯集舊記甚夥，其訓足以勾勒狄宛此番熒惑犯輿鬼之影響。

《開元占經‧卷三十‧熒惑占一》援文獻甚夥，今採擷關聯者如後：

《荊州占》曰：熒惑居「南方爲熒惑。」「其行無常」。

《淮南天文閒詁鴻烈》曰：「南方，火也。其帝祝融，其佐朱明，執衡而治夏。其神爲熒惑，其獸爲朱雀，其音徵，其日丙丁。」許慎注曰：「衡，平也。」

《漢書‧天文志》曰：「逆夏令，傷火氣，罰見熒惑。」

《光色芒角四》援《荊州占》云：「熒惑色正白無芒，所居多有女喪。色正白而多芒，所居宿有男喪。」

《熒惑變異吐舌七》引《巫咸》曰：「熒惑下爲童男，止於都市。」

《卷三十四熒惑占五・熒惑犯南方七宿・熒惑犯輿鬼二》引《黃帝占》曰：「熒惑犯輿鬼，皇后憂失勢。」另見占「失火」、「大臣誅」、「執法戮」、「天下兵起」、「有兵喪」、「斧鉞用」等條。

郗萌曰：「熒惑舍輿鬼中十餘日，出輿鬼又舍南河，二十日三十日，因南行，國有小男喪……。熒惑舍輿鬼中央十餘日，出輿鬼又舍北河，二十日三十日北行，邦有小女喪……。十一月見，五月應之」（《開元占經》，第 315～377 頁）。

檢如上文獻五題能關聯狄宛 F709 熒惑逆行巨蟹座，而祝巫曆爲諸事演變即致此五題：第一，熒惑下凡變幼童。第二，少男或少女喪。第三，失火。第四，居南方行無常。第五，熒惑關聯朱雀。

熒惑狀似火，中國古人、西方人與知。《荊州占》「熒惑，火之精。」此言告其色朱。但熒惑入鬼宿能致凶死喪之占，此俗綿延不絕於中國。其本何在，尚無探究。

前引文獻根源細微，皆在狄宛 F709 曆志含冬至熒惑逆行，入巨蟹之鬼宿、積尸氣：祝巫察知熒惑逆行侵諸宿。熒惑有火性，類日。熒惑不順行，礙木星。而木星爲歲星，前圖最大柱洞 J 是也。如此，憂慮歲不能全，寒冬又至，人不得夏。欲免此難，故須救夏。救夏謂謀日北返。故須以火誘日。如此，盛火以爲救日之途。此營窟見兩處有燵闕，發掘者所言火塘即副燵闕。此狀異乎營窟 F310。

盛火誘熒惑東行，故焚燒用木料在南、在東。自南而東佈置木炭，誘熒惑東行、北往，便於導引日北歸。此乃祝巫良苦用心。星圖曆志此番天象，須以目視而告。若埋骨殖，圖平面被掩蓋，曆義與所謀難見。如此，須用居住面爲骨殖放置之所。成人骨殖甚長，不便放置。若截下肢骨，以顱骨與上肢骨述曆志，又不能告足趨向何方喻行。斟酌之後，定殺幼童。而且，祝巫選幼童發育幾近完畢，骨殖存放耐久如成人骨殖。如此，擺放兩具幼童骨殖於樞所。設想擺放成人骨殖，在北能及戶道口內通風坑旁。南骨殖靠近最大柱洞。本欲佈置骨殖顯察星體關聯，將變爲察星體。

如此，祝巫不免殺戮幼童。以熒惑犯輿鬼而殺幼童，此事被彼時邑人記憶，傳及後世。幼童骨殖被佈置，顯祝巫察熒惑逆行輿鬼之事被邑人僞傳，演變而爲幼童主熒惑。如此，轉世或星宿下凡之念產生後，被關聯幼童主熒惑僞傳，後產生「熒惑下爲童男」之占。《搜神記》述某事涉下凡靈異，此或

係人爲，猶如陳涉、吳廣置丹書於魚腹，同陝西長安杜陵四府井村一明陵石羊被潛徙西安城南一般〔註59〕。

幼童爲戮，被彼時邑人相與目睹。而熒惑逆行犯輿鬼於知情者變爲重逢此天象將戮幼童之徵兆。既爲徵兆，故有熒惑犯輿鬼星占，占幼童死之兆最切長幼之愛。故得流傳不絕。失火事涉祝巫誘熒惑、救日時以焚木而用盛火。失火者，縱火也。發掘者言失火與星占失火乃二題，不得混淆。

在此營窟縱火焚燒木料，故見營窟垣受烤變硬。但祝巫將木炭移動往南、東，而它處不見木炭。此乃關鍵。凡言熒惑「居南方行無常」者，知「無常」謂熒惑犯東井、輿鬼或柳宿日數難定。言此事爲凶兆，迷信者以疑某人發難，其禍患難測。中國帝王迷信此說，致多種冤案，難以數計。若不究問帝王草菅人命，唯言此疑致占，「無常」寄託俗人責難。鬼怪、中國佛說俱能關聯此名。

《淮南鴻烈集》述南方神爲熒惑，加其餘諸言輾轉涉及烏藋告日往返舊義。其南遷爲冬、其北返爲春夏。以朱關聯火，改燒火後去烏色，留火色，故言朱。狄宛祝巫用色朱，象日行、日射，此乃其源。朱明者，如火明也。自冬至迄夏至，日行黃經百八十度。熒惑逆行，祝巫以爲滯夏。欲平冬夏日數治曆，須敬事熒惑，故曰神。同推測，神事熒惑須係後申戎氏時代天象記事。而渭水流域逢夏有見涉禽候鳥。冬日無。以朱雀住南，爲火之守。日行南回歸線，日往南猶禽以冬而南歸也。衡，水位宿也。五音之題猶干支題，此處無證。

皇后憂失勢之占有徵：皇后、帝，冬夏之譬也。北爲后居，陰處。辰主冬之驗也。南爲君居，陽處。陽北還，故及女所。日北行而及北回歸線，此乃陽及陰所。若節氣遲滯，夏遲來，憂陰處不受陽，不長養。而熒惑逆行輿鬼，盤桓於南垣，不能導日北還。日受礙而憂夏不以時。譬如后，南北變爲陽不來、遲來俱告皇后失寵。夫不寵愛妻，爲帝后之妻將爲勢利下人厭棄，故恐懼。此乃遠古勢利之占孑遺。

占「天下兵起」、「有兵喪」、「斧鉞用」諸事俱係狄宛 F709 曆志側面：圖

---

〔註59〕 先輩傳告，1948～1949 年初，少陵塬四府井村發生大事。有人誘使村民遷三塚石羊一尊，徙往城南。後數日，「石羊遷，天下變」之讖流播。此讖如何傳進西安城內，無人知曉。三塚係村北三座較大明陵之一。三陵之二早年夷平，大塚於 2018 年夷平。

第 2 器即石斧。斧爲兵戎之象。在聚居區，爆發衝突往往以兵戎平息，平息前須殺戮。此爲兵起、兵喪。而斧乃斬殺之器，也爲號令之象。無號令信物，僕從不信其帥。

前考堪一言歸結：星占吉凶有源，於熒惑犯輿鬼之占，其本在狄宛第二期第 III 段營窟 F709 曆象圖。

3）曆體

（1）戶道曆志

殘長程度當日：

3.2÷0.33＝9.69

9.69×3.0416＝29.5

寬程度當日：

0.71÷0.33＝2.15

2.15×3.0416＝6.5

深程度當日：

0.7÷0.33＝2.12

2.12×3.0416＝6.45

小數折算 13.5，計得 193.5 日。

三階各高 0.15 米，每階度當日：

0.15÷0.33＝0.45

0.45×3.0416＝1.38

小數折算 11 日，計得 41 日。

（2）通風坑曆志

通風坑邊長程度當日：

0.65÷0.33＝1.96

1.96×3.0416＝5.9

深程度當日：

0.4÷0.33＝1.21

1.21×3.0416＝3.68

小數折算 20.6 日，計得 110.6 日。

（3）窟燧闕曆志

其一，窟燧闕曆志。直徑程度當日：

1.2÷0.33＝3.63

3.63×3.0416＝11

深程度當日：

0.46÷0.33＝1.39

1.39×3.0416＝4.23

小數折算 7 日，計得 127 日。

其二，燧火洞曆志。其直徑程度當日：

0.13÷0.33＝0.39

0.39×3.0416＝1

深程度當日：

0.25÷0.33＝0.75

0.75×3.0416＝2.3042

小數折算 9 日，計得 69 日。

（4）有泥棱副權闕曆志

副權闕直徑程度當日閾：

0.5÷0.33＝1.51

1.51×3.0416＝4.6

0.6÷0.33＝1.81

1.81×3.0416＝5.5

（5）營窟底三向程曆志

長程度當日閾：

7.8÷0.33＝23.6

23.6×3.0416＝71.8

8.25÷0.33＝25

25×3.0416＝76

寬程度當日閾：

7.2÷0.33＝21.8

21.8×3.0416＝66

$7.4 \div 0.33 = 22.4$

$22.4 \times 3.0416 = 68$

殘深程度當日：

$0.53 \div 0.33 = 1.6$

$1.6 \times 3.0416 = 4.88$

小數折算 26.5 日，計得 146.5 日。三向程度當日之和等於 286.9 日。

（6）驗算

前圖含諸星曆細節已考，不贅言。此處唯驗算諸程度當日數。而木星在天球行走信期乃要題。

第一，溝槽長程 1.3 米度當 12 日。最大寬程 0.15 米度當 1.4 日。最大深程 0.34 米度當 94 日。合計 107.4 日。此日數加營窟三向程度當 286.9 日，得 394.3 日。此日數稍小於木星與地球會合輪返日率 398.8。誤差 4.5 日。推測木星歲行度被視爲火星逆行參照。

柱洞 3 眼，徑程最大者述木星，其次大火星。發掘者給參數爲闕數。故堪算得二眼柱洞度當日數。最粗柱洞直徑程 0.65 米度當度當 6 日。深程 0.4 米度當 110 日。此數加營窟三向程度當 286.9 日，計得 396.9。仍能得木星與地球會合日率近似數。此數異於前數，二數相差告深程發掘誤差 0.07 米。

另一柱洞直徑程 0.4 米度當 3.68 日。其深程 0.24 米度當 66 日。此數告火星視運動度數，即柱洞 W 向骨殖 12 連線交黃經 67°。此告目視火星自 67 度被查看。骨殖 13 告此事。此骨殖顱骨在南，下肢骨在北。此告自西南角察東北見火星向西運動。W 柱洞顯被兩向使用。

第二，戶道深程、長程度當日數計得 223 日。此數即金星繞日輪返日數。此日數寡於輪返日率 224.7 僅 1.7 日。此告祝巫曆算進益。戶道寬程不入曆算，故在其殘損，而且舊貌寬程非一數，難取均數。

第三，通風坑深程度當 110.6 日。此數較之窟爟闕效深程度當日 180 日若干日，短少日數依爟火洞深程度當 69 日補之。

第四，爟闕深程度當 127 日。此數小於冬至迄夏至效日：

$180 - 127 = 53$

此數謂火星本須行足夠日數，以致祝巫察其跨黃經 180 度迄南而東行迄春分日，得黃經 180 度。但火星逆行日數 29.5 日，故：

$53 - 29.5 = 23.5$

得日數折算黃經度數，得日擬能行及 360 度。23.5 日數換算度數即黃道赤道夾角度數。

第五，小火塘爲日，述日過黃經細節。此火塘深程不詳。如前述，此火塘象徵日在東南，冬至日晨出。此日閾均數等於 5 日。5 日當日行黃經 5 度。儘管發掘者未給此火塘深程，無以測算深程度當日。此 5 度亦堪歸入曆算。檢戶道三階三階高程度當日總計 123 日。同時，階高程總計小於戶道深程，二數差 0.25 米。此差數度當日差 70.5 日。由此推斷，每階不平行於地平面。此謂日軌道不平行於地面。地平面猶如黃道。此差數即日軌道去黃經差數。每階高 0.15 米猶黃經度變匹配 41 日，即日行折合黃經度遞增 41 日，三階當日經天度數 123 度。123 度較之 180 度寡 57 度。此度數加 5 日當 5 度，計得 62 度。此數即日冬至過黃經度數。唯寡 0.5 度。

# 三、近方底營窟源考暨營窟星曆進益

## （一）第一期祝巫天球認知承取及底方營窟結構起源

### 1. 第二期第 I 段營窟圖納天球黃經認知及其承取

#### 1）祝巫承取第一期秋分曆度

##### （1）第 I 段營窟 F229 承取 F246 曆度

第二期第 I 段營窟 F229 曆義援取 F246，故在 F229 戶道走向記日過黃經 349°，而 F246 記錄日過黃經 348°。兩營窟記錄日過黃經度數僅差 1°，F229 較之 F246 記日過黃經度數進 1°。時在秋分前 11 日。自秋分前 12 日而進 1 日，此乃日變。

依時次，F246 述時早於 F229，故 F229 承襲 F246 曆義。二營窟述時節涉及天球曆義幾乎無別：以圓底缽缽底置於營窟圓底坑，傾斜南邊口沿，使右邊下傾，即得 F229 記日過黃經 349° 曆義。倘使日過黃經 0°，日軌道北遷，面北將圓底缽右邊口沿抬升，即得春夏曆義。

##### （2）F246 曆度承取第一期葬闕曆度暨日所黃經 180 度前後

F246 位於 T200、T202 第 4 層下。檢此書圖三，此二探方北鄰 T207、T208。南鄰 T201、T203。檢附表二迄附表四，狄宛第一期無遺跡位於探方 T201、T203 下。但此處北鄰探方 T207、T208。此二探方第 5 層有狄宛第一期遺跡。而此遺跡乃祝巫骨殖埋葬遺跡，即葬曆闕。

　　檢狄宛第一期葬闕 M207 位於探方 T207 第 5 層下，顱骨方位角 276°，長程 1.6、寬程 0.72、深程 0.4 米。起出物：圜底缽、筒狀鼓腹罐、筒狀鼓腹罐。圜底缽用於摹略半截天球。圜底著地告下半天球，圜底向上口扣於地告戴天球。而筒狀鼓腹罐用於告地平，配圜底缽能告春秋分。此器也可用於記錄水平，係營造史上最早水平器。

　　M211 位於 T208 第 5 層下。長程 1.84、寬程 1、深程 0.25 米，顱骨方位角 306°，起出圜底盆、圜底缽、罐狀鼎等。

　　檢 M207 顱骨方向角折合黃經 174°，即日過此處，時節在秋分前 6 日。祝巫天球半截之念被諸器記錄，而且黃經圈之念由天球半截之念產生。

　　M211 也係狄宛第一期葬闕，骨殖之顱骨方位角 306°，此度數折算日過黃經 144°。時在秋分前 36 日。此秋分前 36 日迄秋分前 6 日，須過一個月。M211 迄 M207 時序順節令。而且 M211 圜底缽、圜底盆俱係圜底器，摹略天球之義參差：圜底盆口大、徑更長，能告天極去人近。天極去人近，地上猶熱。

　　總之，自狄宛第一期祝巫察知天球堪半截以秋分、順節令。此念未絕，傳及後世。M211、M207 墓主曆為被後嗣以 F246、F229 營造繼承。

## 2）第二期第 II 段迄第 III 段營窟日環黃道曆度承取

### （1）第 II 段營窟同段承取天球曆義

　　如前考，F238 覆 F245、H250，而 F245 又覆 F250。F238 係同期覆曆援。終究，F238 覆援 F250。此二營窟與有結構細節：F238 外廓為日行天球投影。於祝巫，寫記投影途徑係生火於窟爟闕。如此，儘管 F250 有所殘損，但窟爟闕未損。恰由於其摹記日行天球投影為黃經圈，其曆義顯著，不得殘損。而此乃 F238 曆義關聯點。

　　此限於第二期第 II 段同段曆援所線細節，但 F238 非孤在遺跡，其源也在第一期。檢 F238 位於中偏東探方 T212 當間第 3 層下。依《發掘報告》圖三，T212 四至：北 T213、南 215、西 201、東 209。依附表四，狄宛第一期葬闕 M208 位於探方 T209 第 4 層下，顱骨方向 308°，折合日過黃經 142°。起出物有圜底缽、圜底盆、瓦線陀等。

　　第一期葬闕 M209 位於 T209 第第 4 層下，顱骨方向 286°，此度數即日過黃經 164°。起出圜底缽、盆狀鼎、圈足碗。營窟 F238 戶道走向記日過黃經 205°。

自第一期 M208 顱骨記日過黃經 142°迄 M209 顱骨記日過黃經 164°，能見日過黃經度數自東遞變，此遞變即日西行黃經度數增加。增加度數 22°。此後，狄宛第二期祝巫承取此增加，順此時次而營造 F238 等。自第一期 M208 顱骨志日過黃經 142°迄第二期第二段 F238 戶道線志日過黃經 205°，日過黃經度數增 63°。此度變即證第二期第 II 段曆算承取第一期曆算。

（2）第二期第 III 段營窟承取第 I 段營窟曆度

依前考，F207 覆援 F246。二者記祝巫依天球上日行道查看日所變動，依黃經圈記日宿。F207 建造者承取 F246 記天球、日行黃經關聯認知。此承取係期內冊段承取。

F246 位於 T200、T202 第 4 層下。檢此書圖三，此二探方北鄰 T207、T208、南鄰 T201、T203。戶向角 102°，合日過黃經 348°。F207 係第二期第 III 段營窟，位於探方 T208、T202 及擴方第 2 層下。戶向角 119°，合日過黃經 331°。祝巫曾造營窟 F246 記日過黃經 348°。後取 17 日，時次、節氣遞變。期內首段、末段曆度承取之跡顯著。

## 2. 第二期營窟方底源自第一期營窟圓底程變向變考

### 1）第二期第 I 段營窟 F310 承取第一期 F372 曆象

#### （1）兩營窟參數

營窟 F372 位於第 IV 發掘區 T306 南部，其北垣以第二期第 I 段 F311 與第四期 H319 雍覆。戶向 41°，穴口直徑程 2.6 米，底徑程 2.9 米，深程 0.78 米。F311 即營窟 F310 後窟。F372 戶向角 41 度折合日過黃經 49°。

依前考 F311 繪圖，協所系之東有 F310，而且 F311 長邊斜對 F310 戶道線。此邊鄰邊與對耦邊俱超出 F310 邊線，以致 F310 東底面、東角被覆。此等構圖如何產生，係難解題之一。檢 F311 居住面有爟闕、兩柱洞，無戶道。F310 戶道也係入 F311 戶道。又檢《發掘報告》圖三，探方 T316 位於 T306 正西。而 F372 位於 T306 南。察圖六七，F311 平面圖東西向結構為最長部。向 T306 伸出部恰是 F311 三邊圍面。此部雍覆 F372 北垣。如前述，後遺跡雍覆係曆援作為。

依附表五，F311 底長程 3.9、寬程 3.6～3.85、殘深程 0.5 米。窟爟闕圓，口徑程 0.8、深程 0.1 米。斜對戶道邊東南——西北走向，東北對耦邊同。鄰邊走向北偏東——南偏西。

（2）F311 北偏東南偏西邊線記日行度出自 F372 戶道角

檢 F311 底邊長程、寬程遠大於 F372 口徑、底徑程。不見等度或近度，故無承取。F372 深程 0.78 米能被承取：F311 殘深程 0.5 米，爟闕深程 0.1 米。此二者之和等於 0.6 米。此深程較之 F372 深程 0.78 米少 0.18 米。倘若照顧 F310、F311 結構關聯、設計與施工先後，祝巫造 F310 時承用深程關聯 F372。

檢 F310 營窟底深程 0.4～0.6 米，而窟爟闕深程 0.35 米。此閾值之小值等於 0.75 米。而 F311 爟闕總深程 0.6 米取自 0.75 米。其程源係 F372 深程。

又檢 F372 戶向角 41°折合日過黃經 49°。赤經面晝不及此處，但夜行能過此處。赤道、黃道夾角 23.5°在黃經 0°以北爲限。而營窟 F310 戶道東垣東北——西南線告日過黃經 50°，此度數來自營窟 F372 述日過黃經 49°，二者僅差 1°。底面變動出自他故。後將檢討。而後室 F311 東北——西南走向線告日過黃經 58°。此度數較之 F372 戶道角述日過黃經 49°多 11°。此 11°即往歲曾察日過黃經 49°，而多年後須補記曾察日過黃經 58°，差數 11°。祝巫察日軌持續降低。早先曾見日軌降低：

49°－23.5°＝25.5°

今見日軌降低：

58°－23.5°＝34.5°

此事乃狄宛第一期 F372 與第二期第 I 段 F311 曆象聯繫。察此降低須存曆象志，故祝巫爲營窟 F310、F311，而 F310 內窟爟闕有扁平傾向，此爲旁證。

2）第二期 F366 承取第一期 F371 曆象

（1）F371 與營窟 F366 結構

F371 結構：F371 位於第 IV 發掘區 T342 北部與 T328 南部，其基礎上部垣南邊被第二期 F366 雍覆。結構細節局部：F371 戶向角 48°。戶道有一階。穴口直徑約 2.5 米，穴底直徑程約 2.7 米，深程 0.94 米。此營窟上壁南邊雍於第二期第 II 段營窟 F366。檢 F371 戶向角 48°折合日過黃經 42°。

依附表五，F366 屬第二期第 II 段營窟，位於 T342 第 4 層下，近全存，被 H385 覆，被 K341 覆。底方。垣長程 4.3、寬程 3.36、垣殘高程 0.28 米。戶向 13°。戶道長程 1.2、寬程 0.45 米、有 2 階。窟爟闕圓，口徑程 0.93～0.95、底徑程 0.7～0.73、深程 0.46 米，營窟居住面有大柱 2，垣上有小柱 26。無圖故不詳如何佈置。起出物：淺腹罐 BII 型 1 件、瓦弓 A 型 1 件（殘）、石

球B型2件、骨鏃半成品1件、有關節部骨錐E型1件、骨笄A型1件（殘）、B型1件。

（2）F366底邊與拐角模樣俱涉圓轉

其營窟起出物曆義：骨笄喻直線，插入髮髻喻入線纏繞。日照線糅，糅者堪爲纏繞。祝巫頭轉告目視域變，故骨笄蘊藏祝巫更改視域。無圖，故不知今察何域。石球二枚告二等天體，而地球除外。此二天體匹配居住面有粗柱柱洞。此二柱洞告兩天體，此二天體係行星。骨錐之有關節、無關節告曆義參差：有關節骨錐告日行若干曆度，但日在天球行程流暢，如關節部弧線，此部被手掌握，摩擦而光滑。此關節部舊爲弧面，本屬光滑。瓦弓述行弧線，晝夜同。

附表五言此營窟底方，但垣長程、寬程差0.94米。如此，方底說甚勉強。長寬差雖謂線段長程差，但喻日照長短差或日影長短差。前者告時節變動緩慢，在春末秋前。夏季長日非一日而盡，綿延甚久，酷熱難耐。而日影長短之別見於冬夏。故營窟底邊長寬之別甚有講究。而非後世幾何研究者目視模樣。狄宛第二期營窟底角弧，告日在此處能曲彎而行。營窟F371與F366曆度關聯基礎須依曆算澄清。

（3）F371戶向角算迄與將算能致營窟方底

F371戶向角48°，折合日過黃經42°。戶道有一階。穴口直徑約2.5米，穴底直徑程約2.7米，深程0.94米。此營窟上壁南邊雍於第二期第II段營窟F366。檢F371戶向角48°折合日過黃經42°。

今依新算術清算營窟F371參數度當日。口徑程度當日：

$2.5 \div 0.33 = 7.57$

$7.57 \times 3.0416 = 23$

底徑程度當24.8日，約等於25日。

深程度當日：

$0.94 \div 0.33 = 2.84$

$2.84 \times 3.0416 = 8.66$

小數折算20日，計得260日。

此日數遠大於關聯節氣秋分——春分間隔日率180日，多80日。看待此數之途徑決定查看曆關與營窟之別。這260日當日過黃經度數，即祝巫佈置第二期營窟長寬線差度之閾。此閾堪以日過黃經度數記述：日自東南射，日落於西北，兩向程。此事堪以算術檢得。

算術一：以 260 日當日過黃經度數，得 260°。此數起於何所，值得考察。以爲此數起於日過黃經 42°前，欲得日行黃經 260°起於何處，須先減 42°，時在春分，餘數 218°。續減 180°，剩餘 38°。須減 38°，時在秋分前 38日。折合日過黃經 142°。時節在立秋後 7 日。

算術二：若以 42°之後日行 260°，則加二數，得 302°，時在冬至後 32 日，即大寒節氣後 2 日。此差異出自察天者取向並算迄度數。祝巫取向俱爲日在春分點昇運動，夏至降運動。而算迄與將算二事致兩線參差。算迄堪用於摹記，而將算堪用於信期。行星繞行有日率，曆日未來，此爲將算。任一曆術都不免將算。算迄與將算致協所系產生。其圖樣如後。

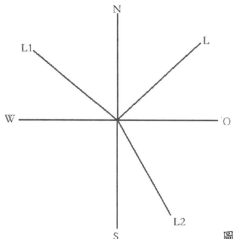

圖五五：F371 戶道角度兩向計算致協所系

圖見 L 係營窟 F317 旋轉戶道方向角線段走向。L1 即第一算術顯示日行將行之所。L2 係曾行之所。此協所系即法國理性哲學家笛卡爾 Descartes 造設之 cartesian coordinate system。此名被譯爲「坐標系」。我考此譯文三字僅一字堪用。詳「術語與考釋」之「考釋」。

移動 L2 於上部第 I 象限。不改向程，使其東南端連 L 線東北端。再畫 L 近似平行邊，即得四邊。此乃圓底營窟邊方底營窟之日照向程根源。放此圖樣形土，即得四邊階梯狀底面營窟。若增減兩斜邊長程，變更平行邊一邊走向，能得 F310 之後室爟闕、柱洞外平面圖樣。

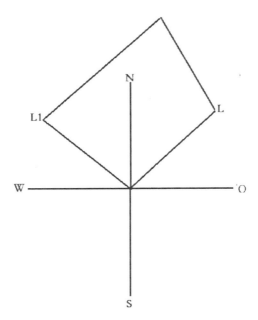

圖五六：F371 圓底營窟向方底營窟變更之協所系

若再依度數佈置階高、階數、挖掘戶道、通風坑、爟闕、柱洞，即能見方面營窟。此間，協所系未改變，故在上下、左右俱爲向程，度數既定。而象限名堪續用不誤。

### （4）營窟 F371 周長係 F366 長寬之源

前雖澄清祝巫構造協所系基礎，但未澄清圓周運動之單向程圓邊如何改爲方底營窟之多向程邊。此處須涉及幾何運算。其算術基礎係圓周長算術。

檢第一期營窟 F371 口徑程 2.5 米加底徑程 2.7 米之和等於 5.2 米，此數均數等於 2.6 米。此數折合狄宛 7.8 尺，不足一丈。而其深程 0.94 米遠大於效深程 0.66 米。今暫不顧 F371 深程變更關聯底方營窟各結構深程，僅察底方營窟邊程兩向之源。此處言兩向程，故在底方營窟每兩邊相耦，故見兩向程，不須四向程。今別此題爲二股：第一，圓周長改爲兩邊長。第二，單向程改爲兩向程。

檢底圓營窟之圓周長有度，其算術：

$$C = 2\pi R$$

恒定參數 $\pi$ 取 3.14，半徑 $R$ 取 1.3 米。得數爲長程，其度數爲米數

$$C = 2 \times 3.14 \times 1.3$$

$$C = 8.16$$

顧狄宛祝巫算圓周率不須如此密，取 3.0416 也可，如前考證。今得另一算術：

$$C = 2 \times 3.0416 \times 1.3$$
$$C = 7.90816$$

用此數之半以爲單向程：

$$\frac{1}{2}C = \frac{7.90816}{2} = 3.95408$$

如此，算得狄宛祝巫第一期時改圓周爲兩向程直線之術算基礎，單向程長 3.95408 米。倍之，即得狄宛第二期第 I 段 F229 垣底長 7.9 米。加長狄宛 1 尺，即得 F246 垣底長 8.38 米。附表五記第 I 段營窟底長寬之和似此者不少。若依 F371 底徑程，算得單向程長達 8 米餘。此大數也係直線長程增變之源。附表五記第 I 段營窟垣長寬之和爲減變此數之例不算罕見。

再察營窟 F366 底長程 4.3 米、寬程 3.36 米匹配，能見其和等於 7.66 米。此數含狄宛尺長基礎。拆此數爲爲 7 米、0.66 米，即見 2 尺爲度。或倍之，或減倍。譬如前者折算 21.21 尺。祝巫以 2 丈 2 尺 1 寸計之。2 尺 1 存不算大數，但 2 丈乃大數。將此數關聯兩年察日照，此數能達丈餘。依前著檢討效程當日數算式（第 161 頁），今見如後比例：

1 丈＝3.3 米

3.3 米當璇璣歲月長 30 日。

21 丈＝630 日

此日數寡於璇璣歲 2 歲日數：

$$720 - 630 = 90$$

這 90 日恰爲關聯節氣效程度當日之半。兩歲連續察同月次星象、日照變動，類似加長此月日數若干。如此，須增長程，以敷所需。F366 度當日曆算細節如前各運損旁證此事。戶道角度固爲定數，但涉及兩歲日照查看。而曆日進益須恃長久、多年察天見象。

垣長程當日：

$$4.3 \div 0.33 = 13$$
$$13 \times 3.0416 = 39.6$$

寬程當日：

$3.36 \div 0.33 = 10.18$

$10.18 \times 3.0416 = 30.96$

垣殘高程當日：

$0.28 \div 0.33 = 0.84$

$0.84 \times 3.0416 = 2.58$

小數折算 17 日，計得 77 日。此深程度當日即戶向角 13° 折算日過黃經 77° 換算而得。察某日日照或日行北極或黃極某處以直戶道記錄，而後即造方底營窟。述行星則以大柱徑程與入地深程。數恆星即依垣邊力柱佈置。如此，第二期營窟地貌根源甚清。

### （5）F371 深程拆為 F366 深程加窟爟闕深程

如上疑問既清，今嘗試申述 F366 窟爟闕之本。此題檢討涉及 F371 深程大於關聯節氣曆算效程。檢 F371 曆志，知其深程度當日 260 日遠大於曆闕深程之效程 0.66 米當 180 日。此程差如何產生，乃營窟結構起源難題檢討基礎。此題也係中國古建築起源檢討要題，楊鴻勛先生等不曾究問此難。

今檢祝巫以設計窟爟闕解決此難。而窟爟闕絕非野爟闕挪移營窟之果。考古界不別野爟闕與窟爟闕，故不輕忽營窟結構細節。祝巫察日行繞黃道，日自冬至後為昇運動，故在黃道赤道交角 23.5° 在冬至日為盡頭，而黃極偏東最甚。此日後，日運動迄春分日，自春分日迄夏至，昇運動及端。此番見日昇運動堪以高下「所」變陳述。而高下陳述之最佳途徑即曆闕深程。如此，狄宛第一期祝巫依春秋分見日經天度數 180°，日昇落交赤經 0°，用下上之別述日差。祝巫承用此思向，這導致祝巫曆志另一便利：前考不少營窟曆志俱告祝巫察行星，而且行星繞日往返信期被察知。行星又別為地球內行星、地球外行星。而地球內行星某期便於察知，地球外行星信期難於察知。至於此信期為會合日數，或是往返信期，無別。地球外行星如土星、木星運行信期查看記錄須恃大程結構部。如此，祝巫用 F371 深程，而且將此營窟用火置於某處，使之關聯日照線，或日過黃經線，即戶道中線。如此，即須深掘戶道口內。此深掘而用火處即窟爟闕。第二期祝巫承取第一期營窟深程，拆解而為爟闕深程之證：

$0.94 = 0.46 + 0.48$

如此，深程 0.94 米堪用於兩座營窟燧闕深程。狄宛第一期第 I 段 F255 窟燧闕深程 0.45 堪爲旁證。在第 I 段，似 F366 窟燧闕深程之例不多，但第 II 段營窟燧闕頻見此深程或相近深程。第 III 段也見不少例證，詳此書表二八。如此，F366 窟燧闕深程取自 F371 之跡顯著，其參差佈置出自 F366 建造者察日照、星體而記其信期。

### 3. 營窟底開四邊與戶道及燧闕入營窟源於燧宿屬張宿

#### 1）營窟邊長置去與燧闕入戶思向源考

##### （1）置去邊長與燧闕入戶源問

前考狄宛第一期 F372 圓底變爲第二期第 I 段營窟 F310 方底，營窟 F371 變爲第二期營窟 F366，此變俱出自曆援。於底方營窟建造者，底開之前，須先照顧置去邊長。置去邊長出自曆算。此乃程長與度變之果。以純念頭而論，程長變、角度變異乎狀貌之念。前二者涉及多寡，後者涉及形貌。而形貌與其變動乃幾何學特點。曆爲涉及幾何學非《九章》幾何學，更多涉及球面幾何。祝巫造較大圓底缽，營窟造設圓底坑，事皆歸諸球面幾何學。後世之學無傳。出土文獻辨識偶爾揭示些微蹤跡。

於狄宛第一期末段祝巫，須解決挪移複雜星象於地表難題。第一期曆闕恆星圖、營窟恆星圖已不敷用。如何改建營窟，係一結構細節難題。戶道改建之題又涉及戶道走向之固、變結構細節，譬如戶道長寬二程、階數與高程及階棱階面。程與線之關聯也爲細節難題，譬如弧線、直線佈置，長寬深佈置，階高與階面平、斜也屬此類。

並此，入燧闕於營窟係另一結構細節難題：欲入燧闕於營窟，須恃底方小大之佈置。而底方小大之佈置須恃協所系。協所系構造又恃星象查看記憶、日行天投影摹記、摹記祝巫察天象、星象處所等。窟燧闕自何處入營窟、如何耦戶道朝向等，俱屬結構細節。祝巫如何獲得思向端點，此乃要題。

我依前著考見朱白色曆義別、圓底缽曆象天球義推斷，祝巫入營窟於戶道，又佈置於營窟戶道口內，其事出自取類作爲。於祝巫而言，以地面物象譬如天上物象，又不違斗轉星移，日行不輟，唯須自星象取狀，放此狀而摹記星曆。否則，內心難安。而天象或星象寄託祝巫倚靠。地上諸物景象變遷，轉瞬即逝，再無信期。如此，即須查看星象，獲取改建營窟眾思向之端。此端即張宿辨識。

### （2）爟闕 K232 摹祝巫入爟宿於張宿致營窟納爟闕

張宿屬南方七宿之一，屬赤道十二宮巳宮宿。爟宿非南方七宿主星，但為午宮鬼宿屬星。檢《中國天文學史》（第一冊）附赤道赤經系星圖，自 0 時向西在 7 時見井宿、弧矢。依此星圖，晨 6：30，日過井宿宿一、二、三、四，在赤緯＋20 度之上相遇。後過天空，向南偏西，13 時日在中天。以赤道當黃經，赤緯＋20 度之上即日過 23.5 度之域。當夏至日。《禮記・月令》：「仲夏之月，日在東井。」星圖告夏至日日所合此述。

若欲夏夜察宿，渭水流域夏至黃昏在 19：30 時之後。夏至日，天徹黑約在 20：30。初見鬼宿，後見張宿。而爟宿屬鬼宿，故爟宿亦早見。K232 述爟宿在東，類似先睹，而張宿在西，二者相聯。如此，見祝巫「牽」爟宿入張宿之狀。推測祝巫此舉基於夏至日當夜 2 小時內目睹鬼宿與張宿。此二宿之連旁證祝巫察宿不輟。在地球自轉之際，星圖 2 小時轉變之前，祝巫並睹此二宿，將此時辰縮短，故入爟宿於張宿。此係祝巫入爟闕於底方營窟思向之端。

前已細考爟宿，及其南天狗宿，今不重述。張宿六星之首星所即今爟火洞所。張宿五堪視為張宿東向延伸。張宿六堪視為張宿三向西延伸。爟火洞入方框能為新結構模樣：爟火洞自東或自西入方框，廣掘通道，即謂戶道。深掘底為方，即謂營窟底。依日過黃經更換此二向，或使爟火洞為爟闕自南而入，或自北而入，俱為新結構模樣。精細察日照、星宿、行星運動，以力柱、柱洞並為曆志，即見營窟加柱洞、爟闕、戶道並階模樣。

末了，須澄清爟宿入營窟後星曆義變更。於 K232，爟宿即爟宿。但此宿摹記入營窟後曆義增益、轉變。爟闕述夏至夜見爟宿，但也述它時節用火。譬如，遠在冬至日，祝巫也能用火於爟闕。關聯祝巫夜察星宿，圓爟闕能述日行於天球某處。而其深淺恰能告去地表遠近。地表即居住面。此言之證在於，祝巫頻在爟闕口沿外施加泥圈或半泥圈。而泥圈摹記黃道圈。如此，爟闕曆義別二等：圓面有火述日照。火來自深處、或淺處告日去人遠近。

此時，爟火替代日火，有化物之力。固燒瓦器等俱係佐證。恰由於此，K232 甚淺，深程度當日僅有 27.6。前檢狄宛爟闕效深程等於 0.36 米，譬如 K604，依此數算得度當日 99.5 日。K232 度當日數占 K604 近 1／3。若將 K232 深程度當日乘以 3，得冬至迄春分日數近似日數 82.8 日。取 K604 深程度當日之 9.5 日，加於 K232 深程度當日 3 倍，計得 92.5 日。此數恰等於關聯節氣二分之一日數加日行天球度數與繞黃經周度數差數二分之一。

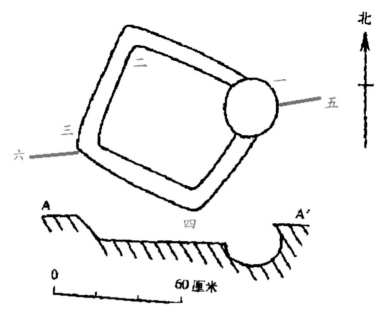

圖五七：設爤宿入張宿初階

狄宛第二期第 I 段營窟 F13 戶向角 98°告日初出射營窟自東偏南 8°。F5 戶向角 105°告日出東南，在正南 15°。此二營窟深程不大於 0.25 米，而爤闕 K232 殘深程 0.1 米。深程僅差 0.1～0.15 米。此乃正東入爤闕之證。F384 戶道角 297°告日落於正西以北 27°。此營窟深程 0.26 米，似 F5 深程。此營窟能證入爤闕於營窟自東、自西。而自南、自北入爤闕於營窟之例甚夥，不須枚舉。入營窟自某所，出自祝巫察日射黃經度數及其變遷，以及祝巫曆志曾須。

2）第一期第 II 段祝巫謀劃爤闕入營窟輯證

（1）第一期 M211 係第二期 K232 曆志之源

依《發掘報告》附表一，葬闕 M211 係第一期第 II 段遺跡。葬闕也屬曆闕，以納骨殖而為葬址。依附表四，M211 位於 T208 第 5 層下。長程 1.84、寬程 1、深程 0.25 米，「頭向」306°。起出物有圜底缽、圜底盆、鼓腹罐、杯等。

前著未檢討此葬闕曆義，此卷前部曾檢第二期第 I 段 F246 曆援第一期營窟程度，旁及此葬闕墓主「頭向」角折算日過黃經 144°。餘者未檢討。此葬闕係第二期第 I 段底方營窟起源檢討之關竅。

第二期第 I 段爤闕 K232 位於探方 T208 第 4 層下。起出深腹罐殘片。若論位置，K232 或位於 M211 之正上，或其近處上層。但第二期第 III 段爤闕 K208 位於 T208 第 3 層下，口徑程 0.95、底徑程 0.9、深程 0.35 米，起出甕 B

型 1 件。如此，爟闕 K232 之殘發生於第 III 段。此後無遺跡雍殘。依祝巫三營造時次，第一期第 II 段葬闕 M211 曆算被地二期祝巫承襲，綿延而及第 III 段。

（2）M211 祝巫為曆輯證

M211 曆志之長程度當日：

1.84÷0.33＝5.57

5.57×3.0416＝16.9

寬程度當日：

1÷0.33＝3.03

3.03×3.0416＝9

深程度當日：

0.25÷0.33＝0.75

0.75×3.0416＝2.304

小數折算 9 日，計得 69 日。

驗算：

墓向角折合日過黃經度數，或為 144 度，或為 324 度。前者在秋分前，後者在春分前。關聯節氣日數 180 日。日過黃經度數甚難關聯深程度當日數 69。準乎日轉過黃經度數，今測算如後：

180－69＝111

此數無歸。

180－144＝36

此數能參與月長減算。

檢 K208 係關聯曆算難點。此爟闕深程 0.35 米，去 K604 深程僅差 0.01 米。其殘損之故在於，祝巫欲關聯第一期 M211 曆算、第二期第 I 段曆算 K232。此深程度當日：

0.35÷0.33＝1.06

1.06×3.0416＝3.225

小數折算 6.7 日，計得 96.7 日。此數即日行黃經 90°加 6.7°。

此日數大於關聯節氣日數之半：

96.7－90＝6.7

此數除以 3，能補於月長不足之數，即 K232 深程度當日數：

6.7÷3＝2.23

將此數加於 K232 深程度當日：

27.6＋2.23＝29.83

此數即 K232 深程述冬至迄夏至期間璇璣歲 1 個月日數。

M211 三向程度當日 94.9 日。K208 承取其：

96.7－94.9＝1.8

此日數加於 K232 深程度當日：

27.6＋1.8＝29.4

如此，M211 三向程度當日被狄宛第二期第 I 段迄第 III 段祝巫承取。

　　M211 方向角述日過黃經 144°述日過夏至 54 日。夏至察南方星宿而記，乃至後多年重述，故爲 K232 等。54 日如何參與運算，今不得知。推測祝巫彼時面臨入燿闕於營窟，繪圖途徑未定。此葬闕起出物鼓腹罐告燿事，圜底缽告天球旋轉，置圜底盆於圜底坑，將見日自天根上行甚速，夏日夜短故也。

　　依前著考述，狄宛第一期祝巫已觀測夏至日照狀況，南方七宿自井宿諸宿多數被祝巫察知。第一期祝巫知井宿屬宿弧矢，詳前著 F371 柱洞 10 考證，而鬼宿所屬燿宿、張宿也被察知。如此，須判定 M211 述祝巫曾察夏至日南方星宿，知井宿、鬼宿及屬宿燿宿、張宿。K232 起出瓦罐殘片旁證祝巫察燿宿爲燿事。

（3）第二期第 II 段營窟牆體承用 K232 二例

　　K232 之開掘者承取第一期 M211 祝巫察宿心得。K232 又告祝巫將張宿視爲取類之之源。逼得造營窟而入窟燿闕於營窟，自四方戶道而入。如此，單壁營窟得以營造。倘使詢問，夾壁爲牆體諸營窟，譬如第二期第 II 段 F714、F712 之牆體如何產生，又有源考難題。而此處不須向它域謀求解答，K232 附訓足以解答此難。

　　檢 F714 垣壁，見內壁、外壁面相去有間，此間距即垣厚。有此厚程，即見牆體，而非營窟垣邊爲牆之狀。牆體起源於狄宛第二期第 II 段，此斷墻有旁證。而此等牆體源於 K232 開掘樣式。檢圖八二四邊，見其棱邊傾斜，別爲內外二邊，二邊以斜坡間隔，間距約 0.3 米。F714 三邊俱有內、外壁面，兩面夾厚程，此厚程遠大於 0.3 米。其內邊底等於營窟居住面，外邊高於內邊。此結構顯出自承襲 K232 上下斜坡棱邊。此結構又變爲 F712 夾牆模樣。牆體

厚程減小，而圍程增大。此二營窟結構俱來自 K232 棱邊雙層結構。此乃 K232 爟闕入營窟起源外另一結構起源。

## （二）第二期營窟段別星曆進益

### 1. 戶向角暨日所黃經度與星象或節令一覽

#### 1）第 I 段營窟星圖考見星象與天象與曆算

##### （1）參數星象與曆考表

今錄前考星曆之要於後表，並錄有戶向角柱營窟爟闕深程，便於讀者檢讀前考爟闕效深程。表錄爟闕深程計以米。《發掘報告》（下冊）附表五給參數不盡合圖考。

**表二六：第 I 段營窟戶向角日所黃經度與星象或天象**

| 營窟 | 戶向角 | 日所黃經 | 爟闕深程 | 節氣星象或天象 |
|---|---|---|---|---|
| F5 | 103* | 347 | 0.25 | 協所系回歸年 4 年驗歲星軌變行百二十度 |
| F13 | 98 | 352 | 0.2 | 無圖，春分前 8 日 |
| F17 | 98 | 352 | 0.6 | 協所系哈雷彗星北斗金星水星火星土星昏時並見 |
| F201 | 75 | 15 | 0.25 | 無圖，清明 |
| F209 | 67 | 23 | 0.25 | 無圖，穀雨前 7 日 |
| F229 | 100* | 350 | 0.75 | 協所系昏後水星合金星近亢宿、歲星掩火星 |
| F235 | 140 | 310 | 0.15 | 無圖，立春前 5 日 |
| F246 | 95* | 175 | 1 | 協所系仲秋日旦在角昏在亢夜在氐次日晨在房 |
| F251 | 20 | 70 | 0.23 | 無圖，芒種前 5 日 |
| F254 | 95 | 355 | 0.25 | 無圖，春分前 5 日 |
| F255 | 195 | 75 | 0.45 | 協所系木星行 90 度水星行半週天歲星紀年 |
| F310 | 310 | 140 | 0.35 | 參宿大火星孟春初昏協時 |
| F311 | 300* | 150 | 0.1 | 同上 |

| 營窟 | 戶向角 | 日所黃經 | 爌闕深程 | 節氣星象或天象 |
|---|---|---|---|---|
| F319 | 355 | 95 | 不詳 | 無圖，夏至後 5 日 |
| F320 | 345 | 105 | 0.25 | 無圖，小暑 |
| F321 | 345 | 105 | 0.28 | 無圖，小暑 |
| F338 | 313 | 137 | 不詳 | 無圖，立秋後 2 日 |
| F349 | 330 | 120 | 0.25 | 協所系黃赤道交角 23 度半及 30 度當時辰與水金二星合日 |
| F351 | 315 | 135 | 0.2〜0.3 | 無圖，立秋 |
| F352 | 20 | 70 | 0.25 | 無圖，芒種前 5 日 |
| F354 | 0 | 90 | 0.35 | 無圖，夏至 |
| F360 | 340 | 110 | 0.3 | 婁宿房宿斜 |
| F364 | 310 | 140 | 0.2〜0.25 | 無圖，立秋後 5 日 |
| F376 | 306 | 144 | 0.35 | 無圖，處暑前 6 日 |
| F381 | 8 | 82 | 0.36 | 無圖，夏至前 8 日 |
| F382 | 195 | 255 | 0.22 | 無圖，大雪 |
| F383 | 340 | 110 | 0.2 | 無圖，小暑後 5 日 |
| F384 | 297 | 153 | 0.26 | 處暑後 3 日 |
| F603 | 303 | 147 | 0.3 | 處暑前 3 日 |

有二事須告。第一，《發掘報告》欠錄圖樣甚夥。不詳何故。無圖營窟參數難以俱用。《發掘報告》附表五雖給柱洞數、戶道階數，但不具其所。星圖曆義無從考校。前考營窟曆援，無論同期同段異段，抑或丗期，涉及者俱依附表五等給參數爲算。第二，*符告此度數依原圖有誤，今更改。附表五述 F5戶向角 105°，測算營窟圖戶向角等於 103°。合日所黃經 347°。F229 戶道交子午線角 100°，合日過黃經 350°。檢 F246 戶道角 95°，合日所黃經 355°，但依星圖 C 線，日所黃經 175°。

（2）星曆圖考要略

表錄營窟計 28 座附 1 座。表錄營窟戶道角非唯一判定祝巫察星象、天象時節之據。無柱洞圖樣、窟爌闕、戶道等結構細節，戶道角僅係孤數。

第二期第 I 段祝巫觀星測象：營窟 F5 星圖考見祝巫校驗回歸年 4 年依木

星行 120°，及其軌變。營窟 F17 星圖考見狄宛祝巫摹記重大天象與星象：哈雷彗星、北斗七星、金星、水星、火星、土星昏時並見。營窟 F229 星圖考見昏後水星合金星，而且近亢宿，又見木星掩火星。營窟 F246 星圖考見日旦在角、昏在亢、夜在氐，次日晨在房。四宿乃日宿所。營窟 255 星圖考見祝巫觀測算得木星行 90°水星行半週天紀年。營窟 F310 星圖考見祝巫依參宿、大火星孟春初昏協時。營窟 F349 星圖考見祝巫察知黃赤道交角約 23.5°，及協所系 30°當一時辰，及水星金星合日。

　　考見第 I 段營窟遍及第 I 發掘區、第 III、第 IV、迄第 VII 發掘區。此三發掘區走向西北——東南，合乎斷崖即冬至赤道、黃道面相交線。檢前表，無一配圖營窟戶道線告日所黃經 270°。無圖營窟同樣。而且，能記此度數之窟爟闕深程罕見能及 1 米者。依此得知，斷崖走向線告冬至日照堪為參照，而眾營窟早含此參數。

　　2）第 II 段營窟戶向角暨日所黃經度或星象

　　（1）參數星象與曆考表

## 表二七：第 II 段營窟戶向角日所黃經度與星象或天象

| 營窟 | 戶向角 | 日所黃經 | 爟闕深 | 節氣星象或天象 |
|------|--------|----------|--------|----------------|
| F3 | 140 | 310 | 0.4 | 無圖，立春前 5 日 |
| F7 | 98 | 352 | 0.45 | 無圖，春分前 8 日 |
| F10 | 302 | 148 | 0.46 | 無圖，處暑前 2 日 |
| F11 | 43 | 47 | 0.5 | 無圖，立夏後 2 日 |
| F12 | 185 | 265 | 0.4 | 無圖，冬至前 5 日 |
| F101 | 10 | 80 | 0.47 | 無圖，芒種後 5 日 |
| F103 | 238 | 212 | 0.42 | 無圖，霜降後 2 日 |
| F200 | 90 | 0 | 0.34 | 無圖，春分 |
| F206 | 20 | 70 | 0.4 | 無圖，芒種前 5 日 |
| F208 | 280 | 170 | 0.45 | 無圖，白露後 5 日 |
| F212 | 110 | 340 | 不詳 | 無圖，驚蟄前 5 日 |
| F214 | 32 | 58 | 0.2 | 無圖，小滿前 2 日 |
| F215 | 100 | 350 | 不詳 | 無圖，驚蟄後 5 日 |
| F222 | 238 | 212 | 0.35 | 無圖，霜降後 2 日 |
| F224 | 150 | 300 | 0.4 | 無圖，大寒 |

| 營窟 | 戶向角 | 日所黃經 | 燧闕深 | 節氣星象或天象 |
|---|---|---|---|---|
| F227 | 30 | 60 | 0.5 | 無圖，小滿 |
| F230 | 90 | 0 | 0.4 | 無圖，春分 |
| F231 | 180 | 270 | 0.2 | 無圖，冬至 |
| F232 | 100 | 350 | 0.4 | 無圖，驚蟄後 5 日 |
| F234 | 5 | 85 | 0.45 | 無圖，夏至前 5 日 |
| F238 | 245 | 205 | 0.3 | 霜降水星上合豫冬 |
| F245 | 124* | 326 | 0.5 | 回歸年 3 年照歲星所變 90 度暨巨人跡 |
| F249 | 210 | 240 | 0.35 | 無圖，小雪 |
| F250 | 105 | 335 | 0.44 | 天赤道日心水星上下合地軌、恆星軌橢圓、蒞日、行星與繞日心、地球所在日心天球秋分點 |
| F301 | 297 | 153 | 0.5 | 秋分前 5 日晨天王星合日及衝日色藍 |
| F303 | 240* | 210 | 0.5 | 季冬迄孟春見斗宿文昌星內階星 |
| F305 | 35 | 55 | 0.45 | 無圖，小滿前 5 日 |
| F306 | 300 | 150 | 0.5 | 無圖，處暑 |
| F308 | 20 | 70 | 0.4 | 無圖，芒種前 5 日 |
| F322 | 47 | 43 | 0.45 | 無圖，立夏前 2 日 |
| F328 | 108 | 342 | 0.4 | 無圖，驚蟄前 3 日 |
| F331 | 47 | 43 | 0.5 | 無圖，立夏前 2 日 |
| F332 | 135 | 315 | 不詳 | 無圖，立春 |
| F333 | 210 | 240 | 0.49 | 無圖，小雪 |
| F334 | 52 | 38 | 不詳 | 無圖，穀雨後 8 日 |
| F335 | 125 | 325 | 0.32 | 無圖，雨水前 5 日 |
| F337 | 327 | 123 | 0.55 | 無圖，大暑後 3 日 |
| F341 | 103 | 347 | 0.26 | 無圖，驚蟄後 2 日 |
| F346 | 150 | 300 | 0.3 | 無圖，大寒 |
| F347 | 2 | 88 | 0.54 | 無圖，夏至前 2 日 |
| F348 | 37 | 53 | 0.42 | 無圖，小滿前 7 日 |
| F353 | 10 | 80 | 0.28 | 無圖，芒種後 5 日 |
| F361 | 110 | 340 | 0.42 | 無圖，驚蟄前 5 日 |

| 營窟 | 戶向角 | 日所黃經 | 爟闞深 | 節氣星象或天象 |
|---|---|---|---|---|
| F363 | 45 | 45 | 0.38 | 無圖，立夏 |
| F366 | 13 | 77 | 0.46 | 無圖，芒種後 2 日 |
| F367 | 338 | 112 | 0.44 | 無圖，大暑前 8 日 |
| F369 | 28 | 52 | 0.48 | 無圖，小滿前 8 日 |
| F370 | 303 | 147 | 0.4 | 無圖，處暑前 3 日 |
| F373 | 17 | 73 | 不詳 | 無圖，芒種前 2 日 |
| F374 | 295 | 155 | 0.38 | 無圖，處暑後 5 日 |
| F375 | 33 | 57 | 0.4 | 無圖，小滿前 3 日 |
| F377 | 10 | 80 | 0.28 | 無圖，芒種後 5 日 |
| F385 | 35 | 55 | 0.54 | 無圖，小滿前 5 日 |
| F386 | 44 | 46 | 0.35 | 無圖，立夏後 1 日 |
| F600 | 350 | 100 | 0.8 | 無圖，小暑前 5 日 |
| F601 | 337 | 113 | 0.44 | 無圖，大暑前 7 日 |
| F604 | 340 | 110 | 0.34 | 無圖，小暑後 5 日 |
| F605 | 337* | 113 | 0.4 | 小暑後 8 日金星曆度與比地曆象、回歸年長為常數 |
| F606 | 85 | 5 | 0.4 | 無圖，春分後 5 日 |
| F711 | 25 | 65 | 0.38 | 無圖，小滿後 5 日 |
| F712 | 315* | 135 | 0.54 | 立秋參宿隱暨地軌內水星金星西而東旋 |
| F713 | 314 | 136 | 0.35 | 無圖，立秋後 1 日 |
| F714 | 300 | 150 | 0.46～0.95 | 日遠近在軌道暨處暑晨刻水星凌日 |
| F715 | 300 | 150 | 0.45 | 無圖，處暑 |

*測 F245 戶向角是 124°，原度數誤差 1°。測 F303 舊給戶向角 295° 非是，圖考得戶向角 240°。測 F605 戶向角等於 373°，非舊述 340°。F712 戶向角非 310°，須加 5°。

### （2）星曆圖考要略暨聖賢功業認知基礎

　　營窟 F238 星圖考見霜降水星上合豫冬。營窟 F245 星圖考見回歸年 3 年照歲星所變 90 度暨巨人跡。營窟 F250 星圖考見天赤道日心水星上下合地軌、恆星軌橢圓、祝巫范日、行星與繞日心、地球所在日心天球秋分點。營窟 F301 星圖考得祝巫曾見秋分前 5 日晨天王星合日、衝日色藍。營窟 F303 星圖考見

祝巫季冬迄孟春察知斗宿、文昌星、內階星。營窟 F605 星圖考見小暑後 8 日金星曆度與比地曆象、回歸年長爲常數。營窟 F712 星圖考見立秋參宿隱暨地軌內水星金星西而東旋。營窟 F714 星圖考見日遠所近所暨處暑晨刻水星凌日。

此階星曆認知進益明顯。其要歸諸一言：狄宛祝巫察知諸星繞日心而轉。此即日心星系見識。此見識基於察星而視見，與察星而與見其繞日。日心協所系乃其最大新見，今斷營窟 F250 星圖爲中國星曆史最壯麗星圖。

《帝王世紀》述庖犧氏世系局部於星曆史學有依。庖犧氏功業之傳類同狄宛星曆之傳。此傳非誣非僞。考見水星舊名鉤旁證史傳庖犧氏用矩之源。由此得知庖犧氏乃古星曆家。凡不知狄宛星曆者，不得論舊傳是非。後庖犧氏大巫王功大業溯跡宜依發掘考見爲憑。

### 3）第 III 段營窟戶向角暨日所黃經度或星象

#### （1）參數星象與曆考表

**表二八：第 III 段營窟戶向角日所黃經度與星象或天象**

| 營窟 | 戶向角 | 日所黃經 | 爌闕深程 | 節氣星象或天象 |
|---|---|---|---|---|
| F1 | 111* | 349 | 0.46 | 日遠地多至日黃赤道交 23.5 度暨金星凌日 |
| F2 | 103 | 347 | 0.4 | 無圖，驚蟄後 2 日 |
| F4 | 120 | 330 | 0.37 | 無圖，雨水 |
| F100 | 10 | 80 | 0.5～0.7 | 無圖，芒種後 5 日 |
| F102 | 23 | 67 | 0.2 | 無圖，小滿後 7 日 |
| F106 | 185 | 265 | 0.24 | 無圖，冬至前 5 日 |
| F107 | 196 | 254 | 0.28 | 無圖，大雪前 1 日 |
| F203 | 280 | 170 | 0.4 | 秋分前 10 日 |
| F207 | 119* | 331 | 0.37 | 日環行黃道滿度與赤經圈俯視及回歸年照歲星 |
| F213 | 122 | 328 | 0.18 | 無圖，雨水前 2 日 |
| F218 | 305 | 145 | 0.68 | 無圖，處暑前 5 日 |
| F219 | 305 | 145 | 未清出 | 無圖，處暑前 5 日 |
| F220 | 215 | 235 | 0.1 | 無圖，小雪前 5 日 |
| F221 | 230 | 220 | 0.4 | 無圖，立冬前 5 日 |
| F223 | 330 | 120 | 0.4 | 無圖，大暑 |

| 營窟 | 戶向角 | 日所黃經 | 爐闕深程 | 節氣星象或天象 |
|------|--------|----------|----------|----------------|
| F237 | 86 | 4 | 0.35 | 無圖，春分後 4 日 |
| F252 | 90 | 0 | 不詳 | 無圖，春分 |
| F256 | 0 | 90 | 不詳 | 無圖，夏至 |
| F307 | 116 | 334 | 0.5 | 無圖，雨水後 4 日 |
| F336 | 135 | 315 | 0.28 | 無圖，立春 |
| F339 | 130 | 320 | 0.4 | 無圖，立春後 5 日 |
| F355 | 26 | 74 | 0.56 | 金星繞日輪返日率誤差 3 日 |
| F362 | 42 | 48 | 0.3 | 無圖，立夏後 3 日 |
| F368 | 310 | 150 | 0.47 | 無圖，處暑 |
| F602 | 98 | 352 | 0.38 | 無圖，春分前 8 日 |
| F607 | 26 | 64 | 0.44 | 無圖，小滿後 4 日 |
| F700 | 230 | 220 | 0.45 | 無圖，立冬前 5 日 |
| F706 | 225 | 225 | 0.28 | 無圖，立冬 |
| F707 | 240 | 210 | 0.4 | 無圖，霜降 |
| F709 | 20 | 70 | 0.46 | 熒惑冬至逆行鬼宿參照歲星並天河 |
| F710 | 295 | 155 | 0.54 | 無圖，處暑後 5 日 |

*發掘者述 F1 戶向角 105 度，檢此角等於 110 度。發掘者述 F207 戶向角 117°，檢此度數是 119°。

（2）星曆圖考要略

營窟 F1 星圖考見祝巫重述日遠地冬至日黃赤道交角 23° 餘暨金星凌日。營窟 F207 星圖考見祝巫述日環行黃道滿度與赤經圈俯視，及回歸年照準歲星。營窟 F355 星圖考見金星繞日輪返日率誤差 3 日。營窟 F709 星圖考見熒惑冬至逆行鬼宿參照歲星，及祝巫救日遺跡，以及天河圖。祝巫救日之舉印記其目睹火星逆行時段陷入恐慌。用盛火、殺戮幼童以邑人傳播而入星占。此傳變動致多種熒惑星占。

## 2. 狄宛營窟星圖以日心協所系爲要

### 1）自仰而見星睹象迄摹記見知

#### （1）察星於天之「視」「見」「示」之別

察星貴在目接星體於某日某時。目接天謀察星體須別視、見二等目力。晨、昏、夜時分，視天而見星，此乃視見。視天而不睹星，此乃視而不見。

人立於地，此在站。人設擬近星體，此乃蒞。自站而迄蒞，祝巫欲而向、而近。設擬自星所反查地，此乃設擬昇天。天地之間僅見此差。而此差之義，盡在星曆認知甚多增益。

於狄宛邑眾，視而欲見某星，此乃未知舊事。而祝巫以世傳而知某時某星所。於某時前試求於天。頻試而多求星見或星匿之故，能正視。正視內見星之前端。狄宛第一期祝巫已能正視，故能見角宿、心宿、氐宿、尾宿等。祝巫視而見星，又知足下向星體連線，又知某時分此線為定程，此謂「示」。狄宛第二期殘缽口沿有若干刻畫，前著已考局部。《發掘報告》表一二（第 176 頁）錄標本 G300：P56。我依眾營窟星圖考此刻畫係某星圖摹略。此星圖即黃赤道交角 23°餘於春分後，以及日所黃經 90°，即夏至日照與南方星象圖：

圖五八：日所黃經 90 度交黃道 23 度餘刻紋謂「示」

此刻紋係甲骨文「示」字源。前著曾考，此刻畫係減筆消息畫，謂其志「赤經與黃道面夾角」（第 494 頁）。此考不移，唯增數言。此字給定祝巫立足所、天體向程，故涉及星圖，能為「記事」刻畫，而記事刻畫自堪為文字。「六書」之「指事」即此。

依此圖，推知祝巫晝見日盛照，而夜見日所與日所星象。如此，是日夜星宿既定而短時無變。拓展此義，星所、星動向、某星與旁星在某系俱堪命以某星之「示」。有示，而後堪察。依此得知，若干英文天文學著作譯者用「視運動」翻譯 apparent motion 欠妥。此二名於星體謂示運動。於認知者謂「見運動」。術語第一英文無「視」，而有「顯（示）」義。倘使察星象者視而不見，何以言星所？

此外，狄宛第二期營窟星曆圖考揭露，若干星象查看關聯某天象。祝巫能摹記其細部，此告祝巫有備而察天象。其所備或所恃者，乃視見星體之「故庫」。此乃狄宛星曆學盛壯之根由。前著考述狄宛第一期祝巫知曉天象之月食、日食，其本在此。

（2）星象之視見與所變乃陽曆術根基

無論於古於今，天不須視而自在。頭不舉則不視天穹。故星象之視、見

乃察天穹，而非氾言察天。《周髀算經》述週天，此名關聯日行天赤道滿度。此名已含日途諸所星象，而非純日所。

曆術之陽曆術基於視見星所與所變，考見日、星行度。氾而言此，星體行度本乎星行程，行程本乎行動，行動本乎動能發揮。祝巫察星體行度而見其行程。欲志其行程，須志其所，故行度爲數本乎某星所變。非星所無以言祝巫知星體，非星所無以告星圖考之精準。營窟 F5 星圖考見祝巫校驗回歸年 4 年之憑依爲木星行 120° 與軌變。

檢賀清海等人依航測見土堆，參照《開元占經》描述星官與星數，勾勒陝西榆林一帶地貌，命爲星官。我疑心賀氏等遠不詳陶寺帝臺星曆義，近不參《天官書》星曆根源。於「帝」、「天子」、「建州」、「萬邦」之史學關聯一無考究。其嘗試基礎在於，謀以現代器械功用替代遠古星圖。其器類無系統憑依，所謂「44 號天球紋長腹罐」下部無圜底，非天球〔註60〕。星臺關聯絕非星所關聯。混淆此二者界線，早期祝巫視見測度之功隱沒。

（3）星曆志摹記憑依協所系源於狄宛第一期

祝巫視見星體行度、寒暑變遷，欲傳告後嗣，言以初創不便達意，故須形土摹記星曆。孤星不足以志時節、故須添星所。星所別遠近，故星距之念產生。摹記若干星所而不失眞，故須準乎同一程。欲給星所，告其左右、上下，故須星所之協，此乃星宿協所之本。

祝巫給星宿協所之憑依乃協所系，詳術語考釋之「協所系」「坐標系」辨。今檢狄宛第二期第 I 段營窟星圖協所系之源在狄宛第一期。其證在標本 H3110：11 朱色圖樣。前著考證，祝巫繪此圖樣有摹陽射之義，名此圖以「陽射率六紋」。又考此標本圖樣係中國神教陽本之證，輔考其局部乃甲骨文「射」字本（第 107 頁～第 112 頁）。舊考不移，今循舊考增考此圖左旋之義。此圖見朱帶彎曲，而且中央似有延伸、又見圓心狀。圖述陽射，而陽有其源。此源在陽心，陽心者，日也。

如此，日環行而晝炳照以目晝見得以照顧，夜見其行天球而投影於下，繞黃道而轉。日有此二性，故爲祝巫查看核心。而它星體，譬如水星、金星、火星或木星所之視見俱參照日心。心系星體之念初成於狄宛第一期。基於此

〔註60〕　賀清海：《秦帝國全天星臺遺址及其源流考——星圖分冊》，科學技術出版社，2008 年，第 116 頁。

階，祝巫得見水星、金星、木星、火星、天王星等環日輪返。以日爲核心之行星系誕生。

### 2）視見星象協所系之日心系爲狄宛星曆綱要

#### （1）祝巫並用協所系以告星象

此處須給出狄宛祝巫星曆協所系細節，便於讀者知曉其星曆術進益之證。西方形成此術甚遲，詳術語與考釋。我言狄宛祝巫用協所系，其證有二：其一，第一期祝巫造圜底器。諸器置於圜底坑能止能動。其扣合象全天，天乃球狀。圜底器止，以告天球某一物所。圜底器動則告此物所所變。此二者乃謀算星體動止根基。星體動即繞行。第二，後嗣頻將小圜底坑建造於窟爟關前。窟爟關象徵黃道。營造者近置此二物使人易知日行天球投影。天赤道、天球、黃道與日環行被關聯。以圜底器論，器底象徵地球，器口唇象徵天球圓周。以器底爲球心，球面各點能爲等距點。天穹眾星與人眼關係類似球面與球心關係。人眼之所於是更換爲球面球心。日月星辰東昇西落非面上物象，而能爲地下運動。半球面爲視見半球狀天空，此即球面天文學之天穹。由此能設擬天球（《地球概論》（試用教材修訂本）第 8 頁～第 15 頁）。

基於前知，祝巫設擬天體在地球上投影所去地心等距，例在 F5 圖視見星體繞原點左旋。此思向調理致地心天球產生。同時，祝巫也以太陽球心爲中心，此乃日心天球，F250 星圖爲證。

多營窟星曆圖考俱告，狄宛第二期祝巫頻用黃道協所系、地平協所系。黃道協所系以告日所、星所與日所。其要在黃經與黃緯。北黃極、南黃極、天赤道交黃道角等頻見於營窟星圖。其基圈係黃道（窟爟關爲證），協所系原點係春分點。黃緯度數未入參數。而星所經度係黃經。星所即視見星在黃經圈相對於春分之方向與角距離。春分點爲起點。

地平協所系以告星所曆日參數。其要在於所在與高（深）程等。戶道長程、階深程與總深程、窟爟關徑程與深程、柱洞徑程與深程、垣邊長程等俱係地平協所系細節。營窟底開面摹記日軌道或天球，此亦屬地平協所系。依第 II 段營窟 F250 圖考堪斷，狄宛祝巫協所系認知已臻頂峰。

#### （2）星象協所系之日心系便於視見行星與恆星

言視見星象協所系，須先告若干星體。依前考，狄宛第二期祝巫已視見地軌內行星水星、金星。祝巫已知大地爲球體，而非平面，F5 見營窟戶道口

北邊小柱洞象徵星體即地球。柱洞口圓告星體圓而在天有道。而黃赤道夾角認知在第一期已被印記。祝巫視見地軌外行星火星、木星、土星、天王星。此告狄宛祝巫已知日系七大行星。依前考，此時代祝巫並無光學器械。如此，其目力之勁使人驚訝。

如此，諸星所關係與動向止所關係求索乃祝巫曾須直面疑難。若干營窟星圖考今告，祝巫已澄清星所位置關係，而見知諸星位置關係之證在於，祝巫以日心協所系摹記星體佈面及星體面下閃現。其例在於：營窟F250星圖考見天赤道日心水星上下合地軌、恆星軌橢圓、祝巫蒞日、行星與繞日心、地球所在日心天球秋分點。

（3）星象協所系至遲衰落於殷末

前考狄宛第二期祝巫以視見與曆算而知天球爲圓、日道橢圓（行星近日遠日所）、七大行星繞日而行。彼時，祝巫不以正圓記錄太陽、行星行道，而以橢圓記之。此謂祝巫知曉星體行道爲橢圓，而地上寒暑變遷本乎日道面與地球軌道面交角變遷。眾星象圖皆本乎日心系。今問，後世言天諸論有無承襲狄宛第一、第二期星曆之證？

檢狄宛星曆術之日心協所系、日軌道橢圓等說消亡於殷周之際。《周髀算經》有蓋天論，「笠以寫天」爲證。此言乃狄宛圓底器扣合而見全天球局部，存承襲之跡。榮方、陳子問對足顯殷末周初承襲狄宛黃赤道交角術算，此術仍準乎日道橢圓舊知。但其術限於「天子治周」，里程計算基於測日影。此術本源有待考究。但其曆術義遠無狄宛祝巫設計天球星曆術算比例尺精當。營窟F712星曆圖已具星曆術算憑依天球圓周比例尺，其術類近代西方人航海者用經線1度當60海里，依此比例分割赤道360°，得里程算得東西直線距離。而南北里程依180°。對照狄宛此術與測日影定里程，狄宛祝巫割天球六絡術更近球體天文學，於黃道協所系，此術乃曆日術。推測此術亦堪用於測算遊獵距離，此乃庖犧氏「王」天下之略地基礎。此術恰係近現代大地測量、天體測量術基礎。

總之，狄宛天體觀測與星曆算術之協所系不見於各等算書。趙君卿注《七衡圖》納七衡六間二十四氣術關聯密算回歸年日數。此術須視爲曆術進益，其本即狄宛回歸年視見春分點日所。陳遵嬀先生考證，《七衡圖》作者係趙君卿之前，呂不韋以後某人（《中國天文學史》上冊，第90頁）。此圖不涉及經度換算里程之術。蘇頌雖研造水運儀象臺，於機械運動有若干新見，但不曾操心經緯度里程等測量話題（管成學：《蘇頌的科學思想》，《蘇頌與新儀象法

要研究》，吉林文史出版社，1991 年，第 108 頁～第 111 頁）。狄宛黃道橢圓之念湮沒於何時，無人知曉。此喪佚致星圖於星曆檢討者無確當指導力。唐玄宗之前，黃道盡被摹寫爲正圓。迄開元年間，僧一行依星象視見而修正黃道繪製，改爲橢圓。至此，橢圓黃道協所系局部恢復。而狄宛祝巫曾用地平協所系與黃道協所系仍舊無聞。

（4）經緯度東西與南北里程溯跡暨狄宛祝巫徙里初檢

營窟 F712 星曆圖考見星曆術算須依天球圓周比例尺。依地平協所系論此比例尺，祝巫取地球（詳 F5 地球運轉）黃道周長 6 尺 6 寸 6 分，其半乃 3 尺 3 寸 3 分。以此數聯繫日行周天度數，此滿度比黃道周長，算得地球經度別 6.6 絡，每絡合 54.054°。東經、西經各得 179.99°。依晝夜配此二分，東 180° 爲晝、西 180° 爲夜。依時區並顧時辰，東西半球各得 6 時辰。

狄宛祝巫不須似近代西方航海者算經度爲里程，但能有同類術算。顧狄宛遺跡發掘未盡，營窟圖樣又未盡覽，今取《山海經》關聯里程爲參數，嘗試驗算東西、南北里程。以此，我欲順道澄清《山海經》四方山經里程之星曆義。檢張春生先生以《大荒西經》「日月山」「天樞」述《山海經》有宇宙〔註61〕。此念頭堪採。如其它研究者，張先生不曾得知遠古祝巫以圓底器設天球，圓底器之圓底坑程度放寫天球程度。此念能傳及虞夏。此題迄今係《山海經》研究空白。

《南山經》：「大小凡四十山，萬六千三百八十里。」《西山經》：「右西經之山，凡七十七山，一萬七千五百一十七里。」《北山經》：「右北經之山志。凡八十七山。二萬三千二百三十里。」《東山經》：「右東經之山志，凡四十六山，萬八千八百六十里〔註62〕。」

東西《山經》里程折算經度：

18860＋17517＝36377

此數除以滿度：

36377÷360＝101.04

折算每經度等於 101 里。現代以來每經度折合 111 西里。此經度程長寡於狄宛經度程長 10 西里。

〔註61〕 張春生：《山海經研究》，上海社會科學院出版社，2007 年，第 50 頁。
〔註62〕 郝懿行：《山海經箋疏》，巴蜀書社，1985 年，《南山經》第 13 頁，《西山經》第 36 頁，《北山經》第 36 頁，《東山經》第 11 頁。

黃道東西里程：

36377÷2＝18188.5

日所黃經 180°迄 0°折算 18188 里。日所黃經 90°迄 270°亦折算 18188 里。

南北《山經》折算緯度：

16380＋23230＝39610

39610÷180＝220

每緯度折算 220 里。緯度折算里程為西經度里程 2 倍餘。推測此差數出自日行北回歸線、日在冬至點遠。依此計算得天球乃長吊狀天球，頗似 F250 外廓，即南北長而東西短。依二者類似，今推《山海經》四方山里程數本乎遠古，非虞夏肇造初設。

依前算，每經度折合 101 里。每緯度折合 220 里。若顧南天球、北天球星區參差，又堪判分南天球、北天球里程，或曰＋90°星區每緯度合 110 里，～90°星區每緯度也合 110 里。

前言祝巫設定球體經度、緯度，今考祝巫流徙為曆之里程估算。依營窟 F712 圜底坑為度，祝巫遊徙里程測算堪被溯跡。遊徙旨在異地察星象或謀東向而早得食。

依《尚書大傳》述「禹成五服」，《禹貢》記五服里程，將五服里程視為祝巫流徙之地，齒革羽毛器之制為等服信念印記，準乎萬邦之中央邦為 0°經線，即狄宛之所，五服 2500 里折算經度 24.7524°。東移此度數即為夏初中央邦之所。東部仰韶時代星曆文明俱在此遊徙域內。

前考 F712 圜底坑周長折算地球經度 6.6 絡，每絡合 54.054°。祝巫流徙乃文明傳播之事。今算得虞夏時期東西經度約等於地球一絡經度之 0.45 倍，小於現代中國跨經度 62°。若虞夏里程確係狄宛 F712 圜底坑程度折算里程，中國萬邦時代祝巫東西遊徙之經度為今中國地理疆域經度 0.4 倍。以狄宛為本初子午線，即 0°經線，自彼處向東、向西總遊徙里程 1250，約當今日 1373.7 西里。

### 3. 狄宛星曆術與西方前哥白尼時代星曆術評斷

#### 1）狄宛星曆術牴牾西方星曆術地心見

##### （1）狄宛祝巫恃日心見與協所系臻星曆術高峰

此處言星曆術基於目力見星。狄宛祝巫視見星宿，古埃及僧侶也能以目

力視見星宿。曆術基礎在於計算。此計算盡恃視見星體。此乃陽曆基礎。準此比較基礎，須言某星曆術根基在於某見。既往國文學術多見以「說」檢討星曆，譬如「日心說」、「地心說」。我以爲，此名欠妥。依《墨子》「語經」，「說」乃饋故言術。《小取》「以說出故」是也。在彼時代，辯者舉故須別等。聞者或鬥辯者俱依當下目力接物論知，不恃目睹論是非。而星曆非辯者之術，也非均質人等喜聞樂見之術。星曆術根基乃認星所辨星所以見星動之術。狄宛祝巫視見星體係最佳例證。若察星象者欲見細微，須設協所系。否則，摹記星所僅能告星名，不足以言時節，曆義近無。

依此狀況，今論狄宛祝巫星曆術依其視見星體。由此而用「日心見」。日心見即謂祝巫察星象而視見七大星象繞日運轉。此告日爲眾旋轉之中央。狄宛第二期第 II 段營窟 F250 星曆圖告此認知。由於狄宛祝巫依視見爲星曆圖，並遵循地平與黃道協所系摹記星圖，其天文學貢獻最大。此力乃現代實驗學科根基，乃近「然」之唯一途徑。今略要申述日心見指導祝巫星曆術進益。

第 I 段星曆術進益：故察知木星軌變致木星所度差 120 告回歸年 4 年。木星紀年起於狄宛第二期第 I 段。依日心見，祝巫摹記哈雷彗星所北斗七星所、金星所、水星所、火星所、土星所。此乃中國天象記事史上除第一期日全食外最大事件。又依日心見而察知昏後水星合金星而近亢宿，以及木星掩火星。此見又指導祝巫察見仲秋日旦在角、昏在亢、夜在氐，次日晨在房。日心見又指導祝巫依協所系圖志木星行 90°水星行半週天紀年。日心見又使彼等能依參宿、大火星孟春初昏協時。日心見又使祝巫依黃道協所系 30°當一時辰，並圖志水星金星合日。

第 II 段星曆術進益：依日心見，祝巫以霜降水星上合豫冬，又依黃道協所系圖志回歸年 3 年照歲星所變 90 度暨巨人跡。日心見又指導祝巫圖志天赤道水星上下合地軌、恆星軌橢圓、祝巫莅日、行星與繞日心、地球所在日心天球秋分點。從日心見指導，祝巫察見秋分前 5 日晨天王星合日、衝日色藍。又於季冬迄孟春察知斗宿、文昌星、內階星所。祝巫依此知察小暑後 8 日金星曆度與比地曆象、回歸年長爲常數。從此見，祝巫察知立秋參宿隱暨地軌內水星金星西而東旋，以及考見日遠所近所暨處暑晨刻水星凌日。

第 III 段星曆進益：以日心見重述日遠地多至日黃赤道交角 23°餘暨金星凌日，以圖重述日環行黃道滿度與赤經圈滿度，及回歸年長照準歲星行度。依此知察星所而圖志金星繞日週期日率誤差 3 日。從此見，祝巫於冬至照準歲星、天河走向察知熒惑冬至逆行鬼宿。

### （2）西方前哥白尼時代星曆術以地心論爲要

涉及行星運行模樣，古希臘 Platon 柏拉圖及其門人 Aristoteles 等曾以圓周勻速運動認知行星運動樣式，但不曾設想，行星繞日運動〔註63〕。

在西元前 4 世紀到 3 世紀，地爲球體不再是話題。涉及地、日動向關係，已有兩見。其一爲地心論。歐多克斯自幾何學揭示天體運動。將星體信期出現視爲週期運動之果。它解析天上較複雜週期現象爲單個週期運動，並指定圓軌給星體。而星體繞地運轉，以勻速圓周運動。他甚至用 27 個球層揭示天體運動。此設計被亞里斯多德採納。他增天體運動層到 56 個。

其二爲日心論。星曆與數學家阿利斯塔庫斯（Aristarchus of Samos，約西元前 310～230 年）以爲，地球在軸上自轉，年復一年繞日行於圓周軌上。但聞者寧願相信視見夜空星繞地〔註64〕。亞里斯多德的地心系統屬宇宙系統（cosmology）。其要有三：第一，地心等同宇宙中心，二者重合。第二，天爲滿圓狀。宇宙有限、顯球狀、同心。第三，宇宙外無物、無所、無眞空、無時。亞里斯多德甚至以爲，神推動宇宙運轉。

他論證天地兩層之題。此二者位於宇宙中央，故目睹日月繞行地球。物恒落於地表。他以爲，地球外僅有 9 個等距天層：月天、水星天、金星天、火星天、木星天、土星天、恆星天與原動力天。每天層不能自動，而靠神推動恆星天層。恆星天層拖動其它天層。

托勒密 Claudius Ptolemaeus（西元後第 2 世紀）作《至大論》（含星表），承襲亞里斯多德 9 層天論，增之到 11 層。添附最高天、淨火天。又依晶瑩天替代原動力天。他描述各行星繞行地於較小圓周，每圓心在以地球爲中心之圓周上運動。他設擬地球不須在均輪中心，偏離某距離。故均輪係一些偏心圓。日月行星除軌道運動，且與眾恆星每日繞地球轉動一週。他自認爲其設定僅係計算天體位置之數學途徑。（自幾何學出發，而非自視見星象）。但有幾何學基礎。他承認大地懸空，係無支柱球體。他將行星與日月從恆星天體分離。此論點在後世方便學人將太陽系從眾星剝離。

---

〔註63〕〔美〕E.麥克萊倫第三、H.多恩撰，王鳴陽譯：《世界科學技術通史》，上海科技教育出版社，2007 年，第 92～94 頁。案，此英文著作名譯文有誤，檢原名無「通史」義，Science and Technology in World History 僅謂「世界史之科學與技術」。科學、技術係二題，而且「世界某某」使讀者混淆作者名謂範圍。

〔註64〕揭前註 37，p.27。

他造設地理學，以經緯度指示地點。他確定地理學研究對象為地球。而且，他自己研究地球樣貌、大小、經緯度測定、地圖投影等。他製造了星盤，測量經緯度。又創造了角距測量儀。他創作《光學》五卷。述眼目與光關係，述平面鏡與曲面鏡反射，日午時與早晚徑程差問題。他討論過大氣折射〔註65〕。

### 2）西方星曆術遲起而不輟

#### （1）狄宛星曆術起點高而中絕

狄宛第一期間，星曆術已含日心系萌芽。在第二期，星曆術迅速進益。前述回歸年照歲星曆術、詳察哈雷彗星並參照行星，F250 星圖檢天赤道日心、水星上下合地軌、恆星軌橢圓、祝巫蒞日、行星與繞日心、地球所在日心天球秋分點等俱告狄宛第二期第 II 段乃中國日心系誕生時代。推測此術成於西元前 4500 年。以 Aristarchus of Samos 日心論成於西元前 270 年，此時他在壯年，狄宛日心系早立 4200 年。

涉七大行星視見與曆算，狄宛祝巫憑依日心系及黃道協所系對照回歸年與木星行度紀年。此術傳及後世。鈺哲先生引章鴻釗先生《中國古曆析疑》考訂武王伐紂於西元前 1056 年，認為此年數符合西元前 1057 年歲在鶉火，也符合電子計算機測算哈雷彗星於西元前 1056 年到達近日點之得數〔註66〕。如此，殷末史官視見哈雷彗星係中國視見此彗星最早記錄。今考見狄宛祝巫最早見測哈雷彗星。時在狄宛第二期第 I 段。我無哈雷彗星往還週期計算軟體，今僅大致估算此番哈雷彗星降臨狄宛在西元前 6500 年前後，早於殷末哈雷彗星輪返約 3494 年。總之，祝巫察星象之力甚勁，遠勝於西元前 3 世紀希臘星曆家。狄宛第二期以降，中國星曆術仍在進益，但進益之力在戰國之際式微。

秦漢之後，皇帝崇儒而拒辯，壟斷天文而阻遏國民更新曾見與知識。墨家光學、力學、幾何穴、名連術〔註67〕無人繼承。星曆術混雜占書，漸次變為迷信溫床。諸多知識貧弱化為皇極政治傳承基礎，狄宛祝巫「視見」探索停滯。檢讀史志，頻見記載國君以災異殺戮。張衡、祖沖之、僧一行、蘇頌

〔註65〕 吳秀玲、李艷：《逐數天文巨匠》，遠方出版社，2007 年，第 1 頁～第 8 頁。

〔註66〕 張鈺哲：《研究哈雷彗星的意義》，《哈雷彗星今昔》，知識出版社，1982 年，第 66 頁。

〔註67〕 嚴復早年翻譯英文修辭類著作《穆勒名學》，此術係「名連術」。此學講究名以述見，以此見勝它見。此實係見解進益之術。

等無以抹去天文異象冤獄陰影。在此背景前，考見 F709 星圖熒惑冬至逆行有助於破除異象迷信，還天象視見領域本來面目。

### （2）西方星曆術遲起而不輟

托勒密地心系舊說固有不足，但此人貴重光學、幾何學，又光大亞里斯多德以來名連術。諸多學識在中世紀末仍受重視。16 世紀，哥白尼並重數學與星體視見。他製造光學儀器。並於 1530 年完成《天體運行論》（De Revolutionibus）。此著作於 1543 年出版，此後地心系休止張揚，托勒密論斷失去基地。

此後，丹麥天文學家 Tycho Brahe 精確查看星體，而開普勒以其檢算而得行星運行定律將天文學從幾何學應用轉換成物理動力學，天象預測不再艱難。1609 年，伽利略自製天文望遠鏡，視見月球表面不平。1610 年，他視見木星四顆衛星。笛卡爾立論無限宇宙，其新幾何學便於天文研究。

總之，衝破教會教義與地心系論斷紐帶後，歐洲天文學步入高速軌。但明末以降，中國天文學頹勢漸顯。狄宛祝巫存下「家底」被無情敗光。